슬픈 아일랜드 마법사

예이츠의 초월시학

– 연구논문과 번역시선 –

슬픈 아일랜드 마법사

예이츠의 초월시학

– 연구논문과 번역시선 –

김 철 수

경북대학교출판부

김철수(金撤洙)

서울대학교 문리대 영어영문학과 졸업. 문학박사.
1978년~현재: 경북대학교 영어영문학과 교수.
주요 저서로는『영미시론』(1997),『현대 영미시 연구』(1999),
『영국 낭만시 연구』(2005; rev. 2012)가 있으며, 다수의 논문을 발표하였음.
e-mail: cskim@knu.ac.kr
http://blog.paran.com/angus

슬픈 아일랜드 마법사
예이츠의 초월시학
– 연구논문과 번역시선 –

찍은 날 2012년 6월 29일 · **펴낸 날** 2012년 7월 5일
지은이 김철수 · **펴낸이** 함인석 · **펴낸 곳** 경북대학교출판부
출판등록 1973년 10월 10일 ㉶97호 · **주소** 대구광역시 북구 대학로 80번지
전화 053-950-6741~3 · **팩스** 053-953-4692 · **이메일** press@knu.ac.kr
정가 25,000원 · **ISBN** 978-89-7180-346-2 93840

저자의 변(辯)

이 책 제1부는 '한국예이츠학회'가 펴내는 『한국 예이츠 저널』에 1990년대 후반기부터 2000년대 전반기까지 약 10년에 걸쳐 발표했던 다섯 편의 논문을 모은 것이다. 필자는 그 글들을 다시금 찬찬히 읽어 가며 불요불급한 부분은 삭제하고, 미흡하다고 여겨지는 부분은 수정 · 보완해 보았다. 이 논문은 상당 부분 부산대학교 대학원에 제출한 박사학위논문 「예이츠의 사회의식과 시의 성격」(1989)을 바탕으로 그 후 학계의 달라진 연구 동향과 연구 업적들을 수용하여 내용을 심화 · 발전시킨 것이다.

그러나 여러 편의 논문을 학회지에 발표한 뒤에도 업적 위주의 졸작 논문들을 쏟아 낸 것은 아닌지, 자괴감과 쑥스러운 마음 때문에 선뜻 책으로 펴내지 못하다가, 정년을 코앞에 두고 그동안의 연구와 강의를 점검해 본다는 심정으로 원고를 정리하여 한 권의 책으로 엮어 보았다. 막상 원고를 정리해 놓고 보니, 평생 밥줄이나 다름없는 '우리의 우상 예이츠'에게 헌정하는 이 책을 진작 펴낼 걸 하는 아쉬움이 남는다.

예이츠 시 번역은 1980년대 중반에 당시 동국대학교에 재직하시던 이창배 교수님께서 주요 서정시들을 번역하고 번역시 하나하나에 평이한 해설까지 곁들여 후학들에게 제공함으로써 학계에 크나큰 공헌을 하였다. 교수님이 펴낸 『예이츠 시의 이해』는 한국 예이츠 연구의 고전으로, 필자는 이 책을 예이츠 연구의 지침서로 활용하면서 늘 고마움을 느껴 왔다. 비슷한 시기에 당시 계명대학교에 재직하던 권의무 교수님도 『예이츠 시 전집』(Collected Poems)에 수록된 서정시 전편을 번역한 바 있고, 또 최근에는 중앙대학교의 이세순 교수님이 예이츠의 담시(譚詩, narrative poems) 전편을 번역 소개하면서, 번역시 한 편 한 편에 대한 연구논문도 함께 엮어 예이츠 연구서로 펴내었다.

그뿐 아니라 '한국예이츠학회'에서는 2002년부터 예이츠의 서정시 번역 작업에 착수하여, 2003년에 초기시집 세 권에 수록된 시들을 번역하여 『행복한 목동의 노래』란 제목으로 번역시집을 선보였다. 이를 시작으로 예이츠학회에서는 매년 또는 격년으로 번역시집 한 권씩을 펴내다가, 2010년 6월에 『불벤산 기슭에서』를 끝으로 번역 작업이 일단 마무리되었다. 필자도 이 기획 번역 작업에 적극 동참하여 배당받은 몇몇 시들을 번역하고 간단한 해설을 곁들인 바 있다.

이렇듯 예이츠 시 번역이 그런대로 순조롭게 진행되어 좋은 결과물들이 나왔기에 번역의 필요성은 많이 줄어든 것이 사실이다. 하지만 어려운 전공분야일수록 그 분야에 대한 번역이 많으면 많을수록 좋다고 생각한다. 번역에는 늘 오류가 있기 마련이며, 또 번역하는 사람에 따라 의미 전달에 편차가 클 수밖에 없다. 특히 운문 번역의 경우에는, 그 분야의 폭넓은 지식을 바탕으로 텍스트에 대한 깊은 이해와 함께, 번역자 자신의 세련된 언어 감각과 문학적 감수성이 요구된다. 그러기에 기존의 번역을 바탕으로 좀 더 나은 번역을 하려고 노력하는 것이 외국문학 연구자의 올바른 자세일 것이다.

이 같은 생각에서 필자는 몇 년 전부터 예이츠 시 번역을 시도해 왔는데, 전편을 번역하기에는 체력이 따라주지 않을 것 같아, 일단 많이 연구되고 자주 거론되는 시들로 국한하였다. 초고를 써 놓고도 출간을 차일피일 미룬 것은 오역의 가능성을 가급적 줄이고, 또 번역시 하나하나에 간단한 해설을 곁들이고 싶은 욕심이 있었기 때문이다. 하지만 그런 작업은 더 많은 시간과 노력을 요하는 일이라 다음으로 미루기로 하고, 일단 이미 번역한 시들만이라도 햇빛 구경을 시켜 주는 것이 좋겠다는 생각에서, 미흡하나마 연구논문과 번역시선을 함께 묶어 『슬픈 아일랜드 마법사 예이츠의 초월시학』이란 제목으로 책을 세상에 내놓는다.

끝으로, 이 책이 출간되기까지 편집과 교정 그리고 디자인 작업에 정성을 기울여 주신 경북대학교출판부 편집진에게 깊은 감사의 마음을 전한다.

2012년 5월 무학재(舞鶴齋)에서

김철수

차례

제1부: 슬픈 아일랜드 마법사의 초월시학

제1장 | 예이츠의 문화민족주의(1885-1914) | **015**

1. 켈트의 황혼과 켈트 신비주의 | **015**
2. 전환기의 노선 갈등 | **031**
3. 예이츠 문화민족주의의 한계 | **051**

Abstract | **057**

제2장 | 권위와 비극의 문화정치 | **059**

1. 예이츠에게 무엇이 가장 문제였나? | **059**
2. 죽음의 절대력과 개인성의 모순 대립 | **062**
3. 「내전기의 사색」의 모순 대립 구도 | **082**
4. 모순 대립에서 비극적 황홀로 | **103**
5. 예이츠 서정시의 비극성 | **123**

Abstract | **128**

Notes | **132**

References | **148**

제2부: 번역시선

『교차로』 - *Crossways* (1889) | **155**

1. 행복한 목동의 노래 - The Song of Happy Shepherd
2. 슬픈 목동 - The Sad Shepherd
3. 조락(凋落)의 계절 - The Falling of the Leaves
4. 무상(無常) - Ephemera

5. 잃어버린 아이 – The Stolen Child
6. 호수 속의 섬으로 – To an Isle in the Water
7. 버들원(柳苑)에서 – Down by the Salley Gardens

『장미』 – *The Rose* (1893) | **165**

8. 시간의 십자가에 핀 장미에게 – To the Rose upon the Rood of Time
9. 호수섬 이니스프리 – The Lake Isle of Innisfree
10. 사랑의 슬픔 – The Sorrow of Love
11. 그대 나이 들어 – When You are Old
12. 흰 물새 – The White Birds
13. 퍼거스와 함께 가는 이 누구인가 – Who Goes with Fergus
14. 요정의 나라를 꿈꾼 사나이 – The Man who dreamed of Faeryland
15. 연금수혜자의 탄식 – The Lamentation of the Old Pensioner
16. 두 그루의 나무 – The Two Trees
17. 다가오는 시대의 아일랜드인들에게 – To Ireland in the Coming Times

『갈대밭에 이는 바람』 – *The Wind Among the Reeds* (1899) | **177**

18. 요정의 무리 – The Hosting of the Sidhe
19. 방랑하는 엥거스의 노래 – The Song of Wandering Aengus
20. 여자의 마음 – The Heart of the Woman
21. 사랑의 상실 – The Lover mourns for the Loss of Love
22. 님에게 – A Poet to his Beloved
23. 님에게 바치는 시 – He gives his Beloved certain Rhymes
24. 블랙 픽 계곡 – The Valley of the Black Pig
25. 사초(莎草)의 울부짖음 – He hears the Cry of the Sedge
26. 하늘나라의 천 – He wishes for the Cloths of Heaven

『세븐 우드에서』 – *In the Seven Woods* (1903) | **184**

27. 부질없는 위로 – The Folly of being Comforted
28. 옛 추억 – Old Memory
29. 결코 마음을 다 주지 말라 – Never give all the Heart
30. 나뭇가지 시드는 건 – The Withering of the Boughs
31. 아담의 저주 – Adam's Curse
32. 레드 한라한의 노래 – Red Hanrahan's Song about Ireland

『초록 투구 시편』 - *The Green Helmet and Other Poems* (1910) | 191

33. 호머가 노래한 여인 - A Woman Homer sung
34. 나의 언어 - Words
35. 화해 - Reconciliation
36. 제2의 트로이는 존재하지 않는다 - No Second Troy
37. 평화 - Peace
38. 구름 같은 무리들 - These are the Clouds
39. 무가치한 찬사에 대하여 - Against Unworthy Praise
40. 술노래 - A Drinking Song
41. 어려운 일의 매력 - The Fascination of What's Difficult
42. 친구의 병환 - A Friend's Illness
43. 골웨이 경마대회에서 - At Galway Races
44. 시짓기의 유혹 - All things can tempt me
45. 가면 - The Mask
46. 지혜는 세월과 더불어 - The Coming of Wisdom with Time

『책임』 - *Responsibilities* (1914) | 201

47. 1913년 9월 - September 1913
48. 어느 혼령에게 - To a Shade
49. 거지가 거지에게 - Beggar to Beggar Cried
50. 헛된 노력을 한 친구에게 - To a Friend whose Work has come to Nothing
51. 〈서쪽지방에서 온 난봉꾼〉을 증오한 자들에 대하여 - On Those that hated 'The Playboy...'
52. 친구들 - Friends
53. 차가운 하늘 - The Cold Heaven
54. 젊은 날의 추억 - A Memory of Youth
55. 밤이 올 때까지 - That the Night come
56. 몰락한 군주 - Fallen Majesty
57. 동방박사들 - The Magi
58. 인형들 - The Dolls
59. 외투 - A Coat
60. 어느 부자에게 - To a Wealthy Man
61. 동 트기 전에 있었던 일 - The Hour before Dawn

『쿨 호수의 백조』 - *The Wild Swans at Coole* (1917) | **219**

62. 쿨 호수의 백조 – The Wild Swans at Coole
63. 로버트 그레고리 소령을 추모하며 – In Memory of Major Robert Gregory
64. 죽음을 예감하는 아일랜드 비행사 – An Irish Airman foresees his Death
65. 사람은 세월과 더불어 – Men improve with the Years
66. 학자들 – The Scholars
67. 양치기와 염소치기 – Shepherd and Goatherd
68. 실의에 잠겨 쓴 시 – Lines Written in Dejection
69. 낚시꾼 – The Fisherman
70. 추억 – Memory
71. 굳은 언약 – A Deep-sworn Vow
72. 전쟁시 청탁을 받고서 – On being asked for a War Poem
73. 그녀의 용기 – Her Courage
74. 나는 너의 주인 – Ego Dominus Tuus

『마이클 로바츠와 댄서』 - *Michael Robartes and the Dancer* (1921) | **241**

75. 1916년 부활절 – Easter, 1916
76. 열여섯 영령들 – Sixteen Dead Men
77. 장미나무 – The Rose Tree
78. 어느 정치범에 대하여 – On a Political Prisoner
79. 재림(再臨) – The Second Coming
80. 내 딸을 위한 기도 – A Prayer for my Daughter
81. 투르 발릴리 초석글(礎石文) – To be carved on a Stone at Thoor Ballylee

『탑』 - *The Tower* (1928) | **253**

82. 비잔티움으로의 항해 – Sailing to Byzantium
83. 탑 – The Tower
84. 내전기의 사색 – Meditations in Time of Civil War
85. 1919년 – Nineteen Hundred and Nineteen
86. 연극에 나오는 노래가사 두 편 – Two Songs from a Play
87. 단편적인 시상들 – Fragments
88. 레다와 백조 – Leda and the Swan
89. 학교 어린이들 사이에서 – Among School Children
90. 첫사랑 – First Love

91 봄과 여름 – Summer and Spring
92 노인의 비밀 – The Secrets of the Old
93. 〈콜로누스의 오이디푸스〉에서 – From 'Oedipus at Colonus'
94. 연옥 영혼들을 위한 밤 – All Souls' Night

『나선계단』 – *The Winding Stair and Other Poems* (1933) | **290**

95. 에바 고어-부스와 콘 마키에비츠를 생각하며
– In Memory of Eva Gore-Booth and Con Markiewicz
96. 상징들 – Symbols
97. 자아와 영혼의 대화 – A Dialogue of Self and Soul
98. 피와 달 – Blood and the Moon
99. 죽음 – Death
100. 일곱 현인들 – The Seven Sages
101. 1929년, 쿨 장원 – Coole Park, 1929
102. 1931년, 쿨 장원과 발릴리 – Coole and Ballylee, 1931
103. 선택 – The Choice
104. 모히니 채터지 – Mohini Chatterjee
105. 비잔티움 – Byzantium
106. 출렁이는 마음 – Vacillation
107. 폭언을 한 데 대한 양심의 가책 – Remorse for Intemperate Speech
108. 미친 제인과 주교님 – Crazy Jane and the Bishop
109. 미친 제인, 주교님과 얘기를 나누다 – Crazy Jane Talks with the Bishop
110. 그녀의 불안 – Her Anxiety
111. 자장가 – Lullaby
112. 오랜 침묵이 흐른 뒤에 – After Long Silence
113. 델피의 신탁이 플로티노스에 대하여 – The Delphic Oracle upon Plotinus
114. 톰이 크루컨 고원에서 – Tom at Cruachan
115. 세상이 만들어지기 전에 – Before the World was Made
116. 첫 고백 – A First Confession
117. 선택 받은 여자의 운명 – Chosen
118. 숲 속에서 그녀의 비전 – Her Vision in the Wood
119. 이별 – Parting
120. 마지막 고백 – A Last Confession
121. 〈안티고네〉에서 – From the 'Antigone'

『파넬의 장례식』 - *Parnell's Funeral and Other Poems* (1935) | **327**

122. 파넬의 장례식 - Parnell's Funeral
123. 국가와 교회 - Church and State
124. 립이 볼리야와 올린의 무덤에서 - Ribh at the Tomb of Baile and Aillinn
125. 메류 산 - Meru

『새 시집』 - *New Poems* (1938) | **333**

126. 소용돌이 - The Gyres
127. 청금석 부조(浮彫) - Lapis Lazuli
128. 일본 단가(短歌)의 모방 - Imitated from the Japanese
129. 일 에이커의 풀밭 - An Acre of Grass
130. 그 다음엔? - What Then?
131. 아름답고 품위 있는 모습들 - Beautiful Lofty Things
132. 파넬 지지자들이여 - Come Gather Round Me, Parnellites
133. 사납고 사악한 늙은이 - The Wild Old Wicked Man
134. 다시 찾은 시립 미술관 - The Municipal Gallery Revisited
135. 그대 만족하는가? - Are You Content

『마지막 시집』 - *Last Poems* (1938-1939) | **349**

136. 불벤산 기슭에서 - Under Ben Bulben
137. 검은 탑 - The Black Tower
138. 위로받는 쿨린 - Cuchulain Comforted
139. 조각상들 - The Statues
140. 델피의 신탁을 위한 새 소식 - News for the Delphic Oracle
141. 긴 다리 소금쟁이 - Long-legged Fly
142. 청동 두상 - A Bronze Head
143. 곡마단 허풍선이의 일장 연설 - High Talk
144. 사람과 메아리 - Man and the Echo
145. 서커스 동물들의 탈주 - The Circus Animals' Desertion
146. 정치 - Politics

제1부

William Butler Yeats

슬픈 아일랜드 마법사의 초월시학

제1장 | 예이츠의 문화민족주의(1885-1914)

1. 켈트의 황혼과 켈트 신비주의

1 예이츠(William Butler Yeats: 1865-1939)는 17세기 말 영국에서 아일랜드로 이주한 영국인 후손으로서 증조부는 아일랜드 서부에 위치한 슬라이고 지방(County Sligo)의, 조부는 벨파스트 남쪽에 위치한 다운 지방(County Down)의 목사였다. 그래서 부친 존 버틀러 예이츠도 선친의 가업을 이어받아 목사가 되어야 했으나, 대학시절에 진화론자들과 교류하면서 회의주의자가 된 그는 법관이나 변호사가 되기를 희망했다. 그러나 그것도 여의치 않아서 결국 화가로서의 가난한 삶을 살아갈 수밖에 없었는데, 그러나 아들이 시인이 되려는 결심을 이야기하자 이를 전폭적으로 환영하며 격려해 주었다. 예이츠의 모친 수잔(Susan Pollexfen)은 슬라이고 지방에서 상업에 종사하는 중산계급 가문 출신으로, 언변 좋고 사교적이던 남편과는 달리 조용하고 신앙심 깊고 신비감에 깊이 빠져드는 폴렉스펜 가문 특유의 혈통을 이어받고 있었다. 경제적인 어려움 때문에 가족이 더블린과 런던을 오가며 여러 차례 이사를 다녀야 했기 때문에 방학이 되면 소년 예이츠는 외가에 가서 슬라이고 지방의 신비한 분위기에 흠뻑 젖어 들곤 했다.

십 대가 끝나 갈 무렵 시인의 길로 들어선 예이츠는 처음에는 플라톤적 이상을 추구한 셸리와 스펜서에 탐닉하면서 로제티(Dante Gabriel Rossetti), 스윈번(Algernon Swinburne), 모리스(William Morris) 등 '라파

엘 전파'(Pre-Raphaelitism)의 시인들처럼 몽환적 분위기를 자아내는 시를 쓰기 시작한다. 처음부터 영국인의 진화론적 과학사상과 물질주의를 증오하면서 활력을 상실한 영국문단에 더 이상 기대할 것이 없다고 생각한 그는 고대 켈트족의 신화와 전설, 민담 등 아일랜드적인 소재와 언어적 리듬을 되살려 아일랜드 고유의 민족문학을 건설하고, 문학을 통한 '문화의 통합'(Unity of Culture)을 매개로 아일랜드인의 인종적 · 종교적 · 계층적 통합을 이루어 내려는 야심에 찬 일을 추진해 나가기 시작한다. 예이츠가 초기에 보여준 그러한 이상을 '문화민족주의'(Cultural Nationalism)라 부르고 있거니와, 1880년대 중반기 이후 약 30년 동안에 씌어진 그의 시와 희곡과 산문들은 문학의 영역을 넘어 정치의 영역과 긴밀하게 연결되어 있었다.

특히 당시 아일랜드인들에게 가장 존경받던 정치지도자 파넬(Charles Stuart Parnell)이 유부녀와의 간통 혐의로 실각한 후 1891년 세상을 떠나자, 예이츠는 정치적 공백과 환멸감이 심화되던 이 시기를 문화운동이 활성화될 수 있는 절호의 기회라고 생각한다. 그래서 그는 '아일랜드 문인협회'(Irish Literary Society: 1891), '민족문학협회'(National Literary Society: 1892), '아일랜드 문예극단'(Irish Literary Theatre: 1899), '아일랜드 민족극협회'(Irish National Theatre Society: 1902) 등을 결성하여 문화운동을 활발하게 전개해 나가기 시작한다. 이른바 '아일랜드 문예부흥'(Irish Literary Revival)이라 불리는 이 운동을 추진하는 과정에서 그는 영국인의 물질주의에 대항할 수 있는 영적인 측면, 즉 아일랜드 고유의 민족혼을 고취하는 방향으로 나아가야 한다고 주장하여 문화적 측면을 강조한다. 따라서 당시 아일랜드의 정치현실에 비추어 정치적인 목적을 더 중요시하는 다른 구성원들과의 심각한 의견 대립으로 인하여 깊은 환멸감에 빠져들기도 한다.[1]

예이츠의 심성은 아버지 쪽보다는 어머니 쪽을 더 많이 물려받았던 것 같다. 소년시절 이후 줄곧 초자연적인 세계에 대한 신비감에 사로잡히곤 했던 그는 진화론과 실증주의 과학사상에 의해 기독교 신앙을 박탈당한 후 자신의 종교적 감성을 일구어 나갈 방향에 대해 『자서전』에서 이렇게 기술한 바 있다.

> I am very religious, and deprived by Huxley and Tyndall, whom I detested, of the simple-minded religion of my childhood, I had made a new religion, almost an infallible church of poetic tradition, of a fardel of stories, and of personages, and of emotions, inseparable from their first expression, passed on from generation to generation by poets and painters with some help from philosophers and theologians. I wished for a world, where I could discover this tradition perpetually, and not in pictures and poems only, but in tiles round the chimney-piece and in hangings that kept out the draft. (*Autobiographies* 115-6)

> 나의 심성은 매우 종교적이었다. 그래서, 내가 경멸해 마지않던 헉슬리와 틴덜에 의해 어린 시절의 소박한 종교를 박탈당한 뒤, 나는 새로운 종교를 만들었다. 그 종교는 철학자와 신학자들의 도움을 받으며 시인과 화가들에 의해 전수된 것인데, 여러 세대에 걸쳐 전해 내려오는 동안에 처음에 표현된 순간들과 분리될 수 없는, 시적 전통과 이야기 다발과 인물과 감정들로 이루어진, 거의 완벽하다고 해도 좋을 종교이다. 나는 그림과 시에서는 물론 굴뚝 주위의 타일과 바람이 들어오지 못하도록 만든 걸개에서도 영속적으로 이런 전통을 발견할 수 있는, 그런 세계를 열망했다.

전통신앙을 상실한 후 예이츠는 처음에는 낭만주의 시인들에게서 보상을 찾아 나섰고, 이어서 민속신앙(folklore), 접신술(theosophy), 강신술

(spiritualism), 신플라톤주의(Neo-Platonism), 스웨덴보리 신비사상, 블레이크, 심지어는 마법에까지 몰두하면서 자신의 생각과 감성을 조직화할 수 있는 '상징체계'(symbolic system)를 구축해 나간다. 아일랜드 문예부흥운동에 참여하여 바쁜 나날을 보내는 와중에도 접신술사들이 모여 있는 더블린의 어느 뒷골목 집에 찾아 들어가 그들과 대화하면서 그들의 교리를 실천하려고 노력한다. 그래서 마담 블라밧츠키(Madam Blavatsky)의 '접신술협회'(Theosophycal Society) 회원으로 활동하는 한편 티베트 현인과 영적 교감을 하는 것으로 알려진 신비주의자 맥그리거 마더즈(MacGregor Mathers)의 '황금여명회'(Hermetic Order of the Golden Dawn)에 가입하기도 하는데, '켈트신비회'(Order of Celtic Mysteries) 결성을 준비하던 당시 그는 자신의 비전을 이렇게 기술했다.

> I planned a mystical Order which should buy or hire the castle, and keep it as a place where its members could retire for a while for contemplation, and where we might establish mysteries like those of Eleusis and Samothrace; and for ten years to come my most impassioned thought was a vain attempt to find philosophy and to create ritual for that Order. I had an unshakable conviction, arising how or whence I cannot tell, that invisible gates would open as they did for Blake, as they opened for Swedenborg, as they opened for Boehme, and that this philosophy would find its manuals of devotion in all imaginative literature, and set before Irishmen for special manual an Irish literature which, though made by many minds, would seem the work of a single mind, and turn our places of beauty or legendary association into holy symbols. I did not think this philosophy would be altogether pagan, for it was plain that its symbols must be selected from all those things that had moved men most during many, mainly Christian, centuries. (*Au* 253-4)

> 나는 신비교단을 설립할 계획을 세웠다. 성을 하나 사든지 세를 얻어 신도들이 거기서 잠시 명상하며, 엘레우시스와 사모트라케에서 수행했던 것과 같은 신비의식을 거행하는 장소로 그 성을 활용할 계획이었다. 그래서 그 후 십 년 동안 나의 가장 열렬한 사색은 거기에 합당한 철학을 구축하고 그 교단에서 행할 의식을 창안하는 부질없는 노력으로 일관하였다. 어디에서 어떤 경로를 통해 내게 그런 생각이 떠오르게 되었는지는 모르겠으나, 눈에 보이지 않는 문이 블레이크에게 열렸고, 스웨덴보리에게 열렸고, 보엠에게 열렸듯이, 내게도 그 문이 열리리라는 확신에 사로잡혀 있었다. 그리고 그 철학은 모든 상상적인 문학에서 신앙교본을 만들고, 아일랜드인들을 위해서는 특별히 아일랜드 문학에서 발췌해서 만든 교본을 사용할 계획이었다. 여러 사람들이 만들었으나 한 사람이 만든 것처럼 보이는 문학, 그리고 아름다운 장소나 전설적인 연상 작용을 불러일으키는 장소들을 성스런 상징들로 전환시키는 그런 문학에서 말이다. 그런 철학이 전적으로 이교적이라고는 생각되지 않았던 것이, 나는 수많은 세월 동안에, 주로 기독교가 통용되던 세기 동안에 사람들의 마음을 가장 많이 움직였던 바로 그런 것들로부터 상징들을 선택했을 것임이 분명하기 때문이다.

이 글에서 예이츠는 상상력에 기반을 둔 아일랜드 문학에서 상징을 끌어내어 상징체계를 구축하려 했던 젊은 시절의 열정을 회고한다. 상징체계의 구축을 개인적 차원에서 모색하지 않고 조국의 문학적 · 역사적 · 신화적 · 민중적 전통과의 긴밀한 유대 속에서 구축하려 했다는 사실이 바로 그를 애국적인 민족시인으로 보게 하는 이유이다. 데이비드 데이쉬스가 지적했듯이 예이츠는 "보편적 상징이 상실된 시대에 문학적 상징들을 창조하는 문제와 아일랜드의 혼란스런 상황을 해결하고 통합할 수 있는 아일랜드적 상징을 찾아내야 하는 두 가지 문제"를 동시에 해결하려 하였다. 물론 그렇게 조성된 상징들은 아일랜드적 제재의 사용을 가능케 하는 사적 상징의 한계를 벗어나지는 못하였다. 그러나 비록 그렇게 구축된 상징들이 보편적 상징으로 뿌리내리는 데는 실패했다 하더라도 시 창작에는 실질적인 도움을 주었다. 예이츠는 시대가 제기했던 문화적인 문제와 조국이 제기했던 민족적인 문제를 자신의 문제로 받아들여 거기에 용감히 직면했는데, 결국 시인으로서 그의 발전은 그 문제들을 해결하려고 치열하게 노력하는 과정에서 이루어졌다고 하겠다(Daiches 133-4).

2 파넬의 죽음과 파넬당의 해체로 야기된 아일랜드의 "정치적 진공 상태"(political vacuum)는 예술에 대한 예이츠의 낭만적 비전을 강화시키는 방향으로 작용하게 된다(Lyons, *Ireland Since the Famine* 236). 예이츠, 더글라스 하이드(Douglas Hyde), 조지 무어(George Moore), 조지 러쎌(George Russel, A. E.), 오거스타 그레고리(Lady Augusta Gregory) 등 작가, 지식인들은 정치적 진공상태에서 계급과 종교와 종족 간의 연대를 고취할 수 있는 가장 유력한 수단은 문학과 역사라고 생각하였다. 어느 누구보다도 셸리와 블레이크의 전통을 잇는 낭만적 예술가가 되고자 염원하던 예이츠에게 정치지도자의 부재는 예술에 의한 사회통합의 비전이 실현될 수 있는 절호의 기회로 생각되었을 것이다. 따라서 1891년 이후 십여 년 동안에 이루어진 그의 문학적 · 정치적 업적들은 그러한 대의를 세우고 그것을 실현하려고 노력하는 과정에서 생산된다.

『교차로』(Crossways: 1889), 『장미』(The Rose: 1893), 『갈대밭에 이는 바람』(The Wind among the Reeds: 1899)에 수록된 시들은 거의 모두가 켈트적 소재를 매개로 시인 개인의 '존재의 통합'(Unity of Being)뿐 아니라 조국 아일랜드의 '문화의 통합'(Unity of Culture)을 이루어내려는 열망을 노래한다. 시집 『장미』의 첫 시 「시간의 십자가에 핀 장미에게」(To the

Rose upon the Rood of Time)를 보자.

Red Rose, proud Rose, sad Rose of all my days!
Come near me, while I sing the ancient ways:
Cuchulain battling with the bitter tide;
The Druid, grey, wood-nurtured, quiet-eyed,
Who cast round Fergus dreams, and ruin untold;
And thine own sadness, whereof stars, grown old
In dancing silver-sandalled on the sea,
Sing in their high and lonely melody.
Come near, that no more blinded by man's fate,
I find under the boughs of love and hate,
In all poor foolish things that live a day,
Eternal beauty wandering on her way.

Come near, come near, come near — Ah, leave me still
A little space for the rose-breath to fill!
Lest I no more hear common things that crave;
The weak worm hiding down in its small cave,
The field-mouse running by me in the grass,
And heavy mortal hopes that toil and pass;
But seek alone to hear the strange things said
By God to the bright hearts of those long dead,
And learn to chaunt a tongue men do not know.
Come near; I would, before my time to go,
Sing of old Eire and the ancient ways:
Red Rose, proud Rose, sad Rose of all my days.

내 인생의 지표(指標)이신 붉은 장미여!
자부심 넘치는 슬픈 장미여!

내게 가까이 다가오소서,
그 옛날 일들을 노래하는 동안에.
성난 파도와 싸우는 쿨린에 대하여.
숲에서 자란, 고요한 눈매의,
백발의 마법사 드루이드에 대하여.
그는 퍼거스 주위에 꿈과 함께
듣도 보도 못한 파멸을 흩뿌렸지요.
그리고 그대 자신의 슬픔에 대하여.
은신발 신고 바다에서 춤추다 늙어버린 별들은
고적한 고음으로 그대 슬픔 노래하지요.
가까이 오소서, 사랑과 미움의 나뭇가지 아래서,
가엽고 아둔한 하루살이들 가운데서,
그대 영원미가 소요하는 모습 볼 수 있도록.

가까이, 가까이, 가까이 오소서 — 하지만 아,
그대 장미 숨결 느낄 수 있도록 거리 조금 두소서!
하찮은 생물들이 내지르는 갈망의 소리와
작은 동굴 속에 몸을 웅크린 나약한 벌레와
내 코앞에서 수풀을 헤치며 내달리는 들쥐와
고역 속에 살아가는 인간들이 내쉬는 거친 숨결이
더 이상 내 귀에 들리지 않게 되는 일이 없도록.
하느님이 죽은 이들의 빛나는 가슴에다 들려주던
그런 이상야릇한 말이나, 중생들이 이해 못하는
그런 언어만을 노래하지는 않으리이다.
가까이 오소서, 세상 떠날 시간이 되기 전에 나는
그 옛날 에이레의 영웅담을 노래하리니,

내 인생의 지표(指標)이신 붉은 장미여!
자부심 넘치는 슬픈 장미여!

예이츠의 상징탐구는 당시 프랑스 상징주의 시인들을 영국에 소개한 시몬즈(Arthur Symons)나 여타의 동시대 작가들을 통해서가 아니라, 그 자신의 신비주의에 대한 연구에서 비롯된다. 독립운동가이자 정신적 스승이던 오리어리(John O'Leary)에게 보낸 편지에서 그는, 자신이 마법을 연구하지 않았던들 세 권의 블레이크 선집을 출간하지도 『캐슬린 백작부인』(The Countess Cathleen)을 쓸 수도 없었을 것이라며, "신비한 삶은 저의 모든 행동과 생각과 글쓰기의 중심"이고, "마법연구는 저의 삶에서 시 다음으로 가장 중요한 추구대상"이라고 천명한다(*Letters* 210).

1891년에 지었을 가능성이 큰 것으로 보이는 이 시에서(Marlins 79) 시인은 켈트족의 전설을 배경으로 설정하여, 비교(祕敎)의 보편적 상징인 붉은 장미를 향해 자신은 물론 모든 인간이 세계의 신비에 다가갈 수 있도록 허락해 달라고 호소한다. 시간의 십자가는 현실의 고통과 슬픔의 표상이며, 붉은 장미는 플라톤적 '영원미'(Eternal Beauty)와 셸리의 '지성미'(Intellectual Beauty)의 표상이다. 또 장미는 완전한 아름다움이 지상에 구현된 모습으로, 1889년 이후 30년 가까이 연모의 대상이던 모드 곤(Maud Gonne)의 아름다움과도 깊이 관련되어 있다. 전통적으로 아일랜드 문학에서는 장미가 아일랜드의 상징으로 다루어져 왔을 뿐만 아니라, 이 시를 지을 당시 예이츠가 존재의 통합과 문화의 통합을 염원했던 점에 비추어 볼 때, 시간의 십자가 위에 피어난 장미는 오랜 세월 동안 고통과 슬픔을 짊어져 온 조국 아일랜드의 상징이기도 하다. 중세 말의 독일 연금술사 크리스천 로젠크로이츠(Christian Rosencreuz)는 '장미십자회'를 창단하면서 십자가 위에 피어난 장미를 상징으로 채택하였고, '황금여명회'에서도 장미는 가장 중요한 상징으로서 끊임없는 명상의 대상이었다. 4원소를 상징하는 네 개의 장미꽃잎과 십자가가 결합될 때 그것은 제5의 원소, 즉 신비한 결합을 의미하며, 또한 장미와 십자가는 각각 여성과 남성의 성적 요소들을 암시하기도 한다(*New Commentary* 21-3).

첫 연에서 시인은 장미에게, 자기가 쿨린이나 퍼거스와 같은 고대 아일랜드 영웅들의 전설적인 삶이나 가련한 사물들의 슬픈 아름다움을 노래하는 동안에 가까이 다가와 함께 있어 달라고 호소한다. 그러나 둘째 연의 초반부에서는 첫 연의 기원을 수정하여, 장미의 눈부신 아름다움으로 인해 "평범한 사물들"이 내는 갈망의 소리가 들리지 않게 되기를 바라지 않는다. 따라서 둘째 연에는 시인이 신비학에 지나치게 깊이 몰입한 나머지 사랑과 노쇠와 조국의 현실과 같은 인간적 · 현실적 주제들을 소홀히 하게 되지 않기를 바라는 마음이 나타나 있다. 시간 속에서 인식되는 영원의 아름다움이란 이 시의 주제는 이미 제목에 암시되어 있는데, 죽음과 불멸, 현실과 이상 사이의 긴장은 이 시에서만이 아니라 이후에 지어지게 될 시들의 구성원리가 된다.

예이츠와 관련하여 이른바 '켈트의 황혼' 또는 '켈트의 여명'(Celtic Twilight)이라 불리는 시적 스타일은 어떤 특징을 보이는가? 이 명칭은 예이츠가 아일랜드 농민들 사이에 넓게 퍼져 있던 짧은 이야기들과 아일랜드적 특성을 보여주는 현상이나 사건들에 대한 관찰들을 모아 1893년 책으로 펴낸 민담모음집의 제목이기도 하다. 이 민담모음집에서 그는 요정과 같은 초자연적 존재들에 대한 믿음이 아직도 아일랜드 농민들 사이에서 광범위하게 보존되고 있음을 보여주었다. 그런데 세기말 몇몇 시인들은 19세기 중반기의 전통적인 시에서 탈피하여, 유미적이면서 동시에 상징적인 시를 지향한다. 그들은 아일랜드 농민들 사이에서 아직도 활력을 유지하고 있던 켈트적 소재를 이용하여, 세상사에 지치고 환멸에 사로잡힌 인간의 창백하고 불안하고 우울하고 몽환적이고 또 초월적인 분위기를 환기할 수 있는 시를 창조하기 위해 고심한다.[2] 그 같은 특징은 「시간의 십자가에 피어난 장미에게」에서도 분명히 느낄 수 있었겠으나, 여기에서는 『갈대밭에 이는 바람』에 수록된 「방랑하는 엥거스의 노래」(The Song of Wandering Aengus)를 예로 들어, 켈트의 황혼과 관련된 예이츠의 초기 시 스타일을 검토해 보기로 하겠다.

I went out to the hazel wood,
Because a fire was in my head,
And cut and peeled a hazel wand,
And hooked a berry to a thread;
And when white moths were on the wing,
And moth-like stars were flickering out,
I dropped a berry in a stream
And caught a little silver trout.

When I had laid it on the floor
I went to blow the fire aflame,
But something rustled on the floor,
And some one called me by my name:
It had become a glimmering girl
With apple blossom in her hair
Who called me by my name and ran
And faded through the brightening air.

Though I am old with wandering
Through hollow lands and hilly lands,
I will find out where she has gone,
And kiss her lips and take her hands;
And walk among long dappled grass,
And pluck till time and times are done
The silver apples of the moon,
The golden apples of the sun.

가슴속에 불길 타오르기에
개암나무 숲으로 달려가서는
개암나무 가지 잘라 껍질 벗겨서
낚싯줄에 산딸기 미끼 달았지.
하얀 나방이 날아다니고
나방 같은 별들이 너울 접을 때
딸기 미끼 시냇물에 내던져서는
조그만 은빛 송어 사로잡았네.

그것을 바닥에 내려놓고는
불 지피려 이리저리 둘러보는데
무언가 옆에서 바스락 소리
누군가 내 이름 부르더이다.
은은한 빛 발하는 어떤 소녀가
머리엔 사과꽃 가득 꽂고서
내 이름 단 한번 부르고서는
눈부신 허공으로 사라졌어라.

텅 빈 분지와 산골 마을을
여기저기 방랑하며 늙어갔어도
그녀가 있는 곳 찾아내서는
입술에 입 맞추고 그녀 손 잡으리.
이슬 아롱진 풀밭을 오가며
시간이 다하도록 따 모으리,
달님 나라의 은빛 사과와
햇님 나라의 금빛 사과를.

이 시는 90년대 예이츠의 시에 나타나는 영향과 모티프들—개인적인 경험, 특히 모드 곤에 대한 열렬한 사랑, 마법과 신비학에의 몰입, 상징탐구, 켈트족의 전설과 민담에 대한 관심 등—을 종합적으로 잘 반영하고 있다. 모드 곤에 대한 암시는 그녀를 처음 만났을 때 그녀의 얼굴빛을 화사하게 피어난 사과꽃으로 인식했던 다음 구절을 읽어 보면 금방 알아차릴 수 있을 것이다.

> Her complexion was luminous, like that of apple-blossom through which the light falls, and I remember her standing that first day by a great heap of such blossoms in the window. (*Autobiographies* 123)
>
> 그녀의 얼굴빛은 사과꽃 사이로 햇빛이 부서져 내릴 때의 사과꽃처럼 은은히 빛을 발하고 있었다. 그녀를 처음 보던 날 나는 그녀가 사과꽃이 무더기로 피어 있는 창가에 서 있던 광경을 기억한다.

『회고록』에서도 예이츠는 그녀를 처음 본 순간의 인상을 이렇게 기술했다.

> I had never thought to see in a living woman so great beauty. It belonged to famous pictures, to poetry, to some legendary past. A complexion like the bloom of apples and yet face and body had the beauty of lineaments which Blake calls the highest beauty because it changes least from youth to age, and stature so great that she seemed of a divine race. Her movements were works of grace and I understood at last why the poets of antiquity, where we would but speak of face and form, sing, loving some lady, that she seems like a goddess. (Jeffares, *Man and Poet* 59)

나는 살아 있는 여인에게서 그렇게 빼어난 아름다움을 보게 되리라고 기대해 본 적이 없었다. 그런 아름다움은 유명한 그림과 시와 어떤 전설적인 과거에 속한 아름다움이었다. 안색은 사과꽃 같았으나 얼굴과 몸매는 나이가 들어서도 젊을 때의 아름다움을 조금도 잃지 않는다고 하여 블레이크가 최상의 아름다움이라 부른, 그런 윤곽의 아름다움을 갖추고 있었다. 그녀의 동작은 우미(優美) 바로 그것이었는데, 우리 범인들이 여성의 아름다움을 이야기할 때 얼굴과 몸매에 대해서만 얘기하는 데 반하여, 옛날 시인들은 사모하는 여인을 두고 마치 여신 같다고 노래한 이유를 마침내 이해할 수 있을 것 같았다.

모드 곤에 대한 사랑은 예이츠의 삶을 끊임없이 동요 속으로 몰아넣는다. 그래서 그녀와 연관된 시편들은 열렬한 사랑과 숭배에서 격분과 회환과 체념의 감정에 이르기까지 다양한 어조의 편차를 보인다. 켈트신비회는 나름대로 삶과 현실에 대응하는 방식이자 모드 곤의 사랑을 얻을 수 있는 가장 유력한 수단들 중의 하나였다. 1898년 2월에 조지 러쎌에게 보낸 편지에 의하면, 예이츠는 모드 곤과 함께 몇 주일 동안 어느 시골에 가서 명상하며 접신(接神)할 예정이었으며, 또 "울프 톤 서거 100주년 기념사업"이 끝난 뒤에는, 그녀가 꿈속에서 보았다는 조그만 사원을 지어 함께 명상과 창작활동을 할 계획을 세우기도 한다(*Letters* 295).

개암나무는 예이츠가 소년시절과 청년시절에 방문하곤 했던 슬라이고 지방의 길 호수(Lough Gill) 강둑에 많이 자라는 나무로, 유연성이 좋아 낚싯대로 애용되고 마법 의식에도 자주 사용되었다고 한다. 아일랜드에서 그 나무는 "생명과 지식의 나무"로 통하므로 화자의 낚시여행은 생명의 본질로 다가가려고 마력을 행하는 주술행위이기도 하다. 그러므로 시의 리듬과 구문이 회화적 리듬과 단순한 구문으로 되어 있으면서도, "And cut and peeled ⋯ And hooked ⋯ And when" 등 반복구문을 통해 주술적 효과를 만들어 낸다. 문장구조와 리듬 못지않게 동원된 어휘와 이미지들도 민중적 감성에 어울리는 단순 소박한 것들로 채워져 있고, 동시에 거기에는 초자연적인 현상을 암시하는 요소들이 함께 존재한다. 예컨대, "은빛 송어"는 새벽녘 잿빛 여명에 반사된 송어의 실제 색깔을 나타내고 있으나, 그것은 또한 눈부시게 반짝이는 현란한 빛으로 인해 비현실적인 느낌을 주는 것도 사실이다. 1899년 판 『갈대밭에 이는 바람』에서 예이츠는 당시 골웨이 지방(Galway)의 시골 아낙네들에게서 들은 이야기를 이 시의 주석으로 활용했다.

> A Woman of Burren, in Galway, says, "There are more of them in the sea than on the land, and they sometimes try to come over the side of the boat in the form of fishes, for they can take their choice shape." At other times they are beautiful women; and another Galway woman say, "Surely those things are in the sea as well as on land. My father was out fishing one night off Tyrone. And something came beside the boat that had eyes shining like candles. And then a wave came in, and a storm rose all in a minute, and whatever was in the wave, the weight of it had like to sink the boat. And then they saw that it was a woman in the sea that had the shining eyes. ⋯" (*A New Commentary* 52)

> 골웨이 지방 부렌의 한 아낙네는 이런 말을 들려주었다. "그란 건 육지보다 바다에 더 많고예, 어떨 땐 물고기 모양을 하고 배 옆으로 다가온다고 하데예. 그것들은 자기들이 하고 잡은 데로 모습을 바꿀 수 있다지 뭡니꺼." 경우에 따라서 그것들은 아름다운 여인의 모습으로 나타나기도 하는데, 골웨이의 어느 아지매는 말하기를, "그란 건 육지만이 아이라 바다에도 분명 있어예. 우리 아부지

가 어느 날 타이론 포구를 떠나 고기잡이 나갔는데예, 촛불처럼 환하게 눈을 밝힌 것이 배 옆으로 다가오더랍니더. 그때 너울이 일며 순식간에 폭풍이 불어닥치더니, 너울 속에 무엇이 있었던지, 아, 그 무거운 것이 배를 뒤집을 것 같더라지 뭡니꺼. 가마이 들여다보이, 바다 속에서 환하게 눈을 밝힌 어떤 여자가 있었다 안캅니꺼. …"

그렇다면, "은빛 송어"는 때에 따라 자신의 모습을 자유자재로 바꾸면서, "촛불처럼 빛나는 눈"으로 자기가 원하는 사람의 마음을 사로잡은 뒤에, 순식간에 어디론가 사라져 버리는 초자연적인 존재이다. 요정의 나라에서 엥거스는 "사랑의 수호신"(Master of Love)로 추앙받아 왔음을 생각할 때,[3] "희미한 빛 발하는 어떤 처녀"와 "은빛 송어"는 사과꽃처럼 빨갛게 상기된 얼굴로 예기치 않은 순간 예이츠 앞에 나타나 그의 마음을 사로잡고는, 평생토록 그의 삶을 동요와 격랑 속으로 몰아넣었던 모드 곤과 중첩된다. "개암나무 지팡이"가 환기하는 초자연적 암시력과 함께, 마지막 두 행의 "달님 나라의 은빛 사과와/ 햇님 나라의 금빛 사과"는 각기 태양원리(solar principle)와 태음원리(lunar principle)를 상징하는 것으로, 이 두 원리가 합쳐질 때 그것은 "완전함의 연금술적 상징"이 된다(Wilson, 219). 그러므로 켈트의 황혼을 노래한 예이츠의 초기시들은 켈트적 소재를 매개로 세기말 시인들이 애용했던 공식화된 어휘들 — 장미(roses), 창백한(pale), 흐릿한(dim), 잿빛(gray), 별(stars), 늙은(old), 꿈(dream), 슬픔(sorrow), 열정(passion), 은빛(silver), 희미하게 빛나는(glimmering), 슬픔에 잠긴(mournful), 불그스레하게 빛을 발하는(glow) 등 — 을 사용하여 어슴프레한 박명(薄明)의 분위기를 연출하면서 초월적 세계에 대한 갈망을 노래하였다. 그러나 예이츠는 여기에 그치지 않고, 더글라스 하이드가 게일어 원전을 영어로 번역하면서 발전시켜 나갔고, 또 싱(John Millington Synge)과 그레고리 여사가 확립하려 했던, 아일랜드 농민들의 일상적 어휘와 구문과 리듬을 되살려 아일랜드를 문화적으로 통합함으로써, 노선을 달리했던 민족주의자들이 현실정치에서 해결할 수 없었던 근본적인 문제를 해결하려 하였다.

2. 전환기의 노선 갈등

1 켈트적 소재를 매개로 문화운동을 전개하던 1890년대의 예이츠는 현실정치와 어느 정도 거리를 두고 초연한 입장을 유지했으나, 1897년 이후 변화의 국면으로 나아가기 시작한다. 모드 곤(Maud Gonne)과 함께 '빅토리아 여왕 즉위 육십 주년 기념행사'(Queen Victoria's Diamond Jubilee: 1897) 저지 대회와 '울프 톤 서거 백주년 기념행사'(Wolfe Tone Centenary Celebration: 1898)를 준비하는 과정에서 현실정치에 깊이 개입한 그는 정치적으로나 문학적으로 전환기(1899-1914)에 접어들게 된다. 90년대가 거의 끝나 갈 무렵 그는 대중에게 쉽게 다가가기 위해 '아일랜드 문예극단'(Irish Literary Theatre: 1899)을 창단하고는 활발하게 연극 활동을 전개해 나간다. 그 결과 문예극단 개관 기념으로 선보인 『캐슬린 백작부인』(Countess Cathleen)과 1902년 공연된 『훌리한의 딸 캐슬린』(Cathleen ni Houlihan)은 대단한 성공을 거두게 된다. 당시 파넬계 정치지도자이자 나중에 신 페인 당(Sinn Féin)을 창설하여 당수가 된 아더 그리피스(Arthur Griffith)는 『훌리한의 딸 캐슬린』 공연을 관람한 뒤 신 페인 기관지 『통합 아일랜드인』(United Irishman)을 통해, "전쟁터에서의 승리를 제외한다면 아일랜드 문예극단이 창조한 것처럼 민족정기를 강화시킬 수 있는 수단은 없을 것"이라고 극찬한다.[4] 예이츠는 연극 활동을 통한 문화운동이 '게일어 동맹'(Gaelic League) — 이 운동은 더글라스 하이드(Douglas Hyde)가 주도한다 — 이 거둔 대중적 성공에 필적하는 운동이 되기를 열망하고

있었다. 게일어 부활운동이 처음 시작되던 1890년대 초기에는 이 운동에 비판적이거나 유보적인 태도를 취했던 예이츠였으나, 1900년대에 접어들자 그는 그 운동의 잠재력을 인식하게 된다. 그래서 1901년 '켈트문화 전체회의'(Pan-Celtic Congress)에서는, "이 운동이 계속된다면 조만간 영국 정부를 전복하게 될 것"이라고 높이 평가하면서, 자신이 주도하는 민족극 운동도 게일어 부활운동과 같은 힘을 발휘하게 되리라고 확신한다(Cullingford 46).

그러나 징병제를 반대하는 내용의 정치적 메시지가 담긴 패드리악 콜럼(Padriac Column)의 『쌕슨인의 푼돈』(The Saxon Shillin': 1903) 공연을 둘러싸고 예이츠와 그리피스의 관계에 서서히 틈이 벌어지기 시작한다. 처음에 예이츠는 이 극이 '애비 극장'(Abbey Theatre)에서 공연되는 것을 찬성했으나, 이 작품이 공연될 경우 앞으로 협회 유지에 어려움이 많을 것이란 이유로 당시 '아일랜드 연극협회'(Irish Dramatic Society) 회장이던 윌리엄 페이(William Pay)가 공연을 거절하자, 예이츠도 이에 동조한다. 그러자 보다 더 강경한 민족주의 노선을 걷고 있던 모드 곤과 그리피스가 그 협회를 탈퇴해 버린다. 그때부터 그리피스는 애비 극장에서 공연되는 작품은 명확한 정치적 메시지가 담긴 작품으로 제한되어야 한다고 주장하기 시작한다. 이에 대해 예이츠는, 예술이 민족적 대의에 봉사하기를 강요당할 경우 예술가의 상상력은 위축될 수밖에 없기에 예술의 자율성은 반드시 보장되어야 한다며, 그리피스의 견해를 노골적으로 반박한다(*Explorations* 115-6).

이때부터 그리피스는 예이츠를 의혹과 불신의 눈으로 바라보기 시작한다. 두 사람 사이의 결정적인 불화는 젊은 아내가 늙은 남편을 버리고 뜨내기 일꾼을 따라 달아나 버린다는 내용의 싱(John Millington Synge)의 작품 『골짜기 그늘에서』(In the Shadow of the Glen: 1903)에 대해 그리피스가 가혹하게 비판하면서 더욱 심화된다. 모드 곤은 이 극이 아일랜드 여성들의 명예를 훼손한다는 항의 표시로 공연 도중에 극장을 나가 버렸고, 그리피스도 작품 내용이 아일랜드적인 것이 아니라 『데카메론』(Decameron)에서 표절했다면서 이 극을 옹호하는 예이츠의 애국심까지 문제 삼기 시작한다. "민족주의자란 조국이 소유한 여러 부분들 중에서 그가 지키기에 가장 적합한 부분을 보존하기 위해 자신의 많은 것을 포기할 준비가 되어있는 사람"이란 예이츠의 정의에 대하여(*Ex* 117-8), 그리피스는 『통합 아일랜드인』(United Irishman)을 통해, "조국을 위해 많은 것을 포기할 준비가 되어 있는 사람은 훌륭한 사람임이 분명하다. 그러나 만일 그가 모든 것을 포기할 준비가 되어 있지 않다면 우리는 그를 민족주의자로 간주하지 않을 것"이라고 못 박는다(Cullingford 56-7).

민족적 대의를 위해서는 예술가의 양심과 자유도 유보되어야 한다는 그리피스의 입장에는 현실에 보다 더 탄력적으로 대응할 수밖에 없는 예술가들을 해방운동의 대열에서 제외시킬 위험이 다분히 내재되어 있었다. 한때 문화운동의 동지이기도 했던 그리피스가 부정한 아내들이 사는 나라는 독립과 자치에 부적합하게 보일 소지가 많으므로 그런 내용의 작품을 써서는 안 된다며 예이츠를 공격하자, 예이츠는 예술가의 자유뿐만 아니라 개인의 자유도 제한할 가능성이 많은 그의 주장에 격분했다. 조국에 봉사해야 한다는 대의명분이 예술가의 자율성과 작품의 예술성을 유보시키는 압력으로 작용해서는 안 된다고 생각한 예이츠는 그리피스와 같이 "천민의식"(ghetto mentality)에 사로잡힌 자들이야말로 사람들을 동원하여 제복을 입히고, 가슴속에 품은 증오의 독을 상대방에 쏘아 대고, 삶의 다양한 국면들을 획일적인 이념과 강령에 따라 규격화한다고 공격하였다(*Ex* 120). 1930년대 초반에 예이츠가 '푸른 제복'(Blue Shirts)이란 이름의 파시즘 운동 단체에 얼마 동안 관심을 보이다가 곧 환멸을 느끼고 그 운동에 비판적인 입장을 취한 것이나, 「인형」(The Dolls)이란 시에서 젖먹이로 상징되는 인간의 삶이 "모욕"으로 받아들여지는 상황을 날카롭게 부각시킨 것도 바로 그런 이유에서였다. 젖먹이 어린애를 향해 "시끄럽고 더러운 물건"(A noisy and filthy thing)이라 고함을 지르며 모욕을 가하는 인형의 태도는 인간의 자연스런 삶의 모습을 보여주는 싱의 작품을 아일랜드인에 대한 모독이라고 비판하는 민족주의자들의 경직된 사고방식과 다를 바 없기 때문이다. 『회고록』에서도 그는 정치적 신조에 따라 자신의 삶을 희생하고 여자로서의 부드러움과 사랑스러움을 상실한 여자를 "끔찍스런 돌 인형"(some terrible stone doll)이라고 비판하고 있거니와(*Memoirs* 192), 그런 인형 혹은 우상의 목을 분지르고 그 허구를 밝히는 것이야말로 시인의 임무이자 양심이라고 생각한다.

그러나 엘만이 지적하듯이, 『캐슬린 백작부인』 공연에서 비롯되어[5] 1913년 '휴 레인 논쟁'(Hugh Lane controversy) 기간에 이르기까지 이어지는 예이츠와 파넬계 정치세력 사이의 피곤한 논쟁은 민족주의 진영 안에서 단순히 "순수예술 대 이념선전 수단으로서의 예술"(national art versus nationalist propaganda) 간의 갈등으로만 이해해서는 안 된다(Ellmann, *Man and the Masks* 179). 예술가의 자유와 예술의 자율성에 대한 예이츠의 완강한 입장은 예이츠 특유의 개인적인 태도와도 깊이 관련되어 있다. 이념 전파의 성격이 강한 1840년대 '젊은 아일랜드'(Young Ireland) 시인들의 작품과 관련하여, "견해를 바꾸거나 강화하려 할 때 그들의 시는 수사(修辞)로 전락했으나 삶의 구체적인 사건들에 의해 애국심이 개인적인 정서로 환원될 때 그것은 시가 되었다"(*Ex* 115)고 한 그의 발언은 그의 작품을 읽을 때도 쉽게 지나쳐 버릴 수 없는 중요한 내용을 담고 있다.

그러나 이 시기에 예이츠가 선전, 선동을 의식하고 제작하는 예술을 비판한다고 해서, 정치와 예술의 관련성을 송두리째 부정하거나 예술이 민족의 현실에 우선한다고 생각한 것은 아니었다. "우리에게는 사람들의 상상력을 풍부하게 하고 또 위험을 무릅쓸 태세가 되도록 만드는 감동적인 역사가 있다. 애국심은 우리에게 짐을 지우는 관념이었고, … 극작품은 바로 그런 위험한 삶에서 생산되었다"는 그의 발언은 식민지 상황의 정치현실이 예이츠뿐 아니라 아일랜드 작가들 모두의 상상력과 힘의 원천이었음을 말하여준다(Cullingford 55). 『옥스포드 현대시선』에 붙인 서문에서도 그는, "우리가 우리일 수 있는 것은 공적인 삶이 단순하면서도 흥분으로 가득 찬 나라에서 거의 예외 없이 우리가 그런 공적인 삶에 어느 정도 참여하기 때문"이라고 하여,[6] 정치적 이슈들이 그의 삶과 문학에 구성적 힘으로 작용했음을 확인해 주었다.

2 그런데 이 시기 예이츠의 문화운동은 오랜 기간 지속적인 탐구대상이던 신비학과는 어떤 관련이 있는 것일까? 하우스(Marjorie Howes)는 당시 예이츠의 민족극 운동의 신비주의적 성격을 '민족', '성', '계급'의 세 범주로 나주어, 그 범주들 간의 관계를 대단히 설득력 있게 규명하였다(chapter 3). 그래서 필자는 일단 그의 논지에 따라 이 시기 예이츠의 문화운동의 성격을 고찰하기로 하겠다. 『회고록』에서 예이츠는 1897년 '빅토리아 여왕 즉위 육십 주년 기념행사'가 있던 날 밤 더블린 시내에서 군중들의 시위대열에 휩싸여 있을 때 느꼈던 감정을 이렇게 기술하였다.

> That evening there was a meeting of our council in the City Hall, and when we came out after it the crowds were waiting for us all round the Hall. We were going to the National Club in Rutland Square, and they came too. Outside the National Club a magic lantern was to show on a white screen statistics of evictions, deaths from starvation, etc., during Victoria's reign. Somewhere in front of us was a mock funeral Maud Gonne devise, a coffin with "The British Empire" printed upon it, and black flags with the names of all those who had been hanged for treason during Queen Victoria's reign. Presently they began breaking windows where there were decorations. Maud Gonne was walking with a joyous face; she

had taken all those people into her heart. I knew she would not interfere. I knew her principle. If a crowd does anything illegal and you try to stop it, you may succeed, but you are certain to seem to have done it to keep from danger yourself. I tried to speak and could only whisper. I had spoken too much through a disorderly debate at the council, and my voice had gone. Then I too resigned myself and felt the excitement of the moment, that joyous irresponsibility and sense of power. (*Memoir* 112-3)

그날 저녁 시청에서 있었던 위원회 모임이 끝나고 밖으로 나오자 군중들이 시청 주위를 온통 에워싼 채 우리를 기다리고 있었다. 우리가 러틀랜드 광장의 내셔널 클럽으로 걸어가자 그들도 뒤따라왔다. 내셔널 클럽 밖에는 흰 자막 위에 환등기로 빅토리아 여왕 재위기간 동안에 토지에서 쫓겨난 사람과 굶주림으로 죽은 사람들의 통계숫자를 비추게 되어 있었다. 우리 앞에는 모드 곤이 고안한 모의장례식이 준비되어 있었다. "대영제국"이라고 쓴 관과 함께 검은 깃발들에는 빅토리아 여왕 재위기간 동안에 반역죄로 교수형 당한 모든 사람들의 이름이 씌어져 있었다. 사람들은 곧 장식해 놓은 창문들을 부수기 시작했다. [낮 동안의 항의집회에서 화염을 토해 내는 듯한 연설로] 사람들의 마음을 사로잡았던 모드 곤은 즐겁다는 표정을 지으며 걸어가고 있었다. 그녀는 사람들의 난동에 개입하려 하지 않을 것이다. 나는 그녀의 원칙을 잘 알고 있었다. 군중이 불법적인 행동을 할 때 그것을 제지하려 한다면 성공할 수도 있겠으나, 그럴 경우 당신은 위험한 상황에서 벗어나기 위해 그런 행동을 하는 것으로 비쳐질 위험이 다분히 있다. 말을 하려고 안간힘을 써 보았으나 내 입에서는 속삭이는 소리밖에 나오지 않았다. 회합에서 무질서하게 논쟁을 벌이며 너무 말을 많이 한 뒤여서 내 목소리는 이미 가버린 상태였다. 그래서 나 역시 포기하고는 그 순간의 흥분에 젖어 들기 시작했다, 그 즐거운 무책임과 힘의 느낌을.

더블린 시민들의 시위에 대한 이 묘사에는 '군중'(crowd) 또는 그가 나중에 '폭도'(mob)라 명명했던 군중집단의 중요한 속성이 잘 나타나 있다. 군중은 지도자를 필요로 하므로 화염을 쏟아 내는 듯한 연설로 "군중 모두를 광란의 상태로 몰아넣었던" 모드 곤을 따라가며 열광한다(*Memoir* 112). 결국 이 군중은 대단히 격렬하고 파괴적이 되는데, 그들이 기물을 부수고 총독부 경찰을 공격하는 과정에서 서로 충돌하여 한 사람이 죽고 200여 명이 다치는 상황으로까지 발전한 그 사태는 주로 환등기를 이용한 자극적인 장면과 화형식 광경에 의해 고조된다. 그런데 군중은 그들의 행동을 바라보는 사람을 유인하는 속성이 매우 강하며, 예이츠가 그 유혹에 굴복하는 순간 "무책임과 힘"의 느낌을 즐기기 시작했다는 사실에 주목해야 한다. 군중의 행동을 지켜보던 예이츠는 그들을 선도하려고 시도해 보지만, 결국 그들에게 굴복하여 그들의 일부가 되고 만다. 마저리 하우스가 지적했듯이, 이 점이 바로 '대중정치'(mass politics)를 지향하는 예이츠의 민족극에 이중성을 야기하는 원천이며, 이후 그런 이중성은 작품의 구성 원리로 작용하게 된다.

그런데 1900년을 전후한 시기에 민족극을 통해 대중집단을 한 인간의 마음과 같은 유기적 통일체로 구성하려 했던 예이츠의 노력은 1895년부터 1903년 사이에 그가 간헐적으로 시도했던 켈트신비회의 신비의식과 깊은 관련이 있다. 그는 키 호수(Lough Key) 지방의 섬에 있는 폐허가 된 성을 사들여, "아일랜드의 엘레우시스 또는 사모트라케"(an Irish Eleusis or Samothrace)를 창단하기로 마음먹는다. 그것은 모드 곤의 마음을 사로잡기 위한 노력의 일환이기도 했는데, 나중에 그녀는 그 '영웅들의 성'(Castle of the Heroes)을 "민족주의자들이 아일랜드에 대한 명상을 통해 개인적인 노력과 민족적 대의를 조화시키려 했던 장소"였다고 회고했다(Howes 70). 제임스 플래너리에 의하면, "연극에 대한 예이츠의 생각은 그 자체가 신비추구의 직접적인 결과였으며," "켈트신비회의 엘레우시스적 의식은 삶으로부터의 도피이기는커녕 이상적인 사회를 창조하는 데 필수적인 단계였다"고 한다. 즉, 예이츠는 민족극을 "아일랜드의 공적 구성체를 영적으로 소생시키기 위한 수단"으로 상정했던 것이다(Flannery 55, 65).

예이츠의 민족극이 켈트신비회의 의식처럼 제의(祭儀: ritual)와 상징에 의존하는 바가 컸고, 또 그것들을 매개로 관객의 명상적 · 환상적 경험을 유발하려는 경향이 강했음은 이미 잘 알려진 사실이다. 그는 일련의 연극기법을 통해 그런 효과를 조성하려 했는데, 반리얼리즘 성격의 그의 극은 "근본적으로 인습적이고 인공적이며 의례적인"(essentially conventional, artificial, ceremonious) 것이었다(*Ex* 172). 그는 제의야말로 "연극의 가장 강력한 형식"이어서 관객을 관객인 동시에 연기자가 되게 한다고 생각했기에, 연극을 제의의 상태에 접근시키려 하였다(*Ex* 129). 공식화된 느린 몸짓으로 인공적인 느낌을 강하게 풍기면서 동시에 대사를 말하는데도 주문을 늘어놓는 듯한 느낌을 불러일으키는 예이츠의 연출기법은 무대를 일종의 의식과 제의의 장소로 만들려는 노력의 일환이었다. 아일랜드 민족극 운동에 깊이 몰입되어 있던 1890년대 말부터 1910년 사이에 신비학 탐구에도 많은 시간과 정력을 바쳤던 예이츠는 1901년에 쓴 「마법」(Magic)이란 글에서 신비학의 다양한 개념과 활동들을 하나로 묶어 그 핵심 사항을 다음과 같이 정리한다.

> I believe in the practice and philosophy of what we have agreed to call magic, in what I must call the evocation of spirits, though I do not know what they are, in the power of creating magical illusions,

in the visions of truth in the depths of the mind when the eyes are closed; and I believe in three doctrines, which have, as I think, been handed down from early times, and been the foundations of nearly all magical practices. These doctrines are: —

(1) that the borders of our minds are ever shifting, and that many minds can flow into one another, as it were, and create or reveal a single mind, a single energy,

(2) that the borders of our memories are as shifting, and that our memories are a part of one great memory, the memory of Nature herself, and

(3) that this great mind and great memory can be evoked by symbols. (*EI* 28)

나는 우리가 마법이라 부르기로 합의한 것의 철학과 그 전례들을 믿는다. 비록 정령의 정체를 알지는 못하지만 정령을 불러내어야 한다고 믿으며, 마력적 환상을 창조할 수 있는 힘과 눈을 감고 있을 때 마음 깊은 곳에서 진리를 보는 비전능력을 믿는다. 또 오래 전부터 전해 내려왔고 또 거의 모든 마법적 전례의 기반이 된 세 개의 신조들을 믿는다. 그 신조들은 다음과 같다:

(1) 우리의 마음의 테두리는 항상 변하기 마련이며, 여러 마음들은 다른 마음들 속으로 흘러 들어가 하나의 마음, 하나의 에너지를 창조하거나 드러낼 수 있다.

(2) 우리의 기억의 테두리는 항상 변하기 마련이며, 우리의 기억들은 하나의 대기억(大記憶), 자연 자체의 기억의 일부이다.

(3) 이 한마음(巨大心)과 대기억(大記憶)은 상징에 의해 환기될 수 있다.

개별 주체들 간의 상호침투성, 한층 더 포괄적이고 광활한 실체로의 수

렴 가능성, 그리고 그러한 침투와 수렴을 가능케 하는 상징의 중요성 등은 예이츠 신비학의 핵심 사항이다. 이론적 측면에서 볼 때, 모든 개체의 마음은 '대기억'(great memory) — 이것은 융의 '집단무의식'(collective unconscious)과 일맥 상통한다 — 에 의해 '한마음'(great mind)으로 통할 수 있다. 그러나 예이츠의 대중정치 이론에서 대중을 민족으로 통합하기 위해서는 올바른 지도자가 필요조건이었듯이, 신비학에서도 '한마음'으로 다가가기 위해서는 마법사와 같은 인간, 즉 마력적 환상을 만들어 내려면 어떤 상징을 사용해야 하는지를 잘 아는 달인(達人: adept)이 요구되었다. 대중정치의 영역에서 그릇된 선전, 선동 때문에 군중이 폭도로 전락하고 무분별한 폭력을 행사하듯이, 그릇된 상징을 사용할 경우 초심자들이 혼란으로 빠져드는 경우를 자주 목격했던 예이츠는 수련자들이 그런 상태로 빠져드는 것을 특별히 경계했다.

그러므로 예이츠의 신비학은 영적 세계와의 일치를 모색하는 사적 수련의 방식이었을 뿐만 아니라, 주체들 서로 간의 상호침투와 바람직한 사회집단에 대해 사색하고 그런 집단을 조성하려는 예이츠 특유의 현실대응 방식이었다. 「마법」의 세 개 항의 신조가 말하여 주듯이, 예이츠에게는 어느 개인이 환기하는 비전의 내용보다도 그런 비전들이 공유되고 또 그것이 여러 사람의 마음을 하나로 통합할 수 있는 힘을 예시해 준다는 사실이 더욱더 중요했다. 비극에 대한 견해를 개진한 글에서도 그는, "비극은 언제나 인간과 인간을 분리시키는 제방(堤防)을 무너뜨리고 강물이 힘차게 흘러가도록 하는 것이어야 한다"며(*EI* 241), 비극적 정서가 집단을 한마음으로 결속시키는 강력한 힘임을 강조한다.

켈트의 황혼을 추구하던 시기에 이상적 실체인 장미를 노래한 시와 민요풍의 시들에서도 암암리에 드러나듯이, 예이츠는 천성적으로 대중을 싫어하는 귀족적 성향의 엘리트 민족주의자였다. 『훌리한의 딸 캐슬린』 초연 때 캐슬린 역을 맡았던 모드 곤은 예이츠와 함께 정치활동을 하던 1890

년대를 회고하면서, "그는 대중을 증오했고, 나는 대중을 사랑했다"고 증언한 바 있다. 그러므로, 마저리 하우스가 지적하듯이, 1900년을 전후한 시기에 예이츠는 대중을 민족이라는 유형의 집단으로 유도하려고 고심하면서도, 대중이 군중 또는 폭도라는 또 다른 유형의 집단으로 전락하기 않을까 하는 두려움을 안고 연극 기획을 시작한다. 문제는 두 유형의 집단이 꼭 같아 보였다는 사실에 있었다(Howes 28, 78).

❸ 『서쪽지방에서 온 난봉꾼』(Playboy of the Western World: 1907) 공연을 둘러싸고 전개된 난동이 있은 후, 예이츠는 정적들의 세력기반을 이루는 가톨릭 중산계급을 사회적인 맥락에서 분석하기 시작한다. 이때부터 그는 아일랜드 귀족과 농민으로 구성된 위계질서와 그 위계질서 위에 구축되는 사회통합의 비전에서 중산계급을 제외시킨다. 특히 『초록 투구 시편』(from The Green Helmet and Other Poems: 1910)에 수록된 네 편의 시, 즉 「토지분쟁기에 부서진 저택에 대하여」(Upon a House Shaken by the Land Agitation), 「애비 극장에서」(At the Abbey Theatre), 「골웨이 경마대회에서」(At Galway Races), 「구름 같은 무리들」(These Are the Clouds)에서 그는 중산계급을 사회적 맥락에서 규정하면서 그들을 신랄하게 공격하는데, 우선 「구름 같은 무리들」의 경우를 보자.

These are the clouds about the fallen sun,
The majesty that shuts his burning eye:
The weak lay hand on what the strong has done
Till that be tumbled that was lifted high
And discord follow upon unison,
And all things at one common level lie.
And therefore, friend, if your great race were run
And these things came, so much the more thereby

Have you made greatness your companion,
Although it be for children that you sigh:
These are the clouds about the fallen sun,
The majesty that shuts his burning eye. (*CP* 107-8)

무너진 태양 주변을 에워싼 이 구름들,
불타는 태양의 눈을 가리는 야만적인 세력.
나약한 자들이 강자의 업적에 손을 대기에
급기야는 품격 높은 업적들이 무너져 내리고
화음 뒤에 불협화음 이어지고
모든 것이 하향평준화 되어
단일 수준으로 놓여 있습니다.
그러니 친구여, 그대의 위대한 경주가 끝이 나고
사태가 이 지경에 이르렀어도, 비록 그대 한숨이
후손들을 위한 것일지라도, 이전보다 더 그대는
위대함을 그대의 반려로 삼아야만 합니다,
무너진 태양 주변을 에워싼 이 구름들,
불타는 태양의 눈을 가리는 야만적인 세력.

아일랜드 중산계급은 앵글로 아이리쉬의 품위 있는 업적들을 일거에 박살 내고, "하향평준화의 단일 수준"(one common level)으로 끌어내리며, "불협화음"을 조성하는 "나약한 자들"이다. 그들은 모든 걸 수량화하여, 귀족계급이 이룩한 고귀한 가치들을 산산조각 내버린다. 이렇게 대중정치의 기반인 중산계급을 분열과 불협화음에 결부시킴으로써, 예이츠는 자신이 그리는 사회통합은 평등과 민주적 제도에 의한 것이 아님을 분명히 한다. 이제 그는 중산계급 중심의 사회조직은 사회를 통합하기보다는 오히려 해체시킨다고 확신한다. 「시와 전통」(Poetry and Tradition: 1907)에서도 그는 중산계급의 상승과 그런 현상이 민족주의 노선에 가하게 될 부정적 측면을 이렇게 피력한 바 있다.

> I could not foresee that a new class, which had begun to rise under the shadow of Parnell, would change the nature of the Irish movement, which, needing no longer great sacrifices, nor bringing any great risk to individuals, could do without exceptional men, and those activities of the mind that are founded on the exceptional moment. (*EI* 259-60)

> 나는 파넬의 그늘 밑에서 상승하기 시작한 새로운 계급이 아일랜드적인 운동의 성격을 변화시키리라고 예견할 수 없었다. 왜냐하면 더 이상 위대한 희생을 필요로 하지도 않고 또 개인을 어떤 엄청난 위험에 내몰려고도 하지 않는 이 운동은 예외적인 인간들이 없이도, 또 예외적인 순간에 기초한 정신활동이 없는 상황에서도 수행될 수 있는 운동이기 때문이다.

이 글에서 예이츠는 예술을 통한 사회통합의 꿈은 처음부터 실패할 운명이었음을 인정하고 있다. "목전의 효용성"에만 집착하는 나머지 자기가 소유한 것을 빼앗길지도 모른다는 불안감에 전전긍긍하며 살아가는 소매상인과 화이트칼라 소시민들의 득세는 오리어리 같은 고귀한 인간들의 희생적인 노력을 무산시키고, 모든 것을 평범한 삶의 방식으로 규격화하여 그 질을 떨어뜨린다는 것이다. 『책임』(Responsibilities: 1914)에 수록되어 있으면서 『서쪽지방에서 온 난봉꾼이』 사건과의 관련하에 쓴 시 「'서쪽지방에서 온 난봉꾼'을 적대시한 자들에게」(On those that hated 'The Playboy of the Western World', 1907: 1909)에서, 그 같은 중산계급은 거세된 남성성의 상징으로 재현되고 있음이 주목된다.

Once, when midnight smote the air,
Eunuchs ran through Hell and met
On every crowded street to stare
Upon great Juan riding by:
Even like these to rail and sweat
Staring upon his sinewy thigh.

언젠가, 자정이 대기를 후려칠 때,
내시들은 지옥을 내달리며
사람들이 북적대는 이 거리 저 거리에서
위대한 후안이 말 타고 지나가는 걸
악의에 찬 눈길로 훔쳐보았다.
바로 그렇게 땀 흘리고 악담하며
환의 근육질 넓적다리를 훔쳐보았다.

찰스 리킷(Charles Rickett)의 그림 「지옥의 돈 후안」(Don Juan in Hell)을 바탕으로 쓴 이 시는 한때 동지였으나 이제는 적이 된 아더 그리피스를 공격하기 위한 것이었다고 한다(Freyer 50; Howes 98). 폭발적인 성 능력의 소유자 돈 후안이 백마를 타고 당당하게 지나가자, 내시들은 혼란스런 군중들처럼 거리에 모여 시기에 찬 눈으로 그 광경을 바라본다. 질투심으로 땀을 뻘뻘 흘리는 내시들은 히스테리에 사로잡힌 여성들처럼 날카로운 목소리로 후안을 향해 욕설을 퍼붓는다. "아일랜드의 정치계급은 운동의 유일한 에너지로서 증오의 감정을 배양해 왔고, 그러한 증오심은 성기 거세의 지적 등가물이라 할 수 있는 박탈감을 그들에게 안겨 주었다"고 예이츠는 진단한 바 있다. 즉, 증오심이 상상력의 기초가 될 때 그것은 인간의 본성과 창조력을 고갈시켜, 아일랜드 남성과 여성들 사이에서 일반화된 성적 금욕을 가능케 한다는 것이다(*Memoir* 176-7).

예이츠 신비학의 맥락에서 볼 때, 증오에 사로잡힌 군중집단은 그릇된 상징을 명상하며 스스로에게 악마의 마법을 행하는 신비가, 즉 길을 잘못 든 달인(達人)과 유사한 측면이 많다. 따라서 이전 시집에서와는 달리 『초록 투구 시편』에는 악마의 마법에 홀린 것 같은 혼란스런 군중들로 가득 차 있다. "팽팽하게 당긴 활시위 같은 아름다움"(beauty like a tightened bow)의 소유자 모드 곤은 골목길 주변에 옹기종기 모여 사는 "무지한 인간들"을 선동하여, 소 떼를 내몰듯이 그들을 대로로 끌어내고('No Second Troy'), "무너진 태양 주변을 에워싼 구름"처럼 운집한 "나약한 자들은 강자들이 이룩한 업적에 손을 대기에", "품위 있는 업적들이 마침내 무너져 내린다." 그들은 "불협화음"을 야기하면서 모든 것을 "하향평준화의 단일 수준"으로 끌어내리는 무지몽매한 인간들이다('These are the Clouds'). "상인과 회사원"(merchant and the clerk)이 대부분인 이 중산계급 물질주의자들도 한때는 경마대회의 관중들처럼 예이츠와 그레고리의 연극에 환호하며 갈채를 보내기도 했으나, 이제는 세상을 향해 "겁먹은 숨결"(timid breath)을 흩뿌리며 영웅적인 인간들이 이룩한 고귀한 업적들을 무너뜨린다('At Galway Races').

특히 휴 레인이 더블린 시 당국에 기증하려 했던 미술품을 둘러싸고 야기된 논쟁은 『서쪽지방에서 온 난봉꾼』 공연 이후 예이츠가 중산계급에 대해 품고 있던 분노와 환멸감을 더욱더 증폭시킨다.[7] 이제 그는 정적들을 "그대의 적, 추악한 늙은 입이/ 그에게 사냥개를 풀어놓았다"(Your enemy, an old foul mouth, had set/ The pack upon him)고 규탄하며('To a Shade'), 「1913년 9월」(September 1913)에서는 당시 상황을 1798년 애국투사들이 보여준 희생적 헌신과 대비시켜 가톨릭 중산계급의 경제 논리를 이렇게 공격한다.

What need you, being come to sense,

But fumble in a greasy till
And add the halfpence to the pence
And prayer to shivering prayer, until
You have dried the marrow from the bone?
For men were born to pray and save:
Romantic Ireland's dead and gone,
It's with O'Leary in the grave.

철이 든 이후 당신은
기름때 묻은 금고나 어루만지며
한 푼에 또 한 푼을 더하고
떨리는 기도에 기도를 더하며,
뼈골이 빠지도록 힘겹게 살아왔지요.
당신에게 이것 말고 달리 무엇이 필요합니까?
인간은 기도와 저축을 위해 태어난 존재일 뿐,
낭만적 아일랜드는 죽고 사라져,
그것은 오리어리와 함께 무덤 속에 묻혀 버렸습니다.

애국지사들의 전통이 되어 온 "역경제"(counter-economy)의 관점에서 볼 때, "준다"는 행위와 "구원하다"는 행위 사이에는 이분법이 개입할 여지가 없다(North 39-40). 그러기에 첫 연에서부터 "구원하다"는 의미의 "save"는 "한 푼에 또 한 푼을 더하고/ 떨리는 기도에 기도를 더한다"는 표현으로 인하여, 영혼의 구원이라는 정신의 문제는 물질의 차원으로 격하되고, 그 결과 "저축하다"라는 반어적 의미가 강화된다. 물론 가톨릭교도들의 물질적 타락이 영혼의 타락으로 이어졌다는 생각에는 가톨릭 세력의 정치력이 증대하면서 점차 주변세력으로 밀려나고 있던 신교도들의 편견이 크게 작용했을 것이다. 어쨌든, 묵주를 들고 염주알 하나하나를 헤아리며 기도하는 가톨릭교도들의 신앙행위를 물질적 계산행위로 전환함으로써, 시인은 오랫동안 지속된 아일랜드의 분파적 증오심을 선명하게 부각시킨다. 따라서 "인간은 기도와 저축을 위해 태어난 존재일 뿐"이란 표현은 기도와 저축을 산술적 등가물로 처리하여 "save"의 영적 의미를 전위시키고 있다.

"낭만적 아일랜드"의 소멸에 대한 분노와 비감을 노래한 이 시에서 우리가 간과해서는 안 될 중요한 사실은 3연에서 거론된 영웅적 인간들은 오코넬이나 데이비스, 또는 캐슬린이나 쿨린이 아니라 에밋, 피츠제럴드, 울프 톤이란 점이다. 그들은 오리어리와 파넬 — 파넬은 마지막 연에서 암시된다 — 과 함께 모두 영국계 아일랜드 신교도이면서 귀족이거나 지주였기에, 이 시는 1913년을 전후한 시기에 가톨릭 중산계급에 대한 예이츠의 감정을 정확하게 전달한다고 하겠다. 즉, 켈트족의 영웅이나 가톨릭을 신봉하는 대중적 영웅 대신에 영국계 아일랜드인들만을 낭만적 민족주의 지도자들로 열거함으로써, 그는 그 이후 아일랜드 문화와 전통을 자의적으로 변형시켜 그것을 다수에게 과시하는, 궁지에 몰린 인간이 취하게 될 자세를 확정짓는다(Archibald 106).

4 아일랜드 대중들(mass)에 대한 예이츠의 입장은 1902년 『훌리한의 딸 캐슬린』이 공연되던 시기와 『초록 투구 시편』에 수록된 시들이 지어지던 1907년을 전후한 시기 사이에 분명한 차이를 보인다는 점을 쉽게 수긍할 수 있을 것이다. 『훌리한의 딸 캐슬린』에서 예이츠는 대중이 주체와 의지를 상실하고 광분에 사로잡히게 될지도 모른다는 불안감을 느끼면서도, 통합의 가능성을 포기하지 않고, 그들을 민족해방운동의 대열에 동참시키는 방향으로 나아간다. 그러나 1907년을 기점으로 그는 그런 기획 자체를 포기하게 되고, 그런 태도변화는 연극이론의 변화로 이어진다. 일본의 고전극 '노 드라마'(Noh drama)를 발견하고 난 뒤에 쓴 글 「일본 귀족연극의

몇몇 형식들」(Some Noble Plays of Japan: 1916)에서 그는, "나는 탁월하고 간접적이며 상징적인 희곡의 형식을 창안했는데", 그 극은 "군중도 언론도 필요치 않는 귀족적 형식"이라고 선언한다(*EI* 221). 또 「대중연극」(A People's Theatre: 1919)이란 글에서도 그는 "주관성"과 "객관성"의 개념을 양극에 놓고, 현대사회의 물질적 측면을 다루는 대중연극은 리얼리즘의 관점에서 객관성을 극대화하는 방향으로 나아가야 하는 데 반하여, 자신의 극처럼 정신적 실체를 추구하는 연극은 뜻을 같이하는 소수 관객을 대상으로 하는 주관적인 연극이 될 수밖에 없다고 입장을 표명한다(*Ex* 245-57). 이제 그는 관객의 숫자에 개의치 않고, "호의에 의해서 입장이 허용되는, 은밀한 모임 성격의 관객"을 위해, "비대중적인 연극"을 제작하는 방향으로 나아간다(*Ex* 254).

그렇다고 예이츠의 초기 극작품과 후기 극작품의 성격이 본질적으로 달라진 것은 아니었다. 『훌리한의 딸 캐슬린』을 쓸 당시 그는 신비학의 맥락에서 대중연극이면서 동시에 민족극이 될 수 있는 연극이론을 발전시켜 나가며, 1910년 이후에 "은밀한 모임 성격의 관객"을 대상으로 제작하게 될 연극도 신비학의 범위 내에서 오히려 신비의 분위기를 한층 더 고조시키는 방향으로 나아간다. 다만 후기 극들은 "비대중성"을 공공연히 표방한다는 점에서 초기극과 상당한 차이가 있는 것이 사실이다. 그러나 후기극에서도 그는 초기극에서처럼 관객들 상호 간의 정신적 유대와 "개별 주체들 간의 상호침투"의 상황을 조성하기 위해 상징과 색채와 최면적 반복 리듬에 의존했고, 그런 방식들을 통해 제의적 효과를 극대화함으로써 비전의 순간을 창조하려 하였다. 마저리 하우스의 지적처럼, 둘 사이의 중요한 차이는 "대중 대 귀족의 살롱"(mass versus aristocratic drawing room)과 관련된 가치들 중에서 예이츠가 어느 쪽에 더 관심을 두고 어느 가치를 더 소중하게 생각하는가 하는 데서 생겨났다. '장미 시편'과 『훌리한의 딸 캐슬린』에서 예이츠가 대중정치로서의 민족주의 운동을 소중하게 생각하고 나름대로의 대중상(大衆像)을 창조하는 방향으로 나아갔다면, 노선을 달리하는 민족주의자들과 오랫동안 피곤한 논쟁을 거치면서 『초록 투구 시편』과 『책임』에서는 또 다른 대중상(大衆像)을 조각했던 것이다(Howes 100).

이렇게 소수 관객을 위한 연극 이론을 발전시켜 나가는 시점에서 시의 주제도 달라질 수밖에 없었을 것이다. 『책임져야 할 일들』에 수록된 시들에서 그는 고독을 운명으로 받아들이고 그것을 내면화하면서 고귀한 가치를 추구하는 인간으로의 변신을 시도한다. 이를테면 「헛된 노력을 한 친구에게」(To a Friend Whose Work Has Come to Nothing: 1913)를 보면, 중산계급에 대한 증오의 감정은 그레고리 여사에 대한 존경과 공감에 의해 비극적 완성과 황홀의 경지로 승화된다. 시인의 사색은 비열한 정적들과의 싸움에서 패배한 그레고리 여사의 운명을 위로하다가, 결국 고귀한 혈통을 이어받은 그녀를 돌들이 나뒹구는 황량한 들판에서 홀로 존재의 비밀을 투시하며 황홀감을 맛보는 비극적 인간으로 승화시킨다.

Now all the truth is out,
Be secret and take defeat
From any brazen throat,
For how can you compete,
Being honour bred, with one
Who, were it proved he lies,
Were neither shamed in his own
Nor in his neighbours' eyes?
Bred to a harder thing
Than Triumph, turn away
And like a laughing string
Whereon mad fingers play
Amid a place of stone,

Be secret and exult,
Because of all things known
That is most difficult.

이제 모든 진실이 드러난 이상,
비밀 간직한 채,
놋쇠 목이 내뱉는 패배를 받아들이세요.
품격 높은 교육을 받은 그대가,
거짓임이 밝혀진다 한들 자기 스스로도
이웃사람들의 눈앞에서도 수치스러워하지 않을,
그런 자들과 겨룰 수 있을까?
승리보다 더 어려운 일 하도록 양육된 그대.
고개 돌려 그들을 등지고,
바위투성이 황량한 들판에서,
미친 듯한 손놀림에 껄껄 웃어대는 현악기처럼,
비밀 간직한 채 황홀에 잠기세요.
세상에 알려진 모든 일들 중에서도
그것이 가장 어려운 일이기에.

시의 후반부가 시작되는 9행의 첫 단어 "양육된"에서 우리는 예이츠가 가문의 혈통, 특히 귀족의 혈통을 중요시하고 있음을 알 수 있다. 그는 귀족 미망인이던 그레고리 여사에게 「1913년 9월」의 독립투사들처럼 세속적인 승리나 이득을 초월하여 생명의 본질을 투시하고 비극적 황홀에 잠기라며 위로한다. "비밀 간직한 채 황홀에 잠기세요"란 표현은 시간의 십자가 위에 피어난 장미의 고귀함과 비밀스러움의 연장이거니와, 예수님이 십자가에 못 박힌 해골산을 연상케 하는 "돌투성이 황량한 들판"에서 "껄껄 웃어 대는 현악기"는 그 악기를 연주하는 역사적 힘들의 광란을 통해 오히려 우리에게 부드러운 음악을 선사한다. 결국, 비극적 황홀로 이끄는 최종의 모티프는 반감이나 경멸 또는 오만의 감정이 아니라, "어려운 일의 매력"(the fascination of what's difficult)에 이끌려 그것을 과감히 직시하며 사색하는, 용기 있는 인간의 열정이다(Whitaker 154). 이제 예이츠는 셸리처럼 현실정치라는 일시적인 옷을 벗어 던지고, 영웅적 인간의 아름다움을 "영원의 균형"으로 형상화하는 방향으로 나아갈 것이다. 그러기 위해 그는 진실의 핵심으로 다가가 "여명처럼 차갑고 정열적인" 시를 써 나가겠다는 의지를 천명한다(cold/ And passionate as the dawn: 'The Fisherman'). 그러나 고독한 영웅의 진실을 숨기지 않고 "적나라하게" 노래하겠다는 그의 결의는(There's more enterprise/ In walking naked: 'A Coat') 어디까지나 돌들이 나뒹구는 황량한 들판에서 고독을 씹으며 위안을 찾는 패배한 인간 의식의 산물이다.

3. 예이츠 문화민족주의의 한계

신비학에 대한 예이츠의 관심은 세기말 유미주의 미학과 문화민족주의 미학이 쉽게 접목될 수 있는 여지를 마련해 주었을 것이다. 포스터는 "프로테스탄트 하부문화의 초자연적 측면"을 강조하면서, 평생 동안 지속된 예이츠의 신비학에 대한 관심은 그의 사회 문화적 정체성의 본질적인 부분을 구성하며, 신비학은 현대 아일랜드에서 점차 주변세력으로 내몰리고 있던 신교도 계급에게 도피처를 제공해 주었을 것이라고 진단한다(Forster 251, 254). 그런 관점에서 볼 때, 예이츠뿐만 아니라 신교도 작가들의 비교(祕敎)에의 몰입은 가톨릭교를 신봉하는 중산계급에 의해 지배력을 박탈당할 위기에 처한 신교도 작가들의 상실감과 위기감, 그 결과 나타나게 마련인 도피적 성향을 반영한다는 것이다. 좀 더 심하게 말하자면, 신교도들은 그때까지 소유했던 토지를 가톨릭교도들에게 빼앗기게 되자, 그들이 주도해 온 아일랜드 문화가 그들이 내세울 수 있는 새롭고 유일한 자산으로 기능하게 된다. 그러기에 예이츠를 비롯한 그들의 문화민족주의 이념은 "정치적 지배력에서 문화적 지배력으로의 전술적 후퇴"를 의미하는 것이었다(Deane 47-8).

「예이츠와 1890년대 아일랜드의 문화정치」란 글에서 스티븐 리건은 예이츠의 문화민족주의를 세기말 유미주의 운동의 맥락에 두고, 그 한계를 심도 있게 분석한다. 문화민족주의자들이 문화운동을 전개할 때 특히 관심을 갖는 것은 언어와 국토와 그 속에서 삶을 영위하는 주민들에 대해서이다. 그런데 예이츠의 경우에는 그 어느 것도 혁명적이라고 하기에는 한계가 있고, 오히려 통합론자들의 입장에 암암리에 동조하는 방향으로 나아갔다는 것이다(74-9). 언어의 문제와 관련해서도 예이츠는 잊혀진 게일어를 되살리는 대신에 영어를 잘 사용하면 게일어 리듬과 유사한 리듬을 만들어 낼 수 있다고 생각한다. 1892년 '민족문학협회'가 주관한 강연에서 더글러스 하이드는 영어로도 게일어의 리듬과 스타일에 가까이 다가갈 수는 있겠으나, 아일랜드를 탈영국화하기 위해서는 게일어를 고집해야 한다고 주장한다. 이에 대한 반응으로 예이츠는 그레고리 여사에게 보낸 편지에서, "우리가 영어를 사용한다고 해서 아일랜드적인 전통과 민족문화를 건설할 수 없단 말입니까?"라며 분개한다(*Collected Letters* 338). 오랜 세월 식민통치를 받는 과정에서 게일어가 이미 영어로 대치되어 복원하기가 쉽지 않았다는 현실적인 어려움을 감안한다 하더라도, 예이츠의 그런 입장은 독립운동을 전개하던 시기에 혁명적 시인이 취할 태도는 아닌 것이다.

에드워드 사이드(Edward Side)는 저항문화론자의 가장 중요한 임무이자 권리로 "국토를 요구하고, 국토에 새로운 이름을 붙이고, 국토에 주민을 새롭게 배치하는 일"(to reclaim, rename, and reinhabit the land)이라 정리한 바 있다. 리건은 사이드의 이 말을 인용하면서, 「호수 섬 이니스프리」를 예로 들어 이 문제와 관련된 예이츠의 한계를 지적한다. 이 시는 오래 잊혀졌던 친숙한 장소로 회귀하고 삶의 터전을 일구려는 의지의 표현인 듯 여겨지지만, 어디까지나 그것은 시인의 상상 속에서나 가능할 뿐, 현실적으로는 실현 가능성이 극히 희박하다는 것이다. 시종일관 영어로 된 이 시에서 게일어 어원의 단어를 통해 장소에 현실성을 부여하는 것은 이니스프리란 제목뿐인데, 제목에서 이미 이상과 현실의 어긋남을 엿볼 수 있다. 원래 'Innisfree'란 지명은 게일어로 "희스꽃 피는 섬"(heather island)을 의미하는 'Innis Fraoigh'이나, 예이츠는 "Fraoigh"를 자유를 의미하는 "free"로 바꾸어 시의 주제를 강화하려 하였다. 그러나 오히려 그의 의도는 "주제와의 거리를 선전하는" 역효과를 조성하는 결과를 낳았고, 친숙함보다는 분리를 조장하는 측면이 강했던 것이다(North 25; Jerrares, *New Commentary* 31).

예이츠가 그리는 켈트적 아일랜드에서 주민들은 어떤 모습으로 나타나는가? 간단히 말해서, 그의 눈에 비친 아일랜드 농민들은 비세속적인 것들과의 관계 속에서 파악되면서 미학적인 측면이 강조된다.

> These poor peasants lived in a beautiful if somewhat inhospitable world, where little had changed since Adam delved and Eve span. Everything was so old that it was steeped in the heart, and every powerful emotion found at once noble types and symbols for its expression.…A peasant had then but to stand in his own door and think of his sweetheart and of his sorrow, and take from the scene about him and from the common events of his life types and symbols, and behold, if chance was a little kind, he made a poem to humble generations of the proud. (*Uncollected Prose*, *Vol. I* 295)

이 가난한 농민들은 아담이 땅을 파고 이브가 길쌈하기 시작한 이

> 래 바뀐 것이 별로 없는, 다소 위협적이긴 하나 아름다운 세상에서 살았다. 모든 것이 오래되었기에 그 모든 것이 가슴속 깊이 젖어들고, 그래서 모든 강력한 감정들은 고상한 유형과 상징들로 표현되었다.…그러기에 농부가 자기 집 문 앞에 서서 애인과 자신의 슬픔에 대해 생각하기만 하면, 그는 자기 주위의 경관과 삶의 일상적 사건들로부터 유형과 상징을 얻고, 또 조금이라도 운이 좋으면, 자부심을 갖춘 이들의 겸손한 후손들에게 시를 남겨 줄 수도 있었다.

이 글에서 예이츠가 아일랜드 농민들에게 부여하는 감정의 깊이와 상상력의 탁월함 같은 미덕들은 아놀드가 『켈트문학 연구에 대하여』(On the Study of Celtic Literature: 1867)란 일련의 강연에서 피력했던 입장을 거의 그대로 수용한 것이었다. 아놀드와 예이츠는 아일랜드 농민에 대한 미학적 이상화를 통해 암암리에 그들의 정치적 역량을 거세해 버린다. 히니의 비판에 따르면(Heaney 8), 예이츠가 창조한 아일랜드 농민상은 '자치법안'(Home Rule)과 같은 당시의 정치 현실과는 무관한 "미학적 농민상"으로, 가톨릭교를 신봉하는 현실적 계급이 아닌 비교(祕教)나 무속(巫俗)을 행하는 원시적 인간들이다. 같은 맥락에서 1890년대 예이츠의 문화민족주의 한계에 대한 리건의 다음 평가는 전환기 예이츠에게도 그대로 적용될 수 있을 것이며, 오랫동안 일본의 식민통치를 받았고, 그 과정에서 일본 제국주의 문화정책에 자의든 타의든 포섭되어 민족의 현실을 오도했던 지식인들이 적지 않았던 우리의 경험에 비추어 볼 때, 이 글은 시사하는 바가 크다고 하겠다.

> The more prosaic features of modern Irish democracy are singularly lacking in the nation that Yeats conceives in the 1890s.

> The response Yeats makes to the land and the people cannot, then, be considered as a direct act of 'decolonization', since the account of English-Irish relations on which it is based is both ambivalent and evasive. Such a response issues from the insecurity and marginalization of the Anglo-Irish Ascendancy in the face of growing Catholic nationalist aspiration, and not simply from some shared or unified resistance to English colonial power. (Regan 77)

> 1890년대 예이츠가 구상했던 나라에는 근대 아일랜드 민주주의의 보다 무미건조한 양상들이 특이하리만치 결여되어 있다. 그러기에 예이츠가 국토와 주민들에게 보이는 반응은 '탈식민화'의 직접적인 행위로 간주될 수 없다. 그런 반응을 유발했던, 영국과 아일랜드 간의 관계에 대한 그의 발언들은 서로 모순된 태도를 보이는가 하면 회피적이기까지 하다. 그런 반응은 성장과정에 있던 가톨릭 민족주의자들의 열망에 직면한 영국계 아일랜드인들의 지배력이 불안정하고 주변화되는 데서 야기된 현상이지, 영국이라는 식민세력에 대해 어느 정도 공유되었거나 통합된 저항에서 비롯된 현상은 결코 아니다.

결론적으로, 예이츠가 머릿속에 그렸던 아일랜드는 영적으로나 문화적으로 탁월한 정체성을 갖춘 민족이 분파적 차이나 갈등에서 해방되어 공동체적 삶을 살아가는, 상상 속에서나 가능한 이상적인 사회이다. 그러므로 전환기 예이츠의 문화운동이 가톨릭 중산계급의 가치와 이익을 대변하는 정치세력과 심각한 마찰을 겪으면서 현실정치의 영역에서 패배한 것은 당연한 귀결이었다. 그의 문화운동은 아일랜드가 동질화된 사회로 나아가는 것을 방해하는 힘으로, 즉 통합보다는 분열의 동인으로 작용한 측면도 많았다는 점을 인정해야 한다. 영어라는 이질적 언어로도 아일랜드 고유의 혼과 전통을 담을 수 있다는 그의 입장은, 비록 영국계 아일랜드인과 토착 아일랜드인 사이의 공통분모를 모색했다는 점을 감안한다 하더라도, 그동안 그가 추구하던 운동의 원칙, 즉 켈트적 전통이라는 고대 아일랜드 문화를 "문화적 차이의 상징"으로 설정하고, 그것을 구심점으로 모든 일에 대처해야 한다는 원칙을 스스로 포기한 것이었다(Lyons 39).

도노휴도 아일랜드인들에게 분열의 경험은 좁은 나라의 식민역사에서 고집스럽게 보일 정도로 완강하게 작용하면서 거의 언제나 악화되는 방향으로 나아갔다고 진단한 바 있다(Donoghue 16). 민족주의 이념과 운동은 비교적 동질화된 사회에서는 통합의 동인으로 작용할 수 있으나, 아일랜드처럼 구성원들의 종족과 언어와 계급과 종교가 서로 다른 다원화된 사회에서는 그것을 강하게 주장하면 할수록 오히려 사회를 분열시키는 측면이 강했던 것이다. '아일랜드 문인협회'가 성격과 노선 논쟁을 벌이는 과정에서 곧 해체되어 버린 것이나, 민족극 운동을 통해 실현하려 했던 예이츠의 꿈이 환멸만을 안겨 주고 무산된 것은 아일랜드 역사에 비추어 볼 때 예견된 결과였다. 분열을 치유하고 통합하려는 어떤 노력도 오히려 분열을 조장하고 사태를 더욱 악화시키는 방향으로 나아갔다는 사실이야말로 아일랜드 역사의 비극이며, 비극을 종결시키고자 하는 노력은 지금도 여전히 계속되고 있다.

Yeats's Cultural Nationalism(1885-1914)

Abstract

From the beginning of his poetic career, Yeats was keenly interested in the ancient Gaelic Ireland's culture which eventually came to be called the 'Celtic Twilight'. In 1891 he founded the Irish Literary Society, and worked the three volume edition of Blake's poetry, publishing it in 1893, in connection with which he pursued the study of symbolism, so important for his poetry. The evidence of this is to be found in the two volumes of poetry in the decade, *The Rose* (1893) and *The Wind among the Reeds* (1899), with their many uses of the rose and other symbols. Lady Gregory encouraged Yeats's interest in folk-lore, visiting with him the homes of her tenants and listening to their stories. She also encouraged him to work for the theatre, the enterprise which led him to the founding of the Irish National Theatre Society in 1902.

In this way Yeats attempted to solve the two problems that was central to him as a public poet; the general problem of creating literary symbols in an age that lacks a common tradition, and the particular problem which arose from the confusion of the Irish political and cultural situation. He was impelled to find a way of putting Ireland into some mental order, so that cultural symbols of dependable significance would be at the artist's disposal. In this perspective I read two poems, 'To the Rose upon the Rood of Time' and 'The Song of Wandering Aengus', as the manifestations of Celtic, symbolic tradition of the Irish elite and that of the Irish common people respectively.

Around 1900, Yeats dreamed and put into practice the national theatre that could lead the crowds into a unified nation. And the theatre he imagined was essentially an occult one in which audience's minds flow into each other and become one Great Mind, which he professed in the doctrines of 'Magic' (1901). After the performances of Synge's *In the Shadow of the Glen* (1903) and Padriac Column's *The Saxon Shillin'* (1903), Arthur Griffith attacked Yeats for not serving the nationalist's cause. The ensuing debates around "the national art versus nationalist propaganda" infuriated Yeats, throwing down his hope for the middle and lower-middle classes. The attack and riots that lasted for a week after the performance of Synge's *Playboy of the Western World* (1907), and after that the Hugh Lane controversy, deepened his anger towards them. So some poems that is included in *from The Green Helmet and Other Poems* (1910) and *Responsibilities* (1914) are full of the crowds, who pull down the high aristocratic values, laying them at "one common level."

As Yeats's hope for the crowds vanished, his early theatre project that wanted mass mobilization into a nation changed into the unpopular theatre, whose audience was to be limited to a few noble elite and to form a kind of secret society. He began his work with the Irish theatre by theorizing that a popular nationalist theatre would be an occult one, but by 1915 he desired a theatre as occult precisely because it was not popular. The major difference between the two was the scale on which they operated, namely the nation versus the aristocratic drawing room.

For all his identification with the Gaelic ethos in the early and transitional periods, a wistful hope remained for leadership from a regenerated landlord class. The Ireland that Yeats envisaged was a nation with a distinctive cultural and spiritual identity, and he imagined a community free of sectarian differences and conflicts. That vision was not as revolutionary as some critics have supposed and it hardly outlasted the 1890s and 1900s. A century later, however, we find an unusual amount of interest and fascination in his early writings.

제2장 | 권위와 비극의 문화정치

1. 예이츠에게 무엇이 가장 문제였나?

"안티테제란 주어진 대립의 비유로, 영원히 존재하고, 영원히 반복되며, 또한 그것은 누그러뜨릴 수 없으리만치 완강한 그 무엇의 표상"이라고 바르트(Roland Barthes)는 말한다.[8] 안티테제에 대한 바르트의 개념 규정은 대립적 요소들이 예이츠의 작품에서 작용하는 방식과 역할을 살피려 할 때에도 참조점으로 적절히 활용될 수 있을 듯하다. 예이츠의 작품들은 대부분 수사와 형식과 어조와 주제들에 의해 규정되는 다양한 대립적 요소들로 복잡하게 얽혀 있고, 더구나 예이츠 자신도 개인의 인격 유형과 역사적 시기의 특징들을 기술하기 위해 "안티테제적"(antithetical)이란 용어를 일관되게 사용하기 때문이다.

그렇다면 테제와 안티테제에 대한 예이츠의 깊은 관심은 무엇을 의미하는가? 작품 생산의 결정인자(決定因子)는 생산의 주체인가, 주어진 대립적 요소들인가, 아니면 테제와 안티테제 간의 역동적 관계인가? 안티테제와 '마스크 이론'에 대한 예이츠의 깊은 관심은 최소한 그가 안티테제를 피할 수 없는 것으로 인식했음을 말하여 준다. '역사순환론'에서 예이츠는 테제와 안티테제 간의 대립과 갈등을 영원히 반복되는 것으로 보는가 하면, 「내전기의 사색」(Meditations in Time of Civil War)이나 「육체와 영혼의 대화」(A Dialogue of Self and Soul) 혹은 「흔들리는 마음」(Vacillation) 같은 시에서는 갈등 극복을 통한 구원을 거부한다.

세계를 해석하는 데 있어 예이츠의 주요 개념 가운데 하나가 안티테제라면, 그의 삶의 중심에는 어떠한 체험이 존재하며, 그러한 체험의 안티테제로는 무엇이 "주어지고", 또 둘 사이의 관계는 어떤 식으로 전개되는 것일까? 예이츠의 문학을 이야기할 때면 으레 "존재의 통합"(unity of being)과 "문화의 통합"(unity of culture)을 향한 열망을 거론하거나 "비극적 황홀"(tragic joy)의 체험을 논제로 삼기도 한다. 이러한 관념이나 정서와 관련된 체험들은 기본적으로 테제와 안티테제라는 비유의 범주 내에서 작용한다고 할 수 있다. 통합을 지향하는 예이츠의 마음과 비극적 체험 사이에는 어떠한 상관관계가 있는 것일까? 통합을 향한 열망과 함께 삶을 비극과 황홀의 "이율배반적" 동거로 인식하는 경향은 지성과 감성이 복합적으로 작용하는 예이츠 특유의 인식틀에서 방향이 설정되었을 것이다.

또한 비극은 특정의 문학형식을 지칭할 뿐 아니라 "죽음과 고통에 대한 특이한 해석"의 의미로도 사용되며(Williams 26), 크리거(Murray Krieger) 같은 학자는 "비극적 비전"에 이르는 "주체의 심리"에 주목하기도 한다(20). 이러한 맥락에서 볼 때 비극은 미학과 정치라는 두 영역을 아우르는 개념으로 사용할 수 있는 이점이 있다. 어느 한 영역에서 발생하는 관념과 체험들이 다른 영역의 관념과 체험들로 전이되는 방식이 비극이란 개념을 매개로 논의될 수 있는 것이다. 그러므로 미학의 영역과 정치의 영역 사이의 이데올로기적 관계를 규명하려 할 때에도 비극의 개념은 매우 유용하게 활용될 수 있으리라 생각된다.[9]

그렇다면, "삶을 비극으로 인식할 때 우리의 [제2의] 인생은 시작된다."(We begin to live when we have conceived life as tragedy: *AU* 189)는 예이츠의 진술 이면에는 어떠한 이데올로기적 인식틀이 자리 잡고 있고, 또 비극은 어떤 경로를 통하여 황홀로 체험되었던 것일까? 이러한 물음으로부터 출발하는 이 글은 테제와 안티테제라는 비유의 범주 내에서 예이츠의 비극적 체험이 구성되는 방식과 과정에 다가가 보려는 노력의 일환이다. 그러기 위해 이 글의 전반부에서는 우선 영웅적인 인간이 "죽음"(death)을 목전에 두고 죽음을 극복하는 과정에서 "비극적 황홀"과 "비극적 권위"가 생성되는 방식을 살펴보게 될 것이다. 이때 필자는 서양 근세의 권력 이동에 관한 푸코(Michel Foucault)의 근대성 이론을 참조점으로 활용하고자 한다.

푸코에 의하면, 고대국가의 군주는 신하들의 "생명을 요구하고 빼앗을 권리", 이른바 '생사여탈권'(生死與奪權: absolute power of life and death)이라는 절대권력을 행사하였다. 하지만 '개인성'(individuality)이 중요시되는 근대 이후가 되면, 군주의 절대권력은 '생명관리권'(生命管理權: life-administering power)과의 제휴를 모색하게 되고, 그래서 죽음의 위협에 기초를 두었던 절대권력은 사회구성원들의 삶을 보장하고 유지하고 관리하는 방향으로 역전되었다는 것이다(*A History of Sexuality* 136). 그러므로 안티테제에 대한 바르트의 개념 규정과 함께 권력의 이동과 관련된 푸코의 근대성 담론을 참조틀로 활용하면서 예이츠의 텍스트에 접근한다면, 죽음의 절대력과 개인성 간의 모순 대립이 재현되는 방식을 좀 더 선명하게 그려 볼 수 있을 것이다.

세상에 편재하는 모순 대립은 인간의 마음속에 비극의 씨앗을 잉태하기 마련이다. 영웅적인 인간은 죽음과도 같은 적대세력에 직면하여 안티테제의 극복과 자기실현의 노력을 치열하게 해 보지만, 그러한 노력은 대부분 실패로 끝이 난다. 안티테제로서의 적대세력이나 대립적 존재는 "누그러뜨릴 수 없으리만치 완강하게, 영원히, 반복해서" 그 힘을 발휘하기 때문이다. 그러기에 모순 대립은 예이츠의 서정시에 "비극적 황홀"이라는 "이율배반적" 정서와 함께 "비극적 서정성"을 유발하게 되는 것이다. 그렇게 생성되는 비극적 황홀과 비극적 서정성은 절대권력(absolute power of death)의 통치체(body politic) 내에서 예술적 권위를 행사하려는 시인의 열망이 현대 아일랜드의 개인주의적 권력 형식과 충돌하는 과정에서 빚어진 현상이다. 그러기에 이 글의 말미에서는 예이츠의 비극적 마법 미학이 유발하는 "파열적 서정성"이 결론적으로 논의될 것이다.

2. 죽음의 절대력과 개인성의 모순 대립

1 「예술과 이념」(Art and Ideas: 1912)이란 글에서 예이츠는 예술과 정치, 예술과 종교의 상호관련성에 대한 매우 중요한 발언을 한 바 있다. 모든 예술은 기본적으로 "종교의식"(Mass)에 바탕을 둔다면서, 예이츠는 현대 예술이 권위를 행사할 수 있으려면 온갖 위험들로 들끓는 원시시대에 정령들이 벌거벗은 야만인들에게 가르쳤던 "원시적 종교의식"을 계승해야 한다고 주장한다.[10] 예이츠의 이 진술에는 예술과 종교, 예술과 정치의 상호관련성이 두 가닥 복합 관념으로 표출되고 있다. 첫째, 예술작품은 원시인들의 종교의식이나 기독교의 성찬의식의 정신에 합치될 때 비로소 권위를 행사할 수 있다는 것이고, 둘째 그러한 권위는 푸코(Michel Foucault)가 '생사여탈권'(生死與奪權: power of life and death)이라 부른 "절대권력"(absolute power)에 근거를 두기 마련이라는 것이다.[11]

비커리(John B. Vickery)도 지적한 바 있듯이, 예이츠의 이런 생각은 프레이저(James Frazer)가 『황금 나뭇가지』(The Golden Bough: 1890-1915)에서 서술하는 신의 장례의식과 긴밀하게 연관되어 있다. 프레이저에 의하면, 원시인들은 계절의 변화를 신의 죽음 그리고 부활로 인해 생기는 현상이라고 믿었다. 그러기에 그들은 모종의 마력적인 의식을 행함으로써, 삶의 원리인 신들이 죽음과 투쟁하는 데 도움을 줄 수 있을 것이란 믿음을 지니고 있었다.[12] 그렇다면 프레이저도 죽어 가는 신을 두고 거행하는 원시인들의 장례의식의 중심에 삶과 죽음의 투쟁을 위치시키는 한편, 원시인들의 의식이 권위를 행사하게 되는 것은 죽음의 위협에 기초를 두기 때문이라는 예이츠의 생각을 뒷받침한다. 현대예술이 원시인들의 장례의식에 기초를 두고 있다면, 그것은 또한 그들의 의식에서 표출되는 권위를 어느 정도 행사할 수 있을 것이다. 「이야기꾼」(The Storyteller)이란 글에서 벤야민(Walter Benjamin)은 구전문학이 문자로 정착되는 과정을 죽음이란 현상과 관련지어 설명하면서, 구비적 전통의 사회에서 죽음은 어느 한 개인의 삶에서 "가장 전형적인 공적 과정"이었음에 반하여, 문학이 문자로 정착된 사회에서 죽음은 인간의 인식 영역에서 점점 더 밀려나 깊은 자국을 남기지 못하게 되었다고 진단한다. 고대사회에서 이야기꾼의 가치를 결정했던 것은 죽음이었기에, 고대사회의 이야기꾼은 현대의 소설가와는 달리, 죽음에서 그의 권위를 빌린다는 것이다.[13] 그렇다면 예이츠가 죽음에 기초를 둔 권위의 형식에 매력을 느꼈던 데에는 벤야민과 유사한 미의식이 작용했다고 볼 수 있으며, 그러기에 그의 시는 고대사회의 이야기꾼이 행사했던 "죽음의 권리"(right of death)를 요구한다고 하겠다.

예이츠는 예술작품이 원시인들의 장례의식에서 생겨날 뿐만 아니라 고대사회의 권력 형태를 구현한다고 생각했다. 원시인들의 장례의식에 내재된 죽음의 위협과, 죽음의 위협에 기초를 둔 권력형태가 현대예술의 모형이어야 한다는 생각은 「죽음이 임박한 어느 여인에 대하여」(Upon a Dying Lady: 1912-1914)의 여섯 번째 시 "그녀의 용기"(Her Courage: 1914)에 이렇게 재현된다.[14]

When her soul flies to the predestined dancing-place
(I have no speech but symbol, the pagan speech I made
Amid the dreams of youth) let her come face to face,
Amid that first astonishment, with Grania's shade,
All but the terrors of the woodland flight forgot
That made her Diarmuid dear, and some old cardinal
Pacing with half-closed eyelids in a sunny spot

Who had murmured of Giorgione at his latest breath —
Aye, and Achilles, Timor, Babar, Barhaim, all
Who have lived in joy and laughed into the face of
Death.[15]

그녀 영혼이 예정된 곳 춤사위 나라로 날아갈 때
(내 마음은 오로지 상징을 통해서만 전달될 뿐,
그건 젊은 날 꿈속에서 되뇌던 이교도의 언어)
첫 대면의 기대에 가슴 조이며 그라니아의 혼령과 대면케 하라.
디아미드를 소중한 사람이게 했던,
숲 속을 도망쳐 다닐 때의 두려움 말고는 모든 일 망각한
그라니아의 혼령과. 또한 반쯤 잠긴 눈으로
양지바른 곳 서성이던 어느 늙은 추기경과도 대면케 하라.
마지막 숨결 몰아쉬며 그는 조지온에 대하여 중얼거렸지 —
그래 그렇지, 환희에 찬 삶을 살다 죽음의 얼굴 빤히 쳐다보며
껄껄 웃었던 아킬레스, 티모르, 바바르, 바라임, 그 모두와도.

「예술과 이념」에서처럼 이 시에서도 예이츠는 현대예술의 모형으로 고대예술을 상정하고 있다. 고대사회의 사제가 마력적 의식을 거행할 때 사용하는 부적과도 같이, 현대예술은 상징에 의하지 않고는 초자연적인 힘을 발휘할 수도 예술적 권위를 행사할 수도 없음을 이 시는 암시하기 때문이다.[16] 죽음이 임박한 비어슬리 여사(Mabel Beardsley)가 내세에서 마주치게 될 인물들은 거의 모두가 고대사회의 제의적 인물들이며, 그들의 힘과 권위는 죽음의 위협에서 비롯된다. 비어슬리 여사처럼 그들도 저승사자가 찾아오자 죽음의 얼굴을 직시하며 기쁜 마음으로 죽어 갔다. 핀(Finn)의 분노를 피하여 디아미드와 함께 도망치는 그라니아나, 조지온의 혼령이 자기 영혼을 천국으로 안내해 주리라고 확신하는 늙은 추기경의

마음가짐은 죽음에 직면하여 죽음을 극복하는 방식을 보여주는 것으로, 그러한 마음가짐을 통해 그들은 죽음의 힘을 자신들의 인격 속으로 통합한다. 그들이 영웅적인 인간으로 존경받으며 권위를 행사할 수 있는 것은 죽음을 극복할 수 있었기 때문이다.

그러나 채드윅(Joseph K. Chadwick)에 의하면, 죽음의 위협이 이 시의 인물들에게 가하는 힘의 역학은 원시인들의 장례의식 속에 내재된 힘의 역학과는 다소 차이가 있다(93-5). 원시인들의 경우처럼 그들에게도 죽음은 이승과 저승의 분기점으로 작용하지만, 죽음의 위협이 이들에게 "절대적"(absolute)인 것은 아니다. 원시인들의 장례의식 속에 내재된 삶과 죽음의 투쟁은 계절의 순환이라는 절대적 자연법칙과 관련되어 있고, 그래서 그들에게 죽음은 절대적임에 반하여, "그녀의 용기"가 보여주는 죽음의 위협은 오히려 개인의 힘과 개인적 환희의 원천으로 작용한다. 비어슬리 여사처럼 죽음의 얼굴을 바라보며 기쁜 마음으로 죽을 수 있고 그래서 영웅적 인물들과도 대면할 수 있는 인간은 죽음의 위협을 통제 · 조절하면서 자신의 삶과 죽음 모두를 변화시킨다. 그러므로 "비극적 황홀"의 정서는 세상이 자신의 죽음으로 인해 소멸되려는 바로 그 순간 "완전하게 채워지는 삶"에서, 다시 말해서, 죽음이 삶의 정점일 때 조성된다(*Ex* 170). 그래서 죽음은 비극적 주인공의 삶에 한계로 작용하기보다는 삶을 "최종적으로" 실현하는 것이 된다. 죽음은 현대 세계의 비극적 주인공에게 자아창조 과정의 최종단계로 작용하는 것이다. 그때 죽음은 원시인들의 장례의식에서 표출되는 우주적 차원이 아닌 공동체 내에서의 개인적 차원에서 극복되므로, "개인성의 극대화"로 나아가게 하는 주요 동인이 된다. 윤일환 교수의 표현을 빌리자면, "죽음"은 "자아의 모든 가능성을 불가능하게 만드는 궁극적 한계점"(비극)이자, 그 궁극적 한계점이라는 사실로 인하여 "자아의 가능성을 가장 잘 보장해 주는 최고의 가능성"(환희)이다. 삶을 가장 충만하게 사는 유일한 방법은 "죽음을 한껏 포옹하는 것"이기 때문이다

(윤일환 2002, 88-9).

영웅적인 인간이 죽음과 대면하는 상황은 예이츠의 초기단계에서부터 꾸준히 나타나는 현상이지만, 그가 비극론을 체계화하기 시작하는 1909년을 기점으로 자주 거론되며, 중요성도 한층 더 배가된다. 특히 1909년에 쓴 일기('Estrangement')의 다음 일절은 예이츠 비극론의 핵심을 보여주는 글이라 생각되므로 세밀하게 검토해 볼 필요가 있다.

> Tragedy is passion alone, and rejecting character, it gets form from motives, from the wandering of passion; while comedy is clash of character. [⋯] A poet creates tragedy from his own soul, that soul which is alike in all men. It has not joy, as we understand that word, but ecstasy, which is from the contemplation of things vaster than the individual and imperfectly seen, perhaps, by all those that still live. The masks of tragedy contain neither character nor personal energy. They are allied to decoration and to the abstract figures of Egyptian temples. Before the mind can look out of their eyes, the active will perishes, hence their sorrowful calm. [⋯] The soul knows its changes of state alone, and I think the motives of tragedy are not related to action but to changes of state. (*Autobiographies* 470-1)

비극은 오로지 열정이며, [등장인물의] 성격을 거부하고, 동기에서, 열정의 서성임에서 형식을 취한다. 반면에 희극은 성격의 충돌이다. [⋯] 시인은 자신의 영혼, 모든 사람들에게 똑같은 바로 그 영혼으로부터 비극을 창조한다. 비극은 우리가 흔히 기쁨이란 단어를 이해할 때의 그런 기쁨이 아닌, 황홀 덩어리이다. 그런데 황홀은 개인보다 더 광활한 사물들을 사색할 때 모습을 드러내며, 아직 살아 있는 사람들은 모두가 그것을 불완전하게 이해할 수밖에 없으리라

> 생각된다. 비극의 가면들 속에는 [등장인물의] 성격도 개인적 에너지도 존재하지 않는다. 그것들은 고대 이집트의 제단 장식 그리고 추상적 인물들과 밀접하게 연결되어 있다. 마음이 눈망울 속으로 스며들기 이전에 적극적 의지가 소멸하고, 그래서 애조 띤 고요가 그들을 지배한다. […] 그때 영혼은 오로지 상태의 변화만을 의식하게 되기에, 나는 비극의 동기가 행동보다는 상태의 변화와 관계된다고 보는 것이다.

여기에는 일련의 모순들이 복합적으로 얽혀 비극이란 개념 조직이 짜이고 있다. 비극은 등장인물의 성격보다는 열정과 동기를 중요시하고, "적극적 의지"의 소멸에 의존한다. 또한 비극적 "황홀"은 "개인보다 훨씬 더 광활한 사물들을 사색할 때" 경험하게 되며, 그것들에 대한 "살아 있는" 개인의 인식은 불완전할 수밖에 없다는 것이다. 이렇게 주장함으로써 예이츠는 비극을 개인의 투쟁에서 분리시키고 그것을 죽음의 절대력이 드러나는 현상으로 규정한다. 그러나 죽은 자만이 개인보다 더 광활한 사물들을 완전하게 볼 수 있을 것이란 암시를 통해 죽음의 "종국성"(finality)은 유보되고 있다. 그렇게 되면 비극은 죽음의 절대력이 주인공의 마음에 변화를 일으키면서 자연스럽게 외부로 드러나는 현상이자, 개인의 내면적 투쟁의 산물이기도 한 것이다. 죽은 자만이 개인보다 훨씬 더 광활한 세계를 "완전하게" 볼 수 있다면, 비극적 주인공의 죽음의 순간은 세속에서의 온갖 영예와 고통들이 무효화되지 않고, 죽음의 종국성도 유보된다.

"시인은 자신의 영혼, 모든 사람들에게 똑같은 바로 그 영혼으로부터 비극을 창조한다"는 진술에도 이율배반적 관점과 태도가 복합적으로 작용하고 있다. 진술의 전반부 "A poet creates tragedy *from his own soul*"에서 비극은 자신과의 싸움에서 비롯되는 것이라 하여 개인적 차원에서 제시되는 데 반하여, 후반부 "that soul which is *alike in all men*"에서는 싸움의 개인적 원리가 보편화된 안티테제로 전환되고 있기 때문이다. 그렇다면, 앞 문장은 비극을 죽음의 절대력과 연결 짓고 개인의 투쟁에서는 분리시키면서도, 개인의 투쟁이 초월을 가능케 하리란 암시를 통해 개인의 투쟁과 연결되는 모순을 낳고 있다. 즉, 비극은 푸코의 근대성 담론과 동일한 맥락에서 "죽음의 절대력"과 "개인성의 극대화"라는 테제와 안티테제의 모순을 품은 채 생산될 수밖에 없는 '이율배반적 공간'(antinomic space)이 조성되고 있는 것이다.

2 예이츠 비극론의 모순은 1910년 이후에 그가 정치적 견해를 피력한 글들에서도, 시와 희곡 작품들에서도 두루 발견된다. 이를테면, '아일랜드 자유국'(Irish Free State) 정부가 들어선 뒤에 정규군과 공화파 사이의 내전을 계기로 쓴 시 「내전기의 사색」을 보면, 거기에는 "사토의 선물, 변치 않는 검"(Sato's gift, a changeless sword)으로 표상되는 가문의 오랜 전통과 지속성, 그리고 시인에게 "고통스런 마음"(aching heart)을 안겨 주는 자아창조 행위 간의 모순과 대립이 선명하게 부각된다(*VP* 421-2). 그리고 그러한 모순과 대립에서 오는 갈등은 그 당시 정치적 견해를 밝힌 산문에도 공명을 일으킨다. 「내가 스물네 살이라면」(If I were Four and Twenty: 1919)이란 제목의 글에서 예이츠는 "가문 간의 투쟁"과 "개인 간의 투쟁"을 구분하면서, 발자크(Honore Balzac)의 정치관에 기대어 자신의 입장을 이렇게 피력하였다.[17]

> Only, I think, when one has mastered his [Balzac's] whole vast scheme can one understand clearly that his social order is the creation of two struggles, that of family with family, that of individual with individual, and that our politics depend upon which of the two struggles has most affected our imagination. If it has been most affected by the individual struggle we insist upon

> equality of opportunity, "the career open to talent", and consider rank and wealth fortuitous and unjust; and if it is most affected by the struggles of families, we insist upon all that preserves what that struggle has earned, upon the social privilege, upon the rights of property. (*Explorations* 269-70)

> 그의[발자크의] 거대한 계획 전체를 통달할 때가 되어서야 비로소 우리는 그의 사회질서는 두 가지 투쟁, 즉 가문 간의 투쟁과 개인 간의 투쟁의 산물이며, 우리나라의 정치도 이 두 가지 투쟁 중 어느 것에 좌우되느냐에 따라 우리의 상상력을 가장 예민하게 자극해 왔음을 이해할 수 있을 것이다. 개인 간의 투쟁에 가장 많이 영향 받을 때 우리는 기회균등과 "재능 있는 인간에게 출세가 개방되는 사회"를 요구하며, 그때 신분과 부를 우연에 의해 결정된 부당한 것으로 간주한다. 가문 간의 투쟁에 가장 많이 영향 받을 때 우리는 사회적 특권과 재산권 같은, 가문 간의 투쟁이 획득한 것을 보존할 수 있는 온갖 방안들을 요구하게 된다.

이 글에서 예이츠가 설정하는 대립은 푸코가 "죽음의 위협에 기초를 둔 권력"과 "생명을 관리하는 권력"의 형식들로 공식화한 것과 대단히 유사하다. 가문 간의 투쟁은 푸코가 "체포권"(right of seizure)라 부르는 것의 결과물들(136), 즉 "사회적 특권"과 "재산권"이 유지·세습될 수 있는 방안을 모색하는 결과를 낳는 데 반하여, 개인 간의 투쟁은 "기회균등"과 재능 있는 인간에게 출세의 기회가 주어지는 개방된 사회에 대한 관심을 유발한다는 것이다. 「내전기의 사색」에서 예이츠는 가문의 전통과 관련된 관념과 이미지들을 통하여 자기가 사는 집과 가계의 내력과 또 자신의 작품까지도 "가문 간의 투쟁"에 기반을 둔 것이 되기를 염원한다. 그가 자기가 일군 모든 것들에 위계사회의 특권적 지위와 권위를 부여하고 싶은 이유는 현대사회에서도 개인성의 발현은 "가문의 힘"(family strength)이 그 배후에서 작용할 때 더욱더 강력해질 수 있다고 보기 때문이다. 그래서 그는 앞으로 도래할 "안티테제적 통치"는 모종의 친족 집단에 초점이 모아질 것이라며, 가문의 권위와 죽음의 절대력 간의 상응관계를 암시하기도 한다(*Ex* 312).[18]

사회적 특권과 재산권을 주장하는 사회집단은 그것을 보존하고 유지하기 위해 폭력을 행사하지 않을 수 없게 된다. 그러므로 죽음의 위협에 기반을 둔 권력과 가문의 권위는 긴밀하게 서로 연결되어 있는 것이다. 이런 맥락에서 예이츠는, "모든 훌륭한 것들은 계급들 간의 투쟁에서 창조되어 왔기에, 정부는 계급투쟁이 비록 조정될 수는 있을지라도, 끝나는 일은 결코 없을 것임을 인식해야 한다"고 선언한다(*V* 82, n). 『유리창에 쓴 단어들』(The Words upon the Window-Pane: 1931)의 "서문"에서도 그는 소렐과 마르크스의 이론들은 스위프트의 생각과 유사성이 많다면서, 가문의 힘을 통해 구축된 위계사회는 폭력에서 비롯되고 폭력을 통해 유지되어야 한다는 견해를 피력한다.[19]

그러나 '이혼금지법안'에 반대 의견을 개진하는, 1925년에 상원에서 행한 연설에서 그는 "우리는 싸움을 통해서는 더 이상 그 무엇도 할 수가 없습니다. 우리는 설득해야 하고, 설득하기 위해서는 현대적이고 관대하고 자유주의적인 국민이 되어야 합니다"라며 열변을 토한다.[20] 폭력에 대한 거부 의사를 분명히 하는 이 연설에서 그는 관용과 자유가 신생국가의 기본 이념이어야 한다고 주장하면서, 개인의 자율성이 최대한 존중되는 자유민주주의 국가의 이상을 피력하는 것이다. 그러나 1930년의 일기에서는 개인주의에 기초를 둔 조국이 정치 · 경제 · 사회의 모든 부문에서 혼란스런 모습을 보이는 데 대하여 깊은 우려를 표명하기도 한다.

Swift thought that we set free a multitude of private interests

> to overbear all who by privilege of station, genius or training possessed the public mind, and thereby at last created a situation that had no issue but in despotism. [⋯] I remember his epitaph and understand that the liberty he served was that of intellect, not liberty for the masses but for those who could make it visible. (*Explorations* 314-5)

> 특권적 지위나 천재성 또는 훈련을 통해 공인정신을 갖춘 이들을 제압하기 위해 우리는 개인에게 이익이 되는 것들을 풀어놓았고 그 결과 독재 이외에는 선택의 여지가 없는 상황을 조성했다고 스위프트는 생각하였다. [⋯] 그의 묘비명이 보여주는 바에 의하면, 그는 지성의 자유, 대중을 위한 자유가 아니라 자유를 드러내 보여줄 수 있는 사람들을 위한 자유를 위해 헌신하였다.

그렇다면 예이츠가 스위프트와 발자크에 기대어 구상하는 통치체는 후기르네상스시대 이탈리아의 절대주의 국가 조직과 유사한 형태라고 할 수 있다. 니코스 풀란차스(Nicos Poulantzas)에 의하면, 지배자가 절대권력을 행사하는 통치체 내에서는 개인성이 발현될 수 있는 영역들은 극도로 축소 · 제한되고, 대신에 정부의 공권력에는 무한정의 자유가 주어진다(163-4). 만년의 논설 『보일러 위에서』(On the Boiler: 1938)에서 예이츠도 "인간적 폭력이 우리의 제도에 구현되지 않는다면 젊은이들이 사회제도에 애정을 보이는 일도, 젊은이나 늙은이가 국가에 충성을 바치는 일도 없을 것"이라며(*Ex* 441), 정부는 절대권력을 행사할 수 있어야 한다고 주장하였다.

개인성이 절대권력을 장악한 특정 소수집단에 국한되는 경향은 봉건체제처럼 "죽음의 절대력" 혹은 "검의 권리"(the right of sword)가 엄정하게 행사되는 사회의 특징이라며, 푸코는 이렇게 말한다: "어떤 사회에서는, (봉건체제는 하나의 예에 불과하다), 통치권이 몇몇 고급관리들에 의해 행사될 때 개인성이 극대화된다고 말할 수 있을 듯하다. 인간은 권력과 특권을 더 많이 소유할수록 제의나 문자를 통한 의사표시 또는 시각적 재생품들에 의해 더욱더 개성 있는 인간으로 부각된다."[21] 이런 맥락에서 볼 때, 푸코가 생각하는 절대주의국가의 개인성이 극대화된 군주는 예이츠의 작품에서 비극적 주인공의 정치적 모델이라 할 수 있다. 예이츠의 비극적인 주인공들은 반드시 왕 또는 군주는 아니더라도 상류계급 태생이며, 개성이 강한 그들은 흔히 기존의 사회질서에 저항하는 과정에서 죽음의 절대력과 정면으로 대결하는 경향을 보인다. 『볼리야 해변에서』(On Baile's Strand: 1904)의 쿨린(Cuchulain)이나 『데어드리』(Deirdre: 1907)에서 데어드리(Deirdre)가 코누아(Conchubar)에게 대항할 때, 이 비극의 주인공들은 생사여탈권을 행사하는 절대군주의 모습으로 재현된다.

『보일러 위에서』에서 예이츠가 아일랜드의 이상적인 지배계급으로 제시하는 인물들도 근본적으로 비극의 주인공들과 다를 바 없다. 그러므로 아일랜드의 정치제도는 소수 엘리트계층에 기초를 두어야 하며 그들이야말로 아일랜드 자체라는 그의 주장[22]은, 페리 앤더슨(Perry Anderson)도 지적한 바 있듯이(39, 50), 절대주의 국가 이념과 동일선상에 놓여 있다고 해도 좋을 것이다.

3 그렇다면 예이츠의 국가론과 비극론에 내재된 모순대립은 그의 시에 어떻게 전개되는 것일까? 예이츠의 권위주의적 성향은 근대사회의 주요 특성이자 가치인 "개인성"과 동거할 수밖에 없는 운명이었기에 언제나 불안하게 동요하고 출렁이는 상태(vacillation)를 보인다. 『서쪽지방에서 온 난봉꾼』(Playboy of the Western World: 1907) 공연에서 촉발된 소요사태와 '휴 레인 논쟁'(Hugh Lane controversy: 1913)을 계기로 쓴 시들에서 그는 중산계급이 지배하는 민주사회의 반목과 갈등을 적나라하게 보여준

다.[23] 「'서쪽지방에서 온 난봉꾼'을 증오한 자들에 대하여」(On Those That Hated 'The Playboy of the Western World', 1907: 1909)란 제목의 시에서 예이츠는 앵글로 아이리시의 안티테제로 설정된 ("주어진") 가톨릭 중산계급을 물질숭배와 종파적 독선에 사로잡힌 거세된 남성성의 발현으로 재현한다.

> Once, when midnight smote the air,
> Eunuchs ran through Hell and met
> On every crowded street to stare
> Upon great Juan riding by:
> Even like these to rail and sweat
> Staring upon his sinewy thigh. (*VP* 294)

> 언젠가, 한밤중이 대기를 후려칠 때,
> 내시들이 지옥을 내달려
> 사람들로 북적이는 이 거리 저 거리에 모여
> 위대한 후안이 말 타고 지나가는 걸
> 악의에 찬 눈으로 훔쳐보았지.
> 바로 이자들처럼 땀 흘리고 악담하며
> 환의 근육질 넓적다리를 훔쳐보았지.

찰스 리킷(Charles Rickett)의 그림 "지옥의 돈 후안"(Don Juan in Hell)을 바탕으로 쓴 이 시는 한때 동지였으나 이제는 적이 된 아더 그리피스(Arthur Griffith)를 공격하기 위한 것이었다고 한다(Freyer 50; Howes 98). 폭발적인 성 능력의 소유자 후안이 백마를 타고 당당하게 지나가자, 내시들은 시기에 찬 눈으로 그 광경을 훔쳐본다. 질투심으로 땀을 뻘뻘 흘리는 그들은, 성적 불만으로 인하여 심한 히스테리 증세를 보이는 여성들처럼,

날카로운 목소리로 후안을 향해 욕설을 퍼붓는다. "아일랜드의 정치계급은 운동의 유일한 에너지로서 증오심을 배양해 왔고, 그 같은 증오심은 성기 거세의 지적 등가물이라 할 수 있는 박탈감을 그들에게 안겨 주었다"고 예이츠는 진단한 바 있다. 증오심이 상상력의 바탕이 될 때 인간의 본성과 창조력은 고갈되기 마련이기에, 아일랜드 남성과 여성들 사이에 성적 금욕이 보편화된다는 것이다.[24] 그러므로 이 시에서 예이츠는 후안을 앵글로 아이리시의 표상으로 설정하여 그를 창조력의 화신으로, 그리고 가톨릭 중산계급을 이에 대립되는 존재로 설정하여, 개인성의 부정적 측면을 극대화고 있다.

1915년 이후에 쓴 시들 중에서도 귀족계급의 풍요로운 삶을 예찬하는 한편 중산계급의 천박성을 비판하는 시로 「내 딸을 위한 기도」(A Prayer for my Daughter: 1919)가 자주 거론된다. 특히 이 시의 마지막 연에서 반목하는 두 세력 간의 모순 대립은 개인적 차원에서 깊은 파장과 공명을 일으킨다.

And may her bridegroom bring her to a house
Where all's accustomed, ceremonious;
For arrogance and hatred are the wares
Peddled in the thoroughfares.
How but in custom and in ceremony
Are innocence and beauty born?
Ceremony's a name for the rich horn,
And custom for the spreading laurel tree. (*VP* 405-6)

신랑이 이 아이를
모든 일이 관례대로 예식에 따라 행해지는
그런 집으로 데려가기를.

오만과 증오는
시장바닥에서 거래되는 상품인 것을.
관례와 예식을 통하지 않고 어떻게
순수와 아름다움이 싹틀 수 있겠나이까?
예식은 풍요의 뿔을 위해 지어진 이름이고,
관례는 무성하게 가지 뻗은 월계수를 위한 이름이지요.

딸이 태어나자 예이츠는 그 아이가 "관습과 의식"에 바탕을 둔 "순수와 아름다움"을 늘 간직한 채, 대지에 단단히 뿌리내린 영광의 월계수처럼 풍요롭게 성장하여, 뼈대 있는 가문의 훌륭한 신랑감과 결혼하게 되기를 기원한다.[25] 시인은 성장 일로에 있는 가톨릭 중산계급의 "오만과 증오심"을 "시장바닥에서 거래되는 상품들"로 재현하는 한편, 이에 대한 안티테제로 귀족계급의 "관례와 예식", "순수와 아름다움"이란 가치를 설정하고 그것을 "풍요의 뿔"과 "무성하게 가지 뻗은 월계수"로 재현하고 있다. 이 같은 환유를 매개로 예이츠는 중산계급과, 중산계급으로 대변되는 정치사회 질서에 대한 반감을 내비치면서, 비극의 주인공에게 부여했던 자질과 가치들을 자기 가문의 상징으로 채택하기 시작한다.

하지만 조셉 혼(Joseph Hone)이 기술한 예이츠 전기에서도 알 수 있듯이, 예이츠의 부계는 상인과 소지주들이었고 모계는 선주들로, 모두가 중산계급에 속한 사람들이었기에(1-2, 13-4), 귀족주의적 이상을 열망하는 시인이 자기모순 속으로 빠져들지 않는다면 오히려 이상한 일이다. 1919년에 그는 중세 때 지은, 지금은 폐허가 된 성 가운데 유일하게 남아 있는 '발릴리 탑'을 사들여 보수한 뒤 그것을 여름별장으로 쓰기 시작하는데, 거기에 머무는 동안에 지은 연작시 「내전기의 사색」(Meditations in Time of Civil War: 1923)에는 자기모순에 빠진 시인의 불안감이 이렇게 표출된다.

Two men have founded here. A man-at-arms
Gathered a score of horse and spent his days
In this tumultuous spot,
Where through long wars and sudden night alarms
His dwindling score and he seemed castaways
Forgetting and forgot;
And I, that after me
My bodily heirs may find,
To exalt a lonely mind,
Befitting emblems of adversity. (*VP* 420)

두 사람이 여기에 터를 닦았다.
어떤 전사가 이십여 명의 기마병을 모아
이 격변의 장소에서 한평생을 보냈지.
오랜 전쟁과 한밤중의 갑작스런 기습공격들,
줄어드는 기병대도 그도
잊고 잊혀진 표류자들인 듯.
그리고 이제 나도,
내 뒤에 오는 육체의 후손들이,
외로운 마음 드높이기 위하여,
적절한 역경의 표상들을 발견할 수 있도록.

예이츠 자신과 전사의 유사성을 끌어들이는 이 구절에는 둘 사이의 차이점 또한 강하게 암시되고 있다. 저택을 짓는 과정에서 보여준 전사의 투쟁과 노력은 외면적 · 물리적인 힘과 관계되는 데 반하여 시인의 투쟁과 노력은 내면적 · 정신적인 것이다. 전사는 "오랜 전쟁"과 "한밤중의 기습공격들을"을 견디어 내어야 했을 것이다. 시인은 후손들의 "마음을 드높일 수 있는" 지혜의 "표상들"을 만들어 내어야 한다. 전사는 지리적으로도 정치적으로도 "표류자"와 같은 신세로 전락한 지 오래다. 시인에게 남겨진 것은 "외로운 마음"뿐, 후손들에게 물려줄 것이라고는 고적한 마음이 만들어 내는 정신적 유산인 것이다.[26]

이 시에서 긴장을 늦추지 않고 적과 싸워 이겨야 하는 전사는 "죽음의 절대력"의 표상이라 할 수 있으며, 시인 또한 정신적 투쟁의 결과물을 통해 가문의 맥을 이어가려 한다는 점에서 전사와 비슷한 처지에 놓여 있다. 그러나 시인의 힘겨운 창조 작업은 어디까지나 자아실현을 위한 내면적 투쟁이기에, 거기에는 죽음의 절대력과 자기창조의 의지가 복합적으로 얽혀 있다고 하겠다.

죽음의 절대력을 모방하는 비극이 개인 간의 차이를 없애는 데 궁극적인 목표를 설정할 수밖에 없다면, 자신의 삶을 관리 · 조절하면서 죽음과 투쟁해야 하는 현대의 비극적인 개인은 어떤 모습을 보이는 것일까? 「죽음」(Death: 1927)이란 시는 현대세계에서 개인이 죽음에 직면할 때 죽음을 극복하는 방식을 사색하는 시로, 현대사회의 비극적 개인상을 이렇게 제시한다.

Nor dread nor hope attend
A dying animal;
A man awaits his end
Dreading and hoping all;
Many times he died,
Many times rose again.
A great man in his pride
Confronting murderous men
Casts derision upon
Supersession of breath;
He knows death to the bone —
Man has created death. (*VP* 476)

희망도 두려움도
죽어가는 동물에겐 따라다니지 않으리.
하지만 인간은 종말을 기다리지,
두려워하고 모든 걸 기대하면서.
인간은 여러 번 죽었다가도
여러 번 다시 살아났다.
자부심 넘치는 위대한 인간은
무자비한 인간들과 마주친다 해도
죽음을 뼛속들이 알기에
호흡의 폐기 따윈 아랑곳하지 않는다 —
인간은 죽음을 창조해 왔다.

이 시는 코스그레이브(M. Cosgrave) 정권의 법무장관으로 재직하던 중 정적들에 의해 암살된 케빈 오히긴스(Kevin O'Higgins)의 죽음을 애도하는 추모시이다. 국가가 위기에 처할 때 개인의 자유는 제한되어야 한다고 단호하게 주장했던 오히긴스는 그 당시 '아일랜드 공화군'(Irish Republican Army)의 사령관이던 로리 오코너(Rory O'Connor)가 절친한 친구임에도 그의 사형 집행에 최종 서명했다고 한다. 그러므로 오히긴스에 대한 예이츠의 존경심은 그 당시 보수적인 작가이자 정치가였던 그로서는 조국의 평화와 안정을 위해 권위주의적 절대권력이 불가피하다는 인식에서 비롯된 것이었다.[27] 1930년에 쓴 일기에서도 예이츠는 오히긴스의 정치관과 관련하여, 모든 사람들이 국가로 하여금 시민의 생명을 요구할 수 있도록 할 때 비로소 아일랜드는 도덕적 통합을 이룰 수 있을 것이라고 주장한다.[28]

이 시에서 죽음은 개인 간의 차이를 없애는 비개성적인 힘으로 재현되고 있다. 모든 인간은 죽음을 목전에 두고 죽음을 두려워하며 부활을 꿈꾸게 마련이다. 죽음은 한 인간을 끊임없이 죽음과 환생의 순환 속으로 몰아넣는 데 반하여, 비극의 주인공과 같은 위대한 인간은 이 같은 순환에서 벗어날 수 있다. 비극적인 인간이 죽음에 직면할 때 그는, 범인들(murderous men)과는 달리, 기꺼이 죽음에 맞서(He knows death to the bone) 죽음을 자신의 인격 속으로 통합하기 때문이다(Man has created death). 그러나 마지막 구절은 마치 나선형 소용돌이처럼 시의 전반적 진행을 역전시켜, 현대의 비극적인 인간이 죽음에 직면하는 순간 어쩔 수 없이 마주치게 마련인 개인성을 부각시킨다. 현대의 비극적인 인간은 죽음의 절대력에 직면하여 죽음을 극복할 때 죽음을 창조하는 것이다. 즉, 인간은 "부재와 결핍과 반복으로서의 죽음"을 텅 빈 마음의 공간 속으로 받아들이는 적극적 창조 행위를 통하여 일순간 죽음을 극복할 수 있다는 것이다(윤일환 2002, 89-90). 현대사회에서 비극적인 개인의 이러한 특질은 갈등의 상태로 존재하는 두 가지 권력의 에너지, 즉 '생사여탈권'과 '생명관리권'의 예이츠적 표현이라 하겠다.

「죽음」이란 시에 재현된 오히긴스의 이미지는 어디까지나 예이츠의 가면, 즉 자기극화의 한 예에 불과하다. 대니얼 해리스(Daniel Harris)는 예이츠가 몇몇 전통적 인물들의 포즈를 취할 뿐만 아니라 역사 전체의 시기들을 마치 자신의 추억을 더듬듯이 기술한다며, 「사람들」(The People)이란 시에서 우르비노(Urbino)를 묘사한 대목을 예로 들고 있다(41-2). 토마스 휘테이커(Thomas Whitaker)도 예이츠의 '반자아'(antithetical self)는 그가 의도적으로 만들어 낸 '가면'(mask) 또는 '스타일'(style)로서, 자본주의 사회의 배금주의자들과 싸울 수 있는 유일한 방안이었다는 견해를 개진한 바 있다(142).[29] 예이츠의 이런 감정과 생각들을 한데 묶어 생각해 보면, 자신과 가족을 '발릴리 탑'(Thoor Ballylee)에 뿌리내리려는 그의 노력은 역사적 · 가족적 상황으로 인해 좌절된 아일랜드 개신교도들의 정체성을 재천명하려는 의도에서 비롯된 것으로, 자기극화의 한 가지 방식이었다. 『탑』에 수록될 시들을 쓸 당시 예이츠는 실질적 필요성이나 인습적 야망보다는 자기가 창조하는 비극적 인물들의 지위와 인격에 걸맞은 이미지 구축의 필요성을 절실하게 느끼고 있었기 때문이다(Forster 95).

그러므로 현대사회에서 비극은 개인성의 위협에 직면한 인간이 자기를 실현하기 위해 치열하게 노력하는 과정에서 생성된다. 「죽음」이란 시의 오히긴스처럼 『혹스 웰에서』(At the Hawk's Well: 1917)란 희곡 작품에서도, 쿨린은 불멸의 인간이라는 개인성의 극대화를 위해 필사적으로 투쟁하며, 그가 죽음의 위협을 극복하는 과정에서 예이츠 비극의 이념은 현대적으로 변형된다. 둘째 악사와 셋째 악사가 쿨린에 대하여 노래하는 이 극의 서두 부분에는 자아창조야말로 쿨린의 본질적 목표임이 이렇게 암시되고 있다.

What were his life soon done!
Would he lose by that or win?
A mother who saw her son
Doubled over a speckled shin,
Cross-grained with ninety years,
Would cry, 'How little worth
Were all my hopes and fears
And the hard pain of his birth!' (*VPL* 399)

그 사람 인생이 그리도 빨리 끝나버리다니!
그렇다면 그는 인생의 승리자인가 패배자인가?
자기 아들이 아흔 살의 나이에 외고집이 되어
점박이 정강이 위로 무너지는 걸 본다면
그 어머니는 아마도 이렇게 소리치겠지,
"내 모든 희망과 두려움

그리고 그를 낳을 때의 엄청난 고통도
참으로 부질없는 일이었구나!"

쿨린은 엄청난 위험을 무릅쓰며 운명을 타개하려고 노력한다. 그를 위협하는 '여성요정 쉬'(Woman of the Sidhe)처럼 그는 자신을 초자연적 실체로 변형시키려고 하는 것이다. 9년이 지난 뒤에 예이츠는 이 노래를 「학교 어린이들 사이에서」(Among School Children: 1926)의 5연과 7연으로 개작하고 있거니와,[30] 결국 쿨린은 초월의 상태를 지탱하지도 자아창조에 완전히 성공하지도 못한다. 하지만 자기완성 또는 자기실현을 위한 노력은, 루카치(George Lukács)도 「근대극의 사회학」(The Sociology of Modern Drama)에서 논의한 바 있듯이, 삶을 관리 · 조절하는 일이 점점 더 중요시되는 현대로 접어들면서 본질적 가치로 여겨지게 된다. 루카치에 의하면, 르네상스시대 극작품이 "위대한 개인"을 주인공으로 설정했다면, 현대극은 일상적인 인간의 "개인성"을 추구대상으로 삼는다. 르네상스시대에는 인격의 분열 현상이 심각하게 느껴지지 않았기에 "인격의 실현"이 주제가 될 수 없었던 데 반하여, 인격의 "문제적" 양상이 심화되는 현대로 접어들면서 개인성은 중심 문제로 부각된다는 것이다.[31]

위대한 개인과 개인성에 대한 루카치의 구분은 「죽음」이란 시나 쿨린의 투쟁에 암시된 개인성의 두 측면과 일치하는 듯하다. 죽음에 직면했을 때 분출하는 영웅적 자질은 위대한 개인의 개념과 통하며, 끊임없이 자기 삶을 관리 · 조절하려는 개인성 확대의 경향은 근대 자본주의 사회의 본질적 특성이기 때문이다. 채드윅이 적시하듯이, 예이츠의 비극적 주인공들이 보여주는 자아창조 혹은 자기실현의 과정은 삶을 관리하는 힘과의 역학구도 내에서 "문제적 자아"(problematical self)의 성격을 띠고 전개된다(137). 그러므로 비극적 개인성이 희극적 세계관과 긴밀하게 연계될 수밖에 없는 현대사회에서 서로 모순되는 대립적 실체와 특질들이 예이츠의 텍스트에 공존하는 것은 지극히 당연한 현상이었다. “비극적 권력”(tragic power)을 향한 예이츠의 열망은 “희극적 권력”(comedic power)과 끊임없이 갈등 관계를 유지하며 동거해야 할 운명이었던 것이다.

3. 「내전기의 사색」의 모순 대립 구도

1 예이츠는 시인과 화가는 전투적이어야 한다는 부친의 입장에 공감하면서, “억누르지 않을 경우 역진리로 성장하게 될지도 모르는 적대세력을 마치 칼끝에 놓듯 제압해야 한다”고 주장한 바 있다. 적대세력과의 투쟁은 시인의 에너지를 소모시키기도 하지만, 시인의 존재 전체에 활력을 불어넣고 “사랑과 미움에서 똑같이” 가치 있는 것을 창조하도록 유도한다는 것이다. 예이츠에게 인간의 고귀한 업적들은 모두 투쟁의 결과였다. 위대한 국가와 위대한 계급은 눈에 보이는 세계에서의 투쟁의 결과이며, 위대한 시와 위대한 철학은 눈에 보이지 않는 세계에서의 투쟁, 즉 인간의 마음속에서 분열을 극복하려고 치열하게 노력하는 과정에서 생산되는 것이었다.[32]

시란 자기와의 싸움에서 체험하게 되는 고뇌와 갈등의 기록이라 하더라도, 그것은 또한 어떤 식으로든 시인의 이상에 합치되는 권력의 형태를 지향하고 또 예시하려 할 것이다. 그런데 현대사회에서 개인의 투쟁은 자기실현 행위이기에, 예이츠의 시는 푸코(Michel Foucault)가 근대사회의 주요 특질로 규정한 ‘생명관리권’(生命管理權: life-administering power)의 흔적들을 보여주게 마련이다. 그래서 이 장에서는 ‘생사여탈권’과 ‘생명관리권’의 모순 대립이 예이츠의 연작시 「내전기의 사색」(Meditations in Time of Civil War: 1923)에 어떻게 재현되는지, 시의 내용과 형식과 수사가 연결되는 방식에 초점을 맞추어 고찰하고자 한다. 필자가 특히 이 시에 주목하는 이유는 아일랜드의 독립 과정에서 이념적으로나 심리적으로 궁지에 몰렸던 시인이 자신의 사회적 역할에 대하여 진지하게 사색하는 모습을 이 시는 담고 있고, 시인의 정치적 입장과 미학적 입장이 밀도 있게 녹아 있을 것으로 여겨지기 때문이다.

2 예이츠는 현실정치에 대한 환멸감이 심화되던 1916년 이전에는 권위 있는 인간의 이상형을 주로 비정치적 영역에서 발견한다. 그래서 역사상의 인물로는 단테와 비용(François Villon)이, 당대의 친구들로는 로버트 그레고리(Robert Gregory)와 매블 비어슬리(Mabel Beardsley)가 이상화된다. 그러다가 1916년의 '부활절 봉기'(Easter Rising)를 기점으로 현실정치에 대한 관심이 고조되기 시작하는데, 이 사건을 계기로 쓴 시 「1916년 부활절」(Easter 1916)에서는 혁명 주역들이 "가공할 아름다움"(terrible beauty)을 발산하며 비극적 주인공들로 전화되었음을 노래한다.

이 시에서 예이츠는 평소에 잘 아는 사이였던 평범한 사람들이 "가공하리만치" 엄청난 아름다움을 발산하며 변신했음을 반복 서술함으로써, 아일랜드 역사의 희극적인 시대가 순식간에 비극적인 시대로 바뀐 상황을 선명하게 부각시킨다. '부활절 봉기'가 있기 이전에는 시인 자신도 그들도 한갓 어릿광대처럼 살았으나, 이 사건을 계기로 "허영심 많은 술주정뱅이"(a drunken vainglorious lout) 존 맥브라이드(John MacBride)조차도 완전히 변화될 수 있었다고 시인은 노래하는 것이다.[33] 맥브라이드까지도 "일상적 희극"(casual comedy)에서의 역할을 그만두고 비극적 사건에서 중요한 역할을 담당했듯이, '부활절 봉기'(1916)에서 '영애전쟁'(Anglo-Irish War: 1918-1919)과 '아일랜드 내전'(Irish Civil War: 1921-1923)으로 이어지는 격변기에 아일랜드 사회는 희극의 공연장에서 비극의 공연장으로 바뀌게 된다.[34]

그러므로 1913년에서 1916년 사이에 수면 밑에 잠복해 있던 비극의 감정은 영국과의 전쟁과 내전으로 인한 무질서가 경험되는 과정에서 또다시 점화되어, 비극적인 인간과 권위주의적 '통치체'(body politic)에 대한 열망으로 발전한다. 이 시기에 예이츠의 관심은 아일랜드의 권위주의적 정치가들뿐만 아니라 마르크시즘과 파시즘 정치이론으로까지 범위가 확대되는데, '아일랜드 자유국'(Irish Free State) 정부가 출범하고 그가 상원위원으로 활동하던 시기에 쓴 연작시 「내전기의 사색」에는 죽음의 절대력에 기초를 둔 가문의 권위와 함께 그러한 환경에서 생산되는 예술에 대하여 사색하는 시인의 불안한 모습이 선명하게 부각된다.[35]

일곱 편으로 구성된 이 연작시의 첫 번째 시편 〈조상들의 저택〉(Ancestral Houses)에는 정치적 권위와 예술의 관계에 대한 사색과 함께 그러한 전통의 지속 가능성에 대한 걱정과 우려가 담담하게 표출된다.

Some violent bitter man, some powerful man
Called architect and artist in, that they,
Bitter and violent men, might rear in stone
The sweetness that all longed for night and day,
The gentleness none there had ever known;
But when the master's buried mice can play,
And maybe the great-grandson of that house,
For all its bronze and marble's but a mouse.

어떤 격렬하고 매서운 사내가, 어떤 강력한 사내가
건축가와 예술가를 불러들였지,
모든 이들이 밤낮으로 갈망하는 감미로움을,
어느 누구도 경험해 보지 못한 부드러움을,
격렬하고 매서운 그들로 하여금 돌로 곧추 세우게 하기 위하여.
하지만 주인이 묻히고 나면

생쥐들은 나돌아 다닐 수 있을 테고,
어쩌면 그 집 종손도,
청동 대리석 그 모든 조형물들에도 불구하고,
단지 쥐새끼 같은 인간으로 전락할지도 모르지.

이 시의 제1편에서 조상들의 삶은 첫 연에서는 "야망에서 비롯되는 고통스런 일들로 시달리는 일 없이 생명이 절로 흘러넘치는"(life overflows without ambitious pains) "꽃피는 잔디정원"(flowering lawns)의 이미지로 표상된다. 그러나 2연에서 그것은 골동품과도 같은 "불가사이한 텅 빈 조가비"(some marvellous empty seashell)로 인식되고, 이어서 3연에 오면 활력을 상실한 후손들이 겁먹은 생쥐처럼 나돌아 다니는 퇴락한 가문의 이미지로 전환된다. 3연의 그러한 변화는 확고한 주장("Surely among a rich man's flowering lawns…"), 생략("Mere dreams, mere dreams!"), 부연설명("Yet Homer had not sung…"; "though now it seems…") 등, 앞선 두 연의 수사적 기교를 통해 조성된다. 앞선 두 연과는 대조적으로 3연의 간명한 선언적 문장은 오래된 저택의 "감미로움"과 "부드러움"은 고통 없이는 창조될 수 없음을 힘차게 전달하고 있다. "강력한 인간"은 그러한 가치들을 창조하기 위해 노력하는 과정에서 엄청난 고통을 감수해야 했을 것이다. 공작새와 주노의 나신(裸身) 상 같은 감미로움과 부드러움의 표상들, 그리고 대문의 문양과 조상들의 초상화 같은 권위의 표상들을 만들어 내기 위해서는 정치의 영역에서도 미학의 영역에서도 엄청난 노력과 함께 고통이 요구되는 것이다.[36] 〈조상들의 저택〉의 마지막 두 연에서 시인은 앞으로 이 연작시에서 천착되어야 할 문제를 제기한다. 아름다움과 권위의 표상들이 그것들을 창조하는 데 필수 요건이던 폭력의 제물이 되어 버린다면 어찌할 것인가? 우리시대의 폭력도 18세기 영국계 아일랜드인들의 폭력과 동일한 방식으로 권위의 형식들을 만들어 낼 수 있을지, 시인은

의문을 제기하는 것이다.[37]

죽음의 위협과 폭력이 생산하는 문화는 남성적인 힘과 에너지가 발현된 현상이지만, 그것은 종종 여성성의 이미지로 재현되기도 한다. 〈조상들의 저택〉 첫 연에서, "눈부신 물줄기"(glittering jet)를 뿜어 올리는 분수의 이미지는 남성적 귀족문화의 표상이면서 동시에 생명의 잉태와 지속을 나타내는 여성성의 이미지로도 기능한다. 즉, 분수의 이미지는 남성성과 여성성이 이상적으로 결합된 자족적인 귀족문화의 표상이다. 하지만 마저리 하우스(Marjorie Howes)도 지적하듯이, 폭력에 기반을 둔 귀족문화의 지속성과 자족성은 처음부터 그 내부에 "위기"를 품고 있다(121-2). 지속성이란 여성원리는 앵글로 아이리시 저택 문화의 준거점으로 작용할 뿐 아니라 그 문화를 위기와 해체로 몰고 가는 원인이 되기도 한다. 그래서 첫 연의 분수와 "꽃피는 정원"의 이미지는 둘째 연에서는 "텅 빈 조가비"로, 셋째 연에서는 활력을 상실한 후손의 이미지로 전환되는 것이다.

저택문화를 다룬 예이츠의 시에서 '부동성'(浮動性: ambivalence)을 유발하는 주요 요인은 공동체의 지속성을 표상하는 듯이 보이는 "상상적인 언어"가 곧바로 "파편화와 소외의 언어"로 전환되어 버린다는 데 있다. 예이츠는 전통의 지속성과 저택의 우아한 분위기 그리고 그러한 문화적 분위기 속에서 발생 가능한 개인의 재능을 예찬하면서도, "전통에의 몰입과 여성성의 동맹관계는 언제나 파열과 저항과 부패를 향해 열려 있음"을 인정하지 않을 수 없었다(Howes, 114-5).

〈조상들의 저택〉에 이어지는 세 편의 시, 〈나의 집〉(My House), 〈나의 테이블〉(My Table), 〈내 후손들〉(My Descendants)에서 시인은 저택을 짓고 아름다운 전통을 확립했던 조상들의 권위에 다가가려고 시도한다. 그래서 이 세 편의 시들은 가치 있는 무엇인가를 창조하고 유지하려 할 때 따라다니게 마련인 긴장에 초점이 맞춰진다. 저택을 지은 선조의 분출하는 에너지와 그 전통을 유지하려는 후손들의 의무감 사이에는 긴장이 존재하게 마련인 것이다. 그러한 긴장은 죽음의 절대력과 자아창조 사이에서 갈등하는 시인의 전위된 모습을 더욱더 부각시킨다.[38] 앞 장에서 고찰한 바 있듯이, 〈나의 집〉 2연에서 시인은 자신의 창조 행위를 "전사"(man-at-arms)였던 선조의 창조 모형에 일치시키려 하면서도, 어디까지나 그것은 정신적 차원에서 해결될 수밖에 없음을 인식하고 있었다.

그렇다면 이제 밀턴의 "사색적인 인간"(Il Penseroso)과도 같은 플라톤주의자의 포즈를 취하는 그는 선조들의 폭력과 통렬함조차도 "다이몬적 황홀"(daemonic rage) 속으로 동화되기를 염원하는 것일까? 상상력을 가치의 중개자이자 경험의 원천으로 보는 시인은 발릴리 탑을 사들여 가문의 초석을 놓는 자기 노력과 유산이 후손들의 삶의 모형이 될 수 있을지에 대해서는 확신이 없다. 다리, 탑, 농가, 성벽, 도로, 장미, 느릅나무, 아가위, 비, 바람, 물오리, 암소 등, 후손들은 〈나의 집〉의 첫 연에 열거된 환유적 디테일들을 계승하고 보존할 수 있을 것인가? 후손들이 유서 깊은 가문의 후예답게 살아갈 수 있으려면 "고독한 인간"이 만들어 내는 "역경의 표상들"보다도 한층 더 영속적이고 가치 있는 그 무엇에 기대어 개(인)성을 발휘해야 하기 때문이다.

그래서 〈나의 테이블〉에서 시인은 앞에서 나열한 환유들보다 훨씬 더 영속적인 상징을 "사토의 선물, 변하지 않는 검"(Sato's gift, a changeless sword)에서 발견한다.[39] 그는 "변하지 않는 검"과 "펜과 종이"(pen and paper)를 병치시킴으로써 비극적 주인공과 시인의 유사성을 이끌어 내는 한편, 사토의 검에 기대어 죽음의 위협에 기반을 둔 전사의 권위에 동화될 수 있기를 염원한다.

Our learned men have urged
That when and where 'twas forged
A marvellous accomplishment,
In painting or in pottery, went
From father unto son

And through the centuries ran
And seemed unchanging like the sword.
Soul's beauty being most adored,
Men and their business took
The soul's unchanging look;

학식 있는 사람들은 촉구하지,
그림이건 도자기이건
경이로운 예술품이 주조될 때면
언제 어디서나 그 예술품이
아버지로부터 아들에게로 전수되고
몇 세기에 걸쳐 전해 내려오는 동안에
검처럼 변치 않을 듯이 보여야 한다고.
영혼의 아름다움을 가장 숭배하기에
사람도 그들이 하는 일도
영혼의 변치 않는 모습에 도달하지.

검의 권위는 그 검을 생산한 사회의 고정성 그리고 응집력과 함께 그러한 사회를 만든 사람들과 불가분의 관계가 있다. 그런가 하면 이 시는 고정성과 응집력의 안티테제, 즉 변화의 표상으로 예술가의 마음을 제시한다. 무사처럼 예술가는 불변의 작품을 구상하고 제작하는 과정에서 끊임없이 고통을 감수해야 했고, 그의 창조 행위에는 통렬한 에너지가 요구되었다. 하지만 계승자의 "고통스런 마음"(aching heart)은 검을 만들어 낼 뿐만 아니라 주노 공작새의 종말론적 절규를 불러들이기도 한다. 주노의 공작새가 내지르는 울음은 불변의 일본문화를 암시하는 한편 18세기 앵글로 아이리시 전통 문화의 파멸을 예고하는 울음인 것이다.

폭력적인 에너지가 불변의 예술품을 생산하고 전통문화가 종말론적 폭력을 제압하는 사회에서, 그 사회의 긴장된 균형은 어디까지나 그 사회 구성원들 간의 응집력과 정신의 고정성과 불변성에 의존한다. 하지만 시인이 삶을 영위하는 사회는 그러한 고정성과 불변성을 상실한 지 오래다.

> Having inherited a vigorous mind
> From my old fathers, I must nourish dreams
> And leave a woman and a man behind
> As vigorous of mind, and yet it seems
> Life scarce can cast a fragrance on the wind,
> Scarce spread a glory to the morning beams,
> But the torn petals strew the garden plot;
> And there's but common greenness after that.

> 선친들에게서 활기 넘치는 마음 물려받았기에
> 나는 꿈을 일구며 그처럼 활기찬 마음의
> 사내아이와 여자아이를 내 뒤에 남겨두어야겠지.
> 하지만 인생은 바람결에 향기 날리는 일도
> 아침 햇살에 영광 펼치는 일도 좀처럼 없을 듯하고,
> 대신에 찢겨진 꽃잎이 화단을 더럽히고,
> 그 뒤에는 오직 평범한 초록색으로 뒤덮일 듯.

시인이 선친들에게서 물려받았고 또 후손들에게 물려주려고 하는 것은 오래된 저택이 아니라 "활기 넘치는 마음"이다. 하지만 활기찬 마음이 어쩌다 만들어 낼 수 있는 것들은 바람결에 흩날리는 향기나 아침 햇살에 퍼지는 영광처럼 대단히 미묘하고 가변적이다. 그러한 마음은 늘 꿈을 일구어야 하지만, 꿈은 시간과 역사의 도전에 맞서기에는 역부족일 수밖에 없다. "늘상 있게 마련인 영혼의 일탈", "부산한 시간과의 지나친 접촉", "놀음", "바

보와의 결혼" 등, 시인의 마음은 후손들에게 닥칠지도 모르는 변화의 위협을 저지할 수 있는, 사토의 검처럼 변치 않는 영속적인 저택을 지을 수는 없기 때문이다. 그래서 "사토의 선물, 변하지 않는 검"으로 표상되는 가문의 전통과 지속성 그리고 시인의 파열적 자아창조가 촉발하는 "고통스런 마음"은 중산계급의 천박한 물질주의와 모순 대립의 관계로 설정되고 있다.

그래서 나머지 시편들에서 시인은 당시 아일랜드에서 자행되던 폭력에 깊은 우려를 나타내는가 하면, 폭력의 현장에서 그 상황을 초연하게 바라보기도 한다. 일상 현실 속에서 그가 전투에 참여한 병사들과 직접 마주치게 되자, 시인과 비극의 주인공 사이의 상관관계는 와해되고, 병사들의 전투 행위를 자아창조의 모델로 삼기는커녕 그들에게 등을 돌려 명상의 습관으로 회귀하면서 (이 시점에서 시인은 '쿨 호수'에서 어미새를 따라 헤엄쳐 다니는 어린 새들의 수를 헤아리고 있는 듯하다) 선망의 감정을 억누른다. 경험적 현실 속에서 맹렬히 싸우는 영웅적인 인간들의 행위에 직접 참여할 수 없는 그는 죽음의 절대력과 유대를 상실한 채 "꿈결 속에 차가운 눈을 맞으며" 그의 방을 향해 걸어가는 것이다.

〈창가 찌르레기의 보금자리〉(The Stare's Nest by My Window)에 오면 내전으로 붕괴되는 앵글로 아이리시의 귀족문화와 시인의 마음이 금이 간 건물 벽으로 표상된다. 갈라진 건물 벽의 틈새에 집을 짓고 잠시 머물렀다 떠나 버리는 찌르레기의 텅 빈 보금자리에서 토지와 저택을 빼앗긴 영국계 아일랜드인의 처지와 시인의 텅 빈 마음을 함께 읽을 수 있다. 그처럼 파열적인 상황 속에서도 지속 가능한 공동체와 생산적인 노동과 유기적인 삶을 향한 시인의 염원은 꿀벌의 이미지를 통해 표출되지만, 시 전반에 펴져 있는 불확실성과 환상적 디테일들은 적극적인 행위의 현장에서 이탈한 데서 비롯되는 거리감을 전달하며, 그러한 환상의 비물질성이야말로 불확실성과 모호함과 혼돈 상태를 유발하는 것처럼 느껴진다. 그리고 갈등을 서술하는 부분들의 분절화된 구문도 불확실성의 느낌을 증대시킨다.

A Barricade of stone or of wood;
Some fourteen days of civil war;
Last night they trundled down the road
That dead young soldier in his blood:
Come build in the empty house of the stare.

돌이나 나무로 만든 바리케이드,
열나흘여 동안 지속된 내전,
지난밤 그들은 길 아래로 굴려 보냈지
피투성이로 죽은 젊은 병사의 시체를.
[오, 꿀벌들아],
찌르레기의 텅 빈 집에 어서 집을 짓거라.

여기에 서술된 사건과 사물들은 전쟁의 참상과 변화에서 비롯되기에 주제적 측면에서 그것들은 서로 연결되어 있다. 그럼에도 그 사건과 사물들 간에는, 시간적으로나 공간적으로, 그리고 인과관계의 측면에서도, 구문상으로는 어떠한 관련성도 제시되고 있지 않으며, 독자들은 오직 시의 내용에 근거를 두고 그들 간의 관계를 추측할 수 있을 뿐이다. 불확실하고 모호하다는 느낌에 대비되는 유일한 이미지는 각 연의 마지막 행에서 반복되는 꿀벌의 이미지이다. 꿀벌은 전쟁의 혼돈과 파괴의 상황과 대립되는 통합된 위계 사회의 은유로 기능한다.

예이츠의 후기시에서 은유와 환유는 각기 전통적 가치와 개인주의적 가치의 표상이다. 마이클 노스(Michael North)에 따르면, 예이츠의 은유들은 지속적인 전통 속에서 유기적인 삶을 영위하는 동종의 인간들의 존재 방식을 정치적 맥락에서 재현하지만, 『탑』(The Tower: 1928)에 수록될 시편들을 쓸 당시 그는 자신이 처한 정치적 입지의 특수성으로 인하여 전통적 삶의 조건들과 어색한 관계를 유지할 수밖에 없었고, 그래서 그로부터 생성되는 환유들은 파편화된 삶의 조건들을 반영하게 된다. 그러므로 예이츠가 은유와 환유 사이를 끊임없이 넘나드는 것은 "지위와 계약, 친족주의와 복수주의"라는 일련의 대립적 조건들에 사로잡혀 있었기 때문이라는 것이다.[40] 예이츠 자신도 그러한 차이를 "정서적 통일성"과 "지성적 통일성"이란 개념으로 규정하면서, 역사적 연속성을 갖는 전통가문의 정서적 통일성은 유기적인 "이미지"로, 즉 은유로 재현되는 데 반하여, 현대 도시인들의 지성적 통일성은 추상적 논리 과정의 결과물인 파편화된 환유로 재현되기 마련임을 분명히 했다.[41] 그렇다면 그 당시 그는 당시 아일랜드에서 자행되던 "살육과 강탈"(murder and rapine) 사태에서 죽음의 절대력에 기반을 둔 '역문명'(antithetical civilization)의 출현을 예감하고 있었던 것일까?[42]

이 연작시의 마지막 시편 〈증오와 충만과 다가오는 공허의 환영들〉에서는 그러한 전망조차도 의문시된다. 첫 연에서 시인은 탑 꼭대기 흉벽(胸壁)의 "부서진 돌"에 기대어 달을 바라보며, 처음에는 그것을 "동양에서 온 번쩍이는 검"으로 인식하지만, 눈발이 날리듯 연무(煙霧)가 달을 가려 버리자 그의 눈앞에는 "괴물과도 같은 친숙한 이미지들"이 펼쳐진다. "한바탕 부는 바람결에 가물거리는 저 희부연 안개 조각들이/ 휩쓸고 지나간다. 광기가 마음을 격하게 하고, 환상이 마음을 어지럽히는 가운데,/ 괴물 같은 친숙한 이미지들이 심안을 향해 헤엄쳐 다가온다." 다음 연에서 전개될 이 환상은 1910년을 전후한 시기에 예이츠가 보여주었던 중산계급에 대한 분노와 환멸감이 한층 더 심화된 형태로 재현된 것이라 할 수 있다.

2연에서 시인의 눈앞에는 "분노에 굶주린 광란의 무리들"의 환상이 펼쳐진다. 내전을 치르는 병사들은 이제 시인의 "지성적 증오"(intellectual hatred)에 물리적 형태를 부여하게 되고, 그 결과 시인은 "살인자들에게 복수를", "자끄 몰레이를 위하여 복수를" 하고 소리치는 군중들의 분노의 함성에 동참할 지경에까지 이른다.

자끄 몰레이(Jacques de Molay)는 중세초기에 결성된 '템플러 기사단의 총단장'(Grand Master of the Templars)으로, 1307년에 체포되어 1314년에 화형에 처해진 것으로 알려져 있다(Jaffares 229). 이 시 전반에 대한 예이츠의 주석에 의하면, 몰레이를 살해한 자들에 대한 복수의 함성은 증오에 사로잡힌 자들의 다양한 유형의 "불모"(sterility)를 상징한다. 12세기 초에 기독교 순례자들의 안전을 위해 결성된 이 기사단은 약 200년 동안 지속되다가 몰레이가 처형되는 와중에 해체되지만(A. D. 1118-1312: Jeffares 224), 기사단의 정신은 '프리메이슨리'(Feemasonry)란 숙련 석공 조합의 의식(儀式) 속에 편입되어 명맥을 유지하다가, 18세기에 오면 그 조직의 "계급증오"(class-hatred)를 배양하는 데 크게 기여했다고 예이츠는 설명한다(*VP* 827).

그렇다면 2연에서 예이츠의 마음을 사로잡은 환상은 몰레이 처형에 항의하며 폭동을 일으키는 중세 민중들의 이미지이자 앵글로 아이리시들이 지배력을 강화하던 18세기에 귀족계급을 공격하며 그들의 저택에 불을 질렀던 프리메이슨 단원들의 이미지이기도 하다. 그것은 또한 이 시가 지어질 당시 '앵글로 아이리시 지배력'(Anglo-Irish Ascendency)을 박탈하는 가톨릭 민족주의자들의 표상으로도 기능하고 있다. 그러므로 이 "완강한"(inexpiable) 환상 앞에서 3연의 초월적 비전은 오래 지탱되지 못하고 4연 초반부에서 광란의 무리들과 모순 대립 관계를 유지하다가, 급기야는 "청동 매"와도 같은 "무관심한 군중들"의 환상으로 대치된다.

> The cloud-pale unicorns, the eyes of aquamarine,
> The quivering half-closed eyelids, the rags of cloud
> or of lace,
> Or eyes that rage has brightened, arms it has made lean,
> Give place to an indifferent multitude, give place

To brazen hawks. Nor self-delighting reverie,
No r hate of what's to come, nor pity for what's gone,
Nothing but grip of claw, and the eye's complacency,
The innumerable clanging wings
that have put out the moon.

구름처럼 창백한 유니콘들, 청록색 눈망울들,
반쯤 잠긴 떨리는 눈꺼풀들, 구름 조각 혹은 레이스 조각들,
혹은 분노로 불을 밝힌 눈들, 분노로 수척해진 팔들,
이것들 모두가 무관심한 군중들에게 굴복한다,
청동 매들에게 굴복한다. 스스로를 즐겁게 하는 환상도,
앞으로 다가올 일들에 대한 증오도,
사라져 버린 것들에 대한 연민도 내비치는 일 없이,
남아있는 것이라곤 오로지 마수(魔手)처럼 움켜쥔 손,
자기만족에 몰입된 자들의 눈,
달을 지워버린 수많은 새들의 떠들썩한 날갯짓들뿐.

여기에서 부드럽고 우아한 여인들은 전통적인 귀족사회의 통일성과 자족성을, 그리고 분노에 굶주린 광란의 무리들과 무관심한 군중들 그리고 청동매들은 가톨릭 중산계급이 주도하는 물질만능 사회의 표상들이다. 죽음의 절대력과 아름다운 전통의 안티테제인 이들은 사랑도 미움도 내비치는 일 없이 오로지 "자기만족"에 매몰되어, 새의 발톱 혹은 마수와도 같은 앙상하고 싸늘한 손으로 세상을 옴짝달싹 못 하게 틀어쥐고는, 전통사회의 안정된 질서를 뿌리째 뒤흔든다. "달을 지워버린 수많은 새들의 떠들썩한 날갯짓들"은 "동양에서 온 번쩍이는 검"의 생산적인 폭력을 부정하는 것이다. 그러므로 이 연을 휩쓰는 무관심한 군중들은, 부정어들의 나열을 통해서도 암시되듯이, 순전히 "타자성과 부정의 맥락에서" 인식

되고 있다(North 58).

마지막 시편 3연의 내용에 대해서는 휘테이커(Thomas R. Whitaker)가 특이하면서도 설득력 있는 해석을 내놓은 바 있다. 휘테이커에 의하면, 존재의 충만을 상징하는 듯이 보이는 유니콘과 여인들의 이미지는 광란의 무리들과 윤리적 대립으로 기능하지 않으며, 4연에서 하나로 통합되는 이 두 환상의 부정성은 마지막 연에서 "다이몬적 이미지들의 지혜"를 통해 해결된다는 것이다. 그러한 논거로 그는 분수의 이미지를 매개로 투사되었던 풍요로운 삶의 이미지가 이 연에서는 "고여있는 물"(pool)의 이미지로 재규정된다고 해석한다. 휘테이커에게 여인들의 존재 양식은 그들의 감미로움과 부드러움에도 불구하고 "나르시서스적 죽음과 망각"을 암시하며, 그래서 그것은 해결이 아닌 곤경으로 읽힌다. 시인의 환상은 "하나의 맹목에서 또 다른 맹목으로", 깊은 나락으로 돌진하는 눈먼 자들의 금수와도 같은 무감각에서 "여인과 유니콘들"의 잠긴 눈으로 이행하면서, 두 환상 간의 차이뿐만 아니라 친화 또한 부각시킨다는 것이다(182).

마지막 연에 오면 시인은 앞의 완강한 환상들을 떨쳐버리고 "절반밖에는 이해될 수 없는 다이몬적 이미지들의 지혜"를 탐구하는 데 매진하겠다는 의지를 천명한다. 달이 지워진 상황에서 이제 시인은 세상을 등지고 탑에서 내려와 문을 닫아걸고는, "추상적 황홀"에 탐닉하는 밀턴의 "사색적인 인간"(Il Penseroso)처럼, 플라톤주의자의 포즈를 취한다. 이 시 전반에 대한 해설주에서 예이츠 자신이 암시하듯이, 앞에서 설정된 초월적 비전과 파괴의 대립은 마지막 연에서는 "지혜" 또는 "직관"과 "논리"의 대립으로 바뀐다고 할 수 있다.[43] 예이츠에게 "기계적" 사유와 논리는 자본주의 사회의 지성적 실천 행위들로 표현되기 마련이기에, 직관과 논리의 대립 또한 정치 · 사회적 맥락에서 이해되어야 하는 것이다. 이제 시인은 플라톤주의자의 '마스크'(mask)를 쓰고 기계적 사유와 논리를 안티테제로 설정함으로써, 영국적 물질주의에 편승하여 기승을 부리는 가톨릭 중산계급의 엄청난 파고에 분연히 맞서고자 하는 것일까? 그 같은 포즈에는 힘의 정치와 힘의 예술을 지향하는 시인이 현실에서의 패배를 자신의 고유 영역에서 보상받으려는 심리가 작용하고 있음도 부정할 수 없을 것이다.

예이츠의 이러한 생각과 감정들을 한데 묶어 생각해 보면, 자신과 가족을 '발릴리 탑'(Thoor Ballylee)에 뿌리내리려는 그의 노력도 사실은 역사적 · 가족적 상황으로 인해 현실에서 패배한 아일랜드 개신교도들이 정신의 영역에서나마 자신들의 정체성을 재천명하려는 의도와 맥을 같이하는 것으로, 어디까지나 그것은 자기극화의 한 형식이었다. 로이 포스터(Roy Forster)도 지적하듯이, 이 시를 쓸 당시 예이츠는 실질적 필요성이나 인습적 야망보다는 오히려 자기가 창조한 비극적 인물들의 지위와 인격에 부합하는 자기이미지 구축의 필요성을 절실하게 느끼고 있었기 때문이다(95). 그러므로 권위 있는 인간의 비극적 예술을 향한 예이츠의 염원에도 불구하고, 개인성의 극대화를 통한 자기실현이라는, 현대사회에서 철회될 수 없는 가치로부터 예이츠 자신도 예외일 수는 없었기에, 의식의 구성체인 그의 텍스트는 "끊임없이 출렁이는 마음"(vacillation)으로 인하여 무수하게 금이 간 "파열적 텍스트"(disruptive text)로 우리에게 다가오는 것이다.

3 이렇듯 죽음의 절대력과 개인성의 모순 대립은 예이츠 서정시의 형식과는 어떤 상관관계가 있는 것일까? 만년에 예이츠는 「내 작품 이해를 위한 전반적 길잡이」(A General Introduction to my Work: 1937)란 글을 통해 자기 시의 내용과 형식을 이해하는 데 지침이 될 수 있는 내용을 이렇게 정리한 바 있다.

> It was a long time before I had made a language to my liking; I began to make it when I discovered some twenty years ago that

> I must seek, not as Wordsworth thought, words in common use, but a powerful and passionate syntax, and a complete coincidence between period and stanza. Because I need a passionate syntax for passionate subject-matter I compel myself to accept those traditional metres that have developed with the language. Ezra Pound, Turner, Lawrence wrote admirable free verse, I could not. (*Essays & Introductions* 521-2)

> 오랜 세월이 흐른 뒤에야 나는 언어를 자유자재로 다룰 수 있었다. 이십여 년 전 나는 워즈워스가 생각하는 것과는 다른 방식으로 일상적 단어들을 사용하되, 강력하고도 열정적인 구문과 함께 마침표와 연의 완벽한 일치를 추구해야 한다는 사실을 발견하였고, 그때 나는 언어를 자유자재로 다룰 수 있었다. 강렬한 제재(題材)를 위해서는 강렬한 구문이 요구되므로, 나는 언어와 함께 발전해온 전통 운율들을 수용하도록 나 자신을 강제한다. 에즈라 파운드, 터너, 로렌스는 경탄할 만한 자유시를 썼으나, 나는 그럴 수가 없었다.

자신은 전통 미학을 존중한다고 선언하는 이 글에서 예이츠는 파운드적 자유시 형식을 거부하고, "언어와 함께 발전해온 전통 운율들"을 사용하며, "마침표와 연의 완벽한 일치"를 모색하는 동시에, "열정적 제재"에 부합하는 "열정적 구문"을 추구해 왔다고 천명함으로써, 몇 세기 동안 영시를 지배해 온 문학 관습에 자기 시 형식을 종속시킨다. 그의 시 형식이 전적으로 전통적이라거나 혹은 복고적이라고 주장하는 데에는 이론(異論)이 제기될 수도 있을 것이다. 그러나 "자유시란 시인의 체험이 주관적으로 표현될 때 투사되는 윤곽 이외에는 어떠한 정형화된 형식도 존재하지 않는 시"라는 스펜더(Stephen Spender)의 정의를 받아들인다면,[44] 예이츠의 자유시 거부는 주관적 표현 미학의 전면적 거부라 할 수 있다. 1937년의 어느 편지에서도 예이츠는 일생 동안 자신은 "구성과 동시대의 단어와 구문에 의존함으로써 현대적 주관성에서 탈피하려 했다"면서, "모든 시는 말하여지거나 노래로 불러져야 한다고 주장하곤 했던 것은 나 자신을 그 방향으로 강제해야 했기 때문"이라며, 전통적 시 형식을 채택하는 자신의 행위는 반개인주의적 성향의 문학적 표현임을 확인해 주었다.[45]

예이츠가 "동시대의 언어와 구문"을 사용하기로 마음먹은 것은 양식상의 혁신에 매력을 느꼈기 때문이 아니라, 희랍 비극이나 서사시와 같은 권위 있는 시를 창조하려는 열망 때문이었다. 그에게 시의 진정한 통로는 눈이 아니라 목소리이며, 시는 문자로 기록되기보다는 기억에 의존해야 하는 것이었다. 그러기에 그는 자기 시 양식을 구비적 전통과 연결 짓고 구비문화의 몰락과 함께 출현한 "현대적 주관성"의 악령을 쫓아내려 한다.

「이야기꾼」(The Storyteller)이란 글에서 벤야민(Walter Benjamin)은 구비문학이 문자로 정착되는 과정을 죽음과 관련지어 설명한 바 있다. 벤야민에 의하면, 구비적 전통의 사회에서 죽음은 어느 한 개인의 삶에서 "가장 전형적인 공적 과정"이었음에 반하여, 문학이 문자로 정착된 사회에서 그것은 인간의 인식 영역에서 점점 더 밀려나 깊은 자국을 남기지 못하게 된다. 고대사회에서 이야기꾼의 가치를 결정했던 것은 죽음이었기에, 현대의 소설가와는 달리 고대사회의 이야기꾼은 "죽음에서 권위를 빌린다"는 것이다.[46] 그러므로 예이츠가 "현대적 주관성"을 거부하고 구비적 전통의 흔적을 보존한 시 형식의 끈을 놓지 않기로 마음먹었던 데에는 벤야민과 유사한 미의식이 작용했으며, 같은 맥락에서 그는 옛날 이야기꾼이 행사했던 "죽음의 권리"(right of death)를 암암리에 요구한다고 하겠다.

예이츠의 초기시 양식은 귀족계급과 농민계급으로 구성된 사회질서가 아직은 아일랜드에 지배적이란 생각과 느낌에서 비롯된 것이었다. 이에 반하여 후기시 양식은 아일랜드 사회에서 '생명관리권'이 강화되는 과정에서 "현대적 주관성"을 안티테제로 설정하고 그것을 타파코자 하는 열망에서 형성되고 구축된다. 그러므로 전통적 시 형식을 계승하는 미학적 행위는 전통적인 힘의 형식을 존중하는 정치적 입장과 동전의 양면처럼 서로 연계되어 있는 것이다. 사토의 검을 만든 장인처럼 예이츠도 "영혼의 변치 않는 모습"(soul's unchanging look)을 담을 수 있는 경탄할 형식을 고수하는 전통적 장인의 포즈를 취한다. "서정시인의 창조력은 몇 개의 전통적인 태도들 가운데 하나를, 이를테면 연인이나 현자, 영웅, 혹은 삶에 냉소적인 방관자의 태도들 중에서 어느 것을 선택하느냐에 따라 좌우된다"는 주장 또한 자신의 창조 행위를 영웅시대의 전통미학과 연계시키는 발언인 것이다(*A Vision* 234).

형식에서뿐만 아니라 내용 면에서도 예이츠는 "전통적 신성과 사랑스러움"(traditional sanctity and loveliness: 'Coole Park and Ballylee, 1931' 491)과 같은, 조상 대대로 전해 내려오는 전통적 주제를 자기 시의 본령으로 설정하였다. 그러나 자신의 문학이 죽음의 절대력과 가문의 힘에 기반을 둔 예술적 권위를 진실로 행사할 수 있을지에 대해서는 확신을 가질 수 없었다. 채드윅(Joseph Keene Chadwick)이 지적하듯이, 「내전기의 사색」의 구성 전반을 두고 볼 때, 시인의 그 같은 내면적 갈등은 개별 시편들의 전통적 형식과 연작시 전체의 '가역성'(reversibility) 간의 긴장으로 나타난다(183-9). 전통 율격과 압운 구성과 전통적 연 모형은 그가 전통적 형식과 기법에 충실한 시인임을 보여주는 요소들이다.

〈창가 찌르레기의 보금자리〉의 "wood/road/blood"와 같은 '반 압운'(half-rhyme)에서 확인할 수 있듯이, 그는 전통적 방식을 수정하는 방향으로 나아가기도 하지만, 파운드나 로렌스 혹은 윌리엄스처럼 형식의 급격한 변혁을 시도하지는 않는다. 때로 그는 바이런이 『돈 후안』(Don Juan)에서 사용했던 경우를 제외하고는 르네상스시대 이래 영국시에서 거의 사용되지 않던 '8행시형'(ottava rima)을 복원하기도 한다. 이를테면 〈조상들의 저택〉에서 그는 이 시형을 통해 죽음의 절대력과 가문이 권위를 행사하던 시대의 구비적 전통으로 다가간다.

하지만 현대의 서정시인이 죽음의 절대력에 기대어 작품제작에 임한다 하더라도 자아창조 혹은 자기실현이라는 근대적 경향에서 예외일 수 없다. 그래서 저택과 가문을 재건하려는 예이츠의 노력에는 바르트가 '안티테제'의 속성으로 규정한 "대립적" 요소들이 "길들일 수 없으리만치 완강한"(inexpiable) 모습으로 재현된다. 그 같은 모순 대립으로 인하여 「내전기의 사색」을 비롯한 예이츠의 후기시들은 전통적 기법에서 다소 이탈하는 경향을 보이면서 불안정한 상태에서 '가역성'(reversibility)을 만들어 낸다. 즉 개별 시편들의 이미지와 비유들은 수직적이 아닌 망상조직처럼 연결되면서 복합적인 의미망을 형성하는 것이다.

이를테면 〈내 후손들〉에서, 시인은 선조들의 "활기 넘치는 마음"(a vigorous mind)이 후손들에게 이어지지 못하고, "이 힘겨운 계단과 이 견고한 탑도/ 지붕 없는 폐허로 전락할지 모른다"(May this laborious stair and this stark tower/ Become a roofless ruin)는 불안감을 드러낸다. 이 "금이 간 석조건물"(cracked masonry)은 〈조상들의 저택〉의 "불가사이한 텅빈 조가비"(marvellous empty seashell)를 연상케 하며, 그것은 또한 〈창가 찌르레기의 보금자리〉의 "허물어져 가는 석조건물"(loosening masonry)과도 연결된다. 마찬가지로 "창가 찌르레기의 보금자리"(the stare's nest by my window)란 비유는 〈나의 집〉, 〈대문 앞 도로〉, 〈증오의 환영들〉에서 탑에 은거하는 플라톤주의자의 이미지로 이어지는 것이다.

그러므로 예이츠의 연작시에 동원된 비유와 이미지들은 배열된 순서를 따라가며 순차적으로 읽기보다는 앞뒤를 오가며 읽을 때 더 잘 이해될 수 있으리라 생각한다. 물론 『베어울프』(Beowulf)나 『일리어드』(The Iliad)처럼 구비적 전통이 강한 사회 분위기 속에서 생산된 시들을 포함하여, 모든 문학작품은 그런 방식으로 읽을 수 있을 것이다. 그러나 문자를 통한

독서 방식의 발달은 시인으로 하여금 시간의 추이에 따른 사건의 전개 방식을 포기하도록 강요하며, 그래서 그는 문자화된 공간 내에서 작동 가능한 연결고리들을 만들어 내게 되는 것이다.

그 같은 가역성은 다양한 부분들을 연결시키려 할 때 여러 이미지와 비유의 병치와 대조에 전적으로 의존해야 하는 연작시의 두드러진 특징으로 자리 잡는다. 대니얼 해리스(Daniel Harris)도 〈나의 집〉의 화자가 열거하는 이미지들은 모두가 〈조상들의 저택〉에 나오는 풍경에서 비롯되며, 〈조상들의 저택〉의 "강력한 인간"(powerful man)과 "꽃피는 잔디정원"(a rich man's flowering lawns)은 각기 〈나의 집〉의 저택에 초석을 놓은 사람들과 "상징적인 장미"(symbolic rose)로 변형되어 나타난다는 점을 지적한 바 있다(170). 그러므로 연작시편들 간의 관계를 살피기 위해서는 구비적 전통의 시간적 배열에 따라 시를 읽어 나가기보다는 기록문학의 공간성과 가역성을 염두에 두고 읽어야 하는 것이다.

연작시의 이러한 공간성과 가역성은 개인성이 중요시되는 사회에서 개인의 자아창조 노력과 긴밀하게 연계되어 있다. 제임슨(Fredric Jameson)의 주장에 기대어 말하자면, 옛날이야기는 "개인이 단 한 번의 스냅사진(速寫: snapshot), 번복될 수 없는 선택과 기회들로 제시되는 삶"을 순간 포착의 방식으로 표현했던 데 반하여, 현대 유럽에서는 엄청난 경제적 번영에 따른 인식의 변화를 토대로, 즉 "돌이킬 수 없는"(irrevocable) 것은 없다는 인식을 토대로, "자유주의 철학"과 "모더니즘적 의식의 문학"이 출현한다.[47]

현대문학과 사회에 대한 제임슨의 통찰은 연작시의 두 번째 특질을 추출할 수 있는 근거를 마련해 준다. 즉, 연작시가 전통적 기법과 형식에서 이탈하는 또 하나의 특질은 매 편마다 시인이 새로운 화자를 설정하고 새로운 화자의 시각에서 가상의 주제를 표현한다는 데 있다. 「내전기의 사색」의 화자인 "나"는 한 인물인 것처럼 보이지만 개별 시편들의 화자가 서술하는 체험들 간에는 늘 '어긋남'(disjunction)의 현상이 발생하며, 그로 인해 개별 시편들의 화자들을 동일인물이라고 단정 지을 수 없게 한다. '발릴리 탑'(Thoor Ballylee)에 정착한 "나"와 "공 모양의 어린 새들"(feathered balls of soot)의 수를 헤아리는 "나"는 동일인이면서도, 매 시편마다 "나"는 내가 구축하는 소우주 내에서 나름대로 고통스런 자아창조의 과정을 겪는다. 그러므로 「일 에이커의 풀밭」(An Acre of Grass: 1936)의 화자가 죽음이 눈앞에 다가왔음을 예감하면서도 "나 자신을 재창조하지 않으면 안 된다"(Myself must I remake)고 선언하는 것은 연작시 개별 시편들에서 화자들이 감수해야 하는 고통스런 자아창조를 외면할 수 없기 때문이다.[48]

❹ 「1931년, 쿨 장원과 발릴리」(Coole Park and Ballylee, 1931: 1931)에서도 확인할 수 있듯이, 예이츠 자신도 현대적 삶의 가역성과 어긋남을 인정하였다. 이 시에서 그는 저택을 세우려는 자신의 노력이 부질없는 짓임을 인정함으로써 암암리에 연작시 형식을 삶의 파편화에 연계시킨다. 저택에 초석을 놓은 사람들이 살다 죽은 장소와 "어느 가련한 아랍 부족"(Like some poor Arab tribesman and his tent)처럼 "유행, 또는 단순히 환상"(fashion, or mere fantasy)만을 좇아서 유랑하는 "우리" 사이의 처절한 대비야말로 「내전기의 사색」의 형식 전반에 대하여 시사하는 바가 많다고 하겠다. "그 모든 영광 다 소진된 뒤에"(all that glory spent) '발릴리'를 복원코자 하는 예이츠의 의지가 비록 유행이나 환상보다 강할지라도, 그런 노력이 선조들이 세우고 살다 죽은 장소와 전통의 지속성에 대한 전망을 확보해 주는 것은 아니다. 평생토록 더블린과 런던과 슬라이고와 라팔로 등지를 유랑하는 과정에서 고향과 저택으로 표상되는, 대지에 뿌리내린 삶에 대한 갈망이 생겨났을 것이다. 그러나 그는 자기 시가 요구하는 전통적 가치들이 '발릴리'에 스며들 수 있을 만큼 거기에 오래 머무를 수는 없었다. 연작시의 형식에도 그 같은 긴장이 존재하는데, 「내전기의 사색」은

'발릴리'로 표상되는 전통적 서정시 형식을 취하면서도, 전체적으로 볼 때 유랑(流浪)이라는 한층 더 포괄적인 현대적 삶의 모형 속으로 수렴된다.

「내전기의 사색」뿐 아니라『탑』에 수록된 시들 모두가 죽음의 절대력과 가문의 권위를 지속시킬 수 있는 방안들을 모색하는 데 몰입되어 있으면서도, 권위주의적 통치체와 뼈대 있는 가문과 품격 높은 인간의 문화를 향한 예이츠의 열망은 언제나 개인성의 발현이라는 현대적 가치에 의해 제어된다. 그러므로 "역경의 표상들"로 동기화되고 또 그것들에 대한 열망으로 채워지는 그의 시 공간은 테제와 안티테제가 불꽃 튀기며 경쟁하는 파열적 공간이다. 그는 가톨릭 다수에 대립되는 프로테스탄트적 요소와, 켈트적 전통에 대립되는 앵글로 아이리시 귀족문화의 전통적 요소들을 역경의 표상들로 채택함으로써, 아일랜드의 문화민족주의 노선과 반자유주의 이데올로기가 직면했던 문제들을 자신의 문제로 설정하였다. 그러나 이 시가 지어지던 때로부터 지금에 이르기까지 예이츠를 비롯한 아일랜드 작가들은 경쟁하는 대립적 입장들이 공존할 수 있는 터전을 마련하지 못하고 실패의 체험들을 극화할 수밖에 없었다. 예이츠의 후기시들이 비극적 서정성을 노래할 때 가장 감동적인 것은 그러한 실패의 경험들을 시의 원리로 승화시킬 수 있었기 때문일 것이다.

4. 모순 대립에서 비극적 황홀로

1 역사의 현장과 함께 시인의 내면에서 펼쳐지는 모순 대립은 시인의 마음속에서 철학적 사색의 파동을 일으키며 우주적 차원으로 확대 전개되면서 비극적 서정성을 잉태하게 된다. 「헛된 노력을 한 친구에게」(To a Friend Whose Work Has Come to Nothing: 1913)에서 시인은 가톨릭 중산계급과의 싸움에서 자신과 함께 패배한 그레고리 여사(Lady Gregory)

를 두고 황폐한 정치적 현실에서 자기만의 "비밀 간직한 채 황홀을 맛보라"(be secret and exult: *VP* 290-1)며 위로했었다. 영웅적인 인간이 '죽음의 절대력'에 직면하여 죽음을 극복하는 과정에서 비극적 황홀을 체험하듯이, 시인도 "누그러뜨릴 수 없으리만치 완강한"(inexpiable) 적대세력과의 부딪침에서 비극적 서정시를 빚어 낼 수 있을 것이다. 또한 쿨린(Cuchulain)이나 케빈 오히긴스(Kevin O'Higgins) 같은 영웅적인 인간이 '죽음의 절대력'과 투쟁하면서 비극적 권위를 행사하듯이, 시인도 적대적인 인간들로 에워싸인 현실에서 자아실현을 위해 치열하게 노력하는 과정에서 권위 있는 시인의 대열에 합류할 수 있을 것이다. 이 같은 맥락에서 육체의 화신인 '자아'가 '영혼'을 제압하고 권위를 획득하는 모습이 「자아와 영혼의 대화」(A Dialogue of Self and Soul: 1927)에 이렇게 재현된다.

My Soul: Why should the imagination of a man
Long past his prime remember things that are
Emblematical of love and war?
Think of ancestral night that can,
If but imagination scorn the earth
And intellect its wandering
To this and that and t'other thing,
Deliver from the crime of death and birth.

My Self: Montashigi, third of his family, fashioned it
Five hundred years ago, about it lie
Flowers from I know not what embroidery —
Heart's purple — and all these I set
For emblems of the day against the tower
Emblematical of the night,
And claim as by a soldier's right
A charter to commit the crime once more.

영혼: 한창때를 지난 사람의 상상력이
도대체 무엇 때문에
사랑과 전쟁의 표상들을 기억해야 하나?
태초의 밤에 대하여 사색하게나, —
상상력이 대지를 비웃고
지성이 이것에서 저것으로 또 다른 것으로
떠도는 것을 비웃을 수만 있다면, —
탄생과 죽음의 죄에서 구원해줄 수 있는 밤에 대하여.

자아: 검장(劍匠) 가문의 3대, 몬타시기가
오백 년 전에 이 검을 만들었지.
검을 감싼 천에는 무슨 문양인진 몰라도 —
심장처럼 붉은 자색의 —
가두리 꽃장식 수(繡) 놓여 있고,
이 모든 걸 나는
밤의 표상인 탑에 맞서는
낮의 표상으로 설정하고는
무사의 권리로서 요구하듯 요구하네,
한 번 더 죄 저지를 수 있는 특권을.

"사랑과 전쟁의 표상들"을 망각하고 "죽음과 출산의 죄"에서 벗어나 현실을 초월하라는 영혼의 명령에 대하여, 사토(Sato)의 검을 손에 든 자아는 "낮의 표상들"과 "밤의 표상인 탑"의 대립과 갈등에서 "한 번 더 죄 저지를 권리"를 "검의 권리"에 기대어 요구한다. 자아는 영혼이 약속하는 초월적 구원보다는 사랑과 전쟁, 죽음과 탄생, 낮과 밤의 모순과 갈등에서 인간적 권위의 원천을 발견하는 것이다. 대부분 자아를 향한 명령과 질문으로 구성되는 1편에서 발언의 우선권은 영혼에게 주어지고 발언의 주제 또한 영혼이 자아를 침묵시키려는 것으로 한정되는 데 반하여, 2편에서는 자아의 표상인 검과 함께 자아가 갈등 속으로 진입하는 행위에 초점이 모아진다. 1편의 마지막 부분에 이르면 영혼의 발언 대상은 특정 개인이 아닌 보편적 차원으로 나아가지만, 그러한 변화는 오히려 자아의 권위를 강화시켜 주는 방향으로 작용한다. 그러므로 자아와 영혼의 대화를 단계적으로 전개하는 1편에서 자아는 자신의 담론 방식을 확정지은 뒤 상대방의 요구를 묵살해 버리는 입장을 취함으로써 암암리에 권위를 획득하고 있다.

자아와 영혼의 논쟁적 담론 방식에서 자아의 독백으로 전환되는 2편에 오면, 1편의 논쟁과 갈등이야말로 자아가 권위를 획득할 수 있는 기반임을 알 수 있다. 소년시절의 수치스런 행동, 미숙한 인간의 어색한 행동, 성숙한 인간을 에워싼 적들, "그의 영혼의 반려자일 수 없는 오만한 여인" 등, 용서하고 용서받는 능력이 — 1편에서 이것은 죽은 자들에게만 허용되었던 것이다 — 자아에게 부여되는 것은 바로 그 같은 갈등을 통해서이다.

> I am content to follow to its source
> Every event in action or in thought;
> Measure the lot; forgive myself the lot!
>
> 나는 생각과 행동 하나하나를 근원까지 따라 내려가,
> 운명을 저울질하고, 내 운명을 감수할 용의가 있다!

죽은 자들에게만 허용되었던 힘을 활기 넘치는 개성적 자아에게 부여하고, 현실의 갈등으로부터 자아가 권위를 획득하는 모습을 보여줌으로써, 예이츠는 후기시와 정치적 논설의 여러 곳에서 자주 모습을 드러내는 개인적 권위의 모형을 구축한다. 죽음이나 폭력과의 대면에서 엄청난 힘을 발휘하는 탁월한 개인이 정치지도자의 모델이듯이, 이 시에서 갈등을 외

면하지 않고 갈등에 몰입하는 전투적 자아야말로 시인 자신의 미학적 모델인 것이다. 비극의 주인공이나 절대권력을 행사하는 지배자처럼, 시인도 "패배시키지 않을 경우 역진리로 자라날지도 모르는 적대세력을 마치 칼끝에 놓듯이 억누르지 않으면 안 된다."(*Ex* 307) 그러므로 시인으로서 예이츠의 권위는 당대의 정치세력이든 죽음이든 또는 반자아이든 대립적 요소들을 극복하려는 노력을 통해 구축된다.

「출렁이는 마음」(Vacillation: 1931-1932)[49]의 VII편은 내용 면에서나 형식 면에서나 「자아와 영혼의 대화」와 비슷한 내용을 담고 있어 흥미롭다. 앞선 시에서처럼 이 시편에서도 시인의 입장을 대변하는 '마음'은 현실의 모순을 외면하고 현실을 초월하라는 '영혼'의 권유를 거부한다.

The Soul: Seek out reality, leave things that seem.
The Heart: What, be a singer born and lack a theme?
The Soul: Isaiah's coal, what more can man desire?
The Heart: Struck dumb in the simplicity of fire!
The Soul: Look on that fire, salvation walks within.
The Heart: What theme had Homer but original sin?

영혼: 실상(實像)을 추구하게, 허상(虛像)을 좇지 말고.
마음: 뭐라고, 가객(歌客)으로 태어난 내가
　　노래 부를 주제도 없는 가객이 되라는 것인가?
영혼: 이사야의 석탄불, 인간이 그 이상 무얼 바라겠나?
마음: 불길의 단순함 속에서는 말문이 막히지!
영혼: 저 불길을 보게. 그 안에 구원이 걸어간다네.
마음: 호머에게 원죄 말고 무슨 주제가 있었나?

이사야의 석탄불 속에 구원이 존재한다는 '영혼'의 주장에 '마음'은 "호머에게 원죄 말고 무슨 주제가 있었나?"라고 되묻는다. 여기에서 '영혼'이 언급하는 "이사야의 석탄불"(Isaiah's coal)은 천사가 하느님의 명령에 따라 이사야의 입술에 석탄불을 갖다 대자 그의 죄가 정화되고 하느님의 음성이 들렸다는 "이사야서"의 1절에 근거를 두고 있다.[50] 이사야의 석탄불에 기대어 초월을 추구하라는 '영혼'의 권유에 '마음'은 인간 존재의 불가피한 요소이자 예술의 진정한 주제는 "원죄"라며 초월을 통한 영혼의 구원을 거부한다. 레이드(B. L. Reid)가 지적하듯이, '마음'은 무사(Swordman)와 성인(Saint)의 역할 중에서 무사의 마스크를 선택하는 것이다(193). 「자아와 영혼의 대화」에서도 '자아'는 "죽음과 출산의 죄"(the crime of death and birth)에서 벗어나 구원을 모색하라는 '영혼'의 권유를 단호히 거부하고 "한 번 더 죄 저지를 수 있는 특권"(a charter to commit the crime once more)을 요구했었다. 즉, '자아'는 '영혼'이 약속하는 초월적 구원보다는 사랑과 전쟁, 죽음과 탄생, 낮과 밤의 "이율배반적"(antinomic) 대립과 갈등 속에서 인간적 권위의 원천을 발견하는 것이다.

폰 휘겔(Friedrich Von Hügel)을 상대로 그의 철학적 입장을 반박하면서 자신의 신념을 선언하는 방식으로 전개되는 VIII편에서도, "마음과 영혼의 대화"가 한층 더 개인적인 목소리로 공명을 일으킨다.[51] 이창배 교수도 지적하듯이, 폰 휘겔처럼 예이츠도 신비주의 사상에 이끌리지만, 폰 휘겔의 기독교적 내세관에는 동의할 수 없었기에, 이제 그만 헤어지자며 결별을 선언한다(258). VII편과 함께 「자아와 영혼의 대화」의 연속선상에서 시인은 신성이나 영혼의 불멸을 추구하기보다는 기독교 사상에 물들지 않은 호머를 모범으로 삼아 시 창작에 임하겠다는 결의를 천명한다.

> I — though heart might find relief
> Did I become a Christian man and choose for my belief
> What seems most welcome in the tomb —
> play a predestined part.

Homer is my example and his unchristened heart.
The lion and the honeycomb, what has Scripture said?
So get you gone, Von Hügel, though with blessings
on your head.

나는 — 기독교 신자 되어
무덤에서나 가장 환영받을 일을 신앙으로 선택한다면
마음에 위안이야 되겠지만 —
이미 운명 지워진 역할에 충실해야겠네.
호머가 나의 모범, 기독교 신앙에 물들지 않은 그의 마음이.
사자와 벌집, 성경은 그걸 어떻게 풀이했나?
그러니, 폰 휘겔, 그만 가보게,
그대 머리에 비록 축복이 내리더라도.

VIII편에서는 간결한 문장을 가로질러 문장의 단순성을 방해하는 삽입구에 주목할 필요가 있다. 시인은 자기가 거부하는 것을 규정하기 위해 이 수사적 기교를 사용하는데, 대립과 갈등의 요소들은 1-3행의 삽입구를 통해 팽팽한 긴장 상태로 돌입한다. 이 삽입구는 선언적 문장을 양분하여, 그 문장이 서술하는 상황과 대립되는 사회질서나 신념을 드러냄으로써, 양자 간의 갈등을 극대화하고 있기 때문이다. 올리비아 셰익스피어(Olivia Shakespear)에게 보낸 편지에 VII편 초고를 보내면서, 예이츠는 폰 휘겔이나 '영혼'이 제시하는 구원의 방식을 거부할 수밖에 없었던 이유를 VII편과 VIII편의 갈등 양식과 관련지어 이렇게 서술한 바 있다.

> I feel that this is the choice of the saint (St, Theresa's ecstasy, Gandhi's smiling face): comedy; and the heroic choice: Tragedy (Dante, Don Quixote). Live tragically but be not deceived (not the fool's Tragedy). Yet I accept all the miracles. (*Letters* 790)

나는 이것이 성인의 선택이란 느낌을 갖게 됩니다(테레사 성인의 황홀, 간디의 미소 짓는 얼굴): 희극; 그리고 영웅적 선택: 비극(단테, 돈키호테). 영웅적으로 살되 기만당해서는 안 되겠지요. (어릿광대의 비극이어서는 안 되니까요.) 하지만 나는 모든 기적들을 받아들인답니다.

이 편지글에서 예이츠는 희극을 "성인의 선택"이라고 규정하면서 그것을 테레사 성인이나 간디의 존재 방식과 연결 짓고, 비극을 "영웅적 선택"이라고 규정하면서 그것을 단테나 돈키호테의 존재 방식과 연결 짓는다. 여기에서 희극과 비극, 성인과 비극적 주인공의 구분은 VII편과 VIII편에서 대립의 형태로 제시된 "구원과 원죄"의 구분과 동일선상에 놓여 있다. 그리고 대립적 요소들이 야기하는 갈등은, 『비전』에서 예이츠 자신이 오이디푸스와 그리스도를 예로 들어 설명한 바 있듯이, "내재"(immanence)와 "초월"(transcendence)의 갈등으로 환원될 수 있을 것이다. 『비전』에서 예이츠는 오이디푸스를 두고 "땅 위에 누워" "영혼도 육체도 땅 속으로 함몰되었다"고 기술하는 데 반하여, 그리스도는 "선 채로 십자가에 못 박혀, 영혼도 육체도 추상의 하늘로 날아갔다"고 기술한다(*A Vision*, 27).

초월을 통한 구원이라는 기독교적 이상을 거부하고 마음 깊은 곳에서 우러나오는 "비극적인 삶"의 시혼(詩魂)을 삶의 지표로 선택함으로써, 예이츠는 비극과 영웅주의의 필수요건인 세속의 모순과 갈등을 받아들인다. "이사야의 석탄불"에 대립되는 "내재성"(immanence)의 은유로 "사자와 벌집"을 동원하는 것도 사자의 시체에 둥지를 튼 벌집의 은유에 존재의 이율배반적 모순이 내재되어 있기 때문이다.[52] 그렇다고 초월의 거부가 기독교적 이상의 전면적인 부정을 의미하는 것은 아니다. 그는 모든 기독교적 기적들을 인정할 뿐만 아니라 비극이 생산되려면 "내재"에 대립되는 "초월"의 존재는 필연적인 현상이라고 보았다.[53] 폰 휘겔을 향해 결별을 선언하는 마지막 시행에서 시인이 아쉬움과 망설임을 내비치는 것도(*though* with blessings on your head) 이런 맥락에서 이해될 수 있을 것이다. 『비전』에서도 오이디푸스와 그리스도의 관계는 "저울의 두 추, 시소의 양쪽 끝"(the two scales of a balance, the two butt ends of a seesaw: *V* 28-9)에 비유되고 있거니와, 희극과 비극, 성인과 비극의 주인공, 구원과 원죄의 관계도 같은 맥락에서 인식 · 서술되고 있다.[54]

그렇다면, 예이츠의 비극론과 비극적 체험은 인간의 삶과 세계에 편재하는 모순 대립을 예술의 근원적 요소로 인식하는 데서 출발한다. 시인과 영웅적인 인간이 체험하는 환희의 감정은 모순이 해결되는 초월적 상황에서는 솟아나지 않는다. 그것은 갈등이 최고조에 달하는 비극적인 순간에, 호머가 "원죄"와 사투를 벌이거나, 삼손이 터득한 "사자와 꿀벌"의 역설 속에서 예기치 않게 분출한다. 채드윅이 지적하듯이, VIII편에서 시인이 영혼과 자아, 영혼과 마음의 구분을 거부하는 것도 그런 구분 자체가 영혼으로 하여금 마음과 육체의 터전으로부터 초월적 세계로의 도피를 허용한다고 보기 때문이다(220). 그러므로 비극적 황홀은 영혼에서 비롯될는지도 모르지만, 마음과 육체가 직면하는 갈등의 상황에 영혼이 적극적으로 참여할 때에 한하여 그것은 강력하게 분출한다고 하겠다.

2 예이츠의 후기시 중에서도 『새 시집』(New Poems: 1938)에 수록된 두 편의 시 「소용돌이」(The Gyres: 1936)와 「청금석 부조(浮彫)」(Lapis Lazuli: 1936)는 예이츠의 비극론이 흠뻑 배어든 시일 것이다. 「소용돌이」란 시는 물질주의자들과의 싸움에서 패배한 영웅적인 인간이 "비극"과 "황홀"의 이율배반적 관점에서 세계를 바라보며 "비극적 권위"를 행사하는 예언자적 시인의 풍모가 잘 재현되어 있다. 『환상록』(A Vision: 1925, 1937)에서의 예이츠 설명에 따르면, '원추형 소용돌이'(gyre)란 다양한 대립적 요소들이 복합적으로 얽힌 현상계의 상징 또는 표상이라고

간단히 요약할 수 있을 듯하다. 좀 더 부연설명하자면, 그것은 태양과 달, 낮과 밤, 삶과 죽음, 사랑과 증오, 인간과 신, 남성과 여성, 인간과 다이몬(Daimon)[55] 등, 대립의 상태로 "주어지는"(given) 또는 존재하는 실체 혹은 속성들이 복잡하게 얽힌 망상조직이자, 보다 추상적 차원에서는 영원과 변화, 하나와 다수, 주관과 객관, 자연계와 초자연계의 복합체이기도 하다. '원추형 소용돌이'란 이미지를 매개로 예이츠는 세상에 편재하는 이율배반적 대립의 보편적 양상을 한층 더 역동적인 모습으로 실감나게 그릴 수 있었다. 『비전』에서 그는 해설그림인 도해(圖解)를 통해서 그것을 "한 쌍의 맞물린 원추형 소용돌이"(a pair of interpenetrating gyres)의 이미지로 보여주는데, 기본이 되는 '정원추 소용돌이'(primary gyre)와 이에 대립되는 '역원추 소용돌이'(antithetical gyre)의 꼭지점들은, 마치 적의 핵심부로 잠입해 들어간 세포조직인 양, 각기 대립 원추의 지반 중심에 맞닿아 있다. 그러므로 헤겔처럼 예이츠도 모든 '정명제'(thesis)에는 '반명제'(antithesis)의 씨앗이 내재되기 마련이라는 인식을 바탕으로 인간과 세계의 실상을 그려 나간다.

예이츠의 작품에서 '원추형 소용돌이'는 초월을 상징하는 '청공'(sphere)과 마찬가지로 직접 언급되는 경우는 매우 드물다. 보통 그것은 "perne in a gyre", "Plato's spindle", "bobbins where all time is bound and wound" 등 아일랜드 농민들 사이에 통용되던 민중적 언어로 변형되어 나타나거나, 아니면 작품의 전반적 구도를 결정짓는 주요 요인으로 넌지시 암시되는 경우가 대부분이다. 이 한 쌍의 상징은 '장미'와 '십자가'로 이루어진 초기 상징이 변형된 것으로, 초기 상징들보다 훨씬 더 역동적인 모습을 갖추게 된다. 그런데 「소용돌이」란 제목의 시는 『비전』에 서술된 이 상징의 효용성뿐만 아니라 그것의 한계 또한 분명하게 드러내 보여주는 측면이 있다. 이 시는 『비전』과 동일한 맥락에서 씌어진 자동기술의 소산이기보다는 예이츠의 다양한 체험들이 자연스럽게 스며든 숙성된 시이기 때문이다.

"큰 바위 얼굴 신령님"은 델피의 신탁(Delphic Oracle)과도 같은 존재로, 고대사회에서 그것은 제단을 모셔 놓은 산속 바위틈 어디에선가 사제 겸 시인에게 예언의 목소리를 들려주는 예언시의 뮤즈이다.[56] "소용돌이다! 소용돌이다! 큰 바위 얼굴 신령님, 내다보소서." 시인은 매우 친근한 어조로 신탁을 불러내어 그것을 자신의 일부로 만듦으로써 그의 목소리는 곧 신탁의 목소리와 하나가 되고, 그 결과 세계를 향해 발언하는 시인의 목소리에는 위엄과 권위가 따른다. 이 시에서 시인은 "영원회귀"(eternal recurrence)를 찬양하면서도 그가 영원히 반복되기를 진정으로 바라는 것은 어디까지나 "일꾼과 귀족과 성인"(workman, noble and saint)들에 의해 "아름다움"(beauty)과 "가치"(worth)가 창조되고 유지되는 전통적 위계사회이다. 무정부적 혼돈에 직면한 시인은 그때까지 부정적인 인물로 처리하곤 했던 성인을 질서가 확립된 세계의 일원으로 포함시킨다. 현재의 혼란스런 상황을 표상하는 이 시의 이미지들은 「재림」(The Second Coming)이나 「1919년」(Nineteen Hundred and Nineteen) 또는 '비잔티움 시편'(Byzantine Poems)과의 친화를 보이면서도, 세계의 종말이라는 비극적 상황에서 터져 나오는 시인의 황홀감은 앞의 비관적인 시들에 비할 바 아니다.

> What matter? Out of cavern comes a voice,
> And all it knows is that one word 'Rejoice'!
>
> Conduct and work grow coarse, and coarse the soul,
> What matter? Those that Rocky Face holds dear,
> Lovers of horses and of women, shall,
> From marble of a broken sepulchre,
> Or dark betwixt the polecat and the owl,
> Or any rich, dark nothing disinter
> The workman, noble and saint, and all things run
> On that unfashionable gyre again.

무슨 상관이랴? 동굴 속에서 어떤 목소리 터져 나오네,
그 목소리가 아는 말이라고는 "기뻐하라!" 저 한마디 외침뿐.

행동도 솜씨도 거칠어지고, 영혼 또한 천박해지네.
무슨 상관이랴?
'큰 바위 얼굴 신령님'께서 소중히 여기시는 이들,
말을 사랑하고 여인들을 사랑하는 이들은
무너진 무덤, 대리석 석실(石室) 어드메서
혹은 족제비 시간과 올빼미 시간 사이 어둠 속에서
혹은 풍요로운 어둠의 세계 어디에선가
장인과 귀족과 성인들을 파내어 햇빛 속으로 드러내리니,
그러면 모든 사물들은 또다시 맴돌기 시작하겠지,
시대에 뒤처진 저 소용돌이를 타고.

이 시에서 시인은 '소용돌이'란 상징을, 『비전』에 기술된 내용과의 일관성은 일단 접어둔 채, 자신의 심리상태와 일치시키는 방향으로 조절하고 있다. 『비전』에 기술된 내용은 이 시에서는 예이츠의 주인이 아니라 하인인 셈이며, 같은 맥락에서 엠피도클레스와 트로이도 단순히 과거 이미지 이상의 그 무엇, 즉 현대 서구사회를 휩쓰는 혼란스런 상황의 표상으로 전환된다. 시인의 예언적 시선 속으로 빨려 들어오는 모든 시대는 동일한 양상으로 전개되는 것이다. 이 시를 구성하는 부정적 요소들은 모두가 앞선 시들에 이미 나타났던 것들이지만, 대립의 상태로 존재하는 부정적 요소들은 탄성("소용돌이다! 소용돌이다! 큰 바위 얼굴 신령님")과 수사적 의문("무슨 상관이랴?")을 통해 전달되는 디오니소스적 황홀과 호응하는 방향으로 조절된다. 그 결과 "청동 매들"(brazen hawks)과도 같은, 선악에 "무관심한 군중들"(an indifferent multitude: "Meditations" 426)을 바라보

는 시인의 시선에는 묵시적 비전이 담긴 비극적 황홀감이 짙게 배어 있다. “말을 사랑하고 여인들을 사랑하는 이들”(lovers of horses and of women), 스티븐스(Wallace Stevens)의 표현을 빌리자면 이 “고매한 기수들”(noble riders)은, 비록 지금은 “시대가 외면하는”(unfashionable) 존재로 소멸될 운명에 처해 있지만, 사라져 가는 문명의 어둠 속에서 새로운 세계를 잉태할 씨앗으로 작용할 것이기 때문이다. 예이츠 자신이 어느 글에서 천명하듯이, “모든 운동[힘, 세력]은, 느낌에서나 생각에서나, 어둠 속에서 그 자체의 명료함과 확신을 증대시켜 나가는 과정에서, 바로 그 운동[힘, 세력]을 처형하게 될 반역의 씨앗을 예비하기에.”[57]

❸ 「청금석 부조」의 경우에도, 이 시를 지을 당시 예이츠는 도로시 웰즐리(Dorothy Wellesley)에게, “내 삶의 최대 목표는 비극의 한가운데서 희열을 맛볼 수 있게 하는 믿음과 이성의 행사에 있다”고 하여, 독자들에게 이해의 실마리를 제공한 바 있다.[58] 다섯 개의 연으로 구성된 이 시의 첫 연에서 시인은 비극적 예술가들의 작품을 비난하는 예술관객들을 대상으로 그들의 수용 자세를 암암리에 비판한다. 현대의 예술관객들은 비극적 예술에 역설로 존재하기 마련인 희열을 온전히 인식하지 못한다는 것이다. 그들에게 화가와 음악가와 시인들은, 나치독일과 이탈리아가 각각 라인란트와 아비씨니아를 침공하고 스페인에서는 국제적 파장을 몰고 올 내전이 벌어지는 등 전 세계적으로 위기상황임에도, “언제나 즐겁기만 한(always gay) 비현실적인 예술가들로 비쳐진다. 하지만 시인이 비판하는 예술관객들이 “여성들”로 한정되고, 또 그들에게 “신경이 곤두선”(hysterical)이란 수식어가 부과되는 데서 감지할 수 있듯이, 그들은 오래전부터 예이츠에게 환멸만을 안겨 줬던 아일랜드의 중산계급, 즉 “즉각적인 승리, 즉각적인 유용성”(immediate victory, immediate utility)만 고집하는 물질주의자들임이 암시된다. 그들은 싱(J. M. Synge)의 작품이 공연되는 것을 저지하

기 위해 일주일 동안이나 소란을 피웠던 자들과 다름이 없는 관객들로, 비극적 세계인식에서 비롯되는 환희의 예술을 제대로 이해하지 못하고 과민 반응만 보일 뿐이다.[59]

여기서 시인이 문제 삼는 것은 현실에 대한 지나친 관심이 아니라 광기에 가까운 신경과민과 독선적 태도이다. 시인은 그 같은 관객들과 옥신각신하는 대신에 곧바로 다음 연으로 이행하여 비극의 주인공들이 절정의 순간 체험하게 마련인 비극적 황홀을 재현함으로써 "즉각적인 유용성"만 앞세우는 그들의 논리를 뛰어넘는다. 비극이란 무엇인가? 비극은 악의로 가득 찬 세계에서 적대세력에 직면한 인간이 두려움에 분연히 맞서 두려움을 이겨 내는 과정에서 생성되는 것이 아닌가. 그것은 패배를 인정하고 악의 세계에 순응할 때 나타나는 현상이 아닌 것이다. 이 같은 확신은 철학적 사색의 파동을 일으키며 둘째 연에서 이렇게 전개된다.

All perform their tragic play,
There struts Hamlet, there is Lear,
That's Ophelia, that's Cordelia;
Yet they, should the last scene be there,
The great stage curtain about to drop,
If worthy their prominent part in the play,
Do not break up their lines to weep.
They know that Hamlet and Lear are gay;
Gaiety transfiguring all that dread.

모두가 자신들의 비극을 연출하지.
저기 햄릿이 성큼성큼 걸어가고,
저기에선 리어가,
저건 오필리아, 저건 코델리아.

하지만 마지막 장면에 이르러
거대한 막이 내릴 때가 되어도
극중 역할이 막중할 때면 그들은
대사를 중단한 채 흐느끼는 법이 없다.
희열이 온갖 두려움을 변화시키기에
햄릿도 리어도 즐겁다는 걸 그들은 알지.

"칠흑과도 같은 어둠의 순간, 머릿속에서 섬광처럼 작렬하는 천국./ 그때 비극은 절정에 이른다." 여기에 담긴 내용은 예이츠의 텍스트 전반을 앞뒤로 오가며 반추하게 한다. 1910년에 예이츠는 싱의 마지막 작품『슬픔의 데어드리』(Deirdre of the Sorrow)에 대한 관객들의 몰이해를 계기로「비극의 무대」(The Tragic Theatre)란 제목의 글을 발표하는데, 이 글에서 그는 극중 인물과 배우와 관객 사이를 인습적으로 구분 짓는 극이야말로 진정한 비극이라면서, 감정이 고조된 순간에 비극의 주인공은 "비극적 황홀"이라는, 삶과 예술이 제공할 수 있는 "최고의 상태"로 나아간다고 선언한다. 그는 또 열정이 오랜 세월 수천 번의 정화과정을 거쳐 순식간에 황홀로 변화될 때 그것은 곧 지혜로 변화된다고 말한다. 열정이 지혜로 변화되는 지고의 순간에 비극의 주인공과 연기자뿐만 아니라 관객도 "마치 육체를 떠난 영혼을 만지고 느끼고 보는 듯한 상태로 진입한다"는 것이다.[60] 죽음을 목전에 둔 타이몬이 부하들에게 자기 무덤을 준비하라고 명령할 때, 햄릿이 호레이쇼를 향해 "축복에서 잠시 비켜서 있게나"(Absent thee from felicity awhile!: V. ii. 347) 하고 소리칠 때, 또는 안토니우스가 악티움 해전의 패배 소식을 전해 듣고 자결하기 직전에, "수천 번의 입맞춤 중에서도 가장 보잘것없는 마지막 입맞춤을/ 그대 입술에"(Of many thousand kisses the poor last/ I lay upon thy lips.: IV. xv. 20-1)라고 중얼거리며 클레오파트라와 작별의 입맞춤을 나눌 때, 거기에는 온통 서정성

으로 뭉쳐진 순수한 열정과 '진솔한 불길'만이 남아 "비극적 황홀의 덩어리"를 이룬다는 것이다.[61]

이런 생각은 1910년을 전후한 시기에 쓴 예이츠의 시와 산문에서 자주 발견된다. 이 글의 전반부에서 논자는 1909년에 쓴 일기('Estrangement')의 1절과 죽음이 임박한 매블 비어슬리를 생각하며 쓴 연작시 가운데 한 편('To her Courage')을 이 같은 맥락에서 검토한 바 있다. 그 텍스트들에서도 비극적 황홀은 죽음의 절대력에 직면한 인간이 죽음을 극복하는 과정에서 자신의 인격이 죽음과 통합될 때 생성되는 것임을 확인할 수 있었다. 1937년에 자신의 입장을 정리하는 글에서도 예이츠는 "죽어가는 사람에게 죽음은 분명 희열일 것"이라는 레이디 그레고리의 말을 회상하는가 하면,[62] 죽음을 목전에 둔 시점에 이르러서는 마지막으로 비극적 황홀을 이렇게 요약한다: "모든 예술은 희열의 신방(新房)들이다. 어떤 위대한 인물을 최후의 황홀로 인도하지 못한다면 어떤 비극도 정당화될 수 없다. 폴로니어스는 무대 뒤로 처참하게 사라지지만, '축복에서 잠시 비켜서 있게나' 하고 외치는 [호레이쇼를 향한 햄릿의] 대사에서나 오필리아의 시체를 앞에 두고 읊조리는 그의 비감 어린 사설에서 춤과 함께 출렁이는 [디오니소스적] 음악 소리를 들을 수 있다."[63]

그렇다면 이 시는, 아취볼드(Douglas Archibald)의 표현을 빌리자면, 비평가로서의 예이츠가 산문에서 개진하곤 했던 믿음을 시적으로 재구성한 "예술적 비전"의 한 형식이라 할 수 있다(229). 「1916년 부활절」('Easter 1916': 1916, 1920)에서 예이츠는 아일랜드 독립투사들의 행위를 비극적 예술의 차원으로 승화시킴으로써 비극을 연출했다면, 이 시에서는 역으로 비극의 무대라는 상상적 공간을 현실세계로 확장시킨다. 위에 인용한 시구는 "셰익스피어적 비극"의 세계에 관련된 것이면서도, 동원된 은유들은 삶의 현장으로 확장되고 있다. 싱과 오리어리, 피어스와 오히긴스도 죽음의 순간에 비극의 본질을 체득하고는 희열을 느끼며 삶의 무대에서 퇴

장했다. 그것이 가능했던 것은 열정이 최고조에 이른 뒤에는 생각과 감정의 찌꺼기들이 더 이상 남아 있지 않기 때문이다. 이 시의 구절을 인용하자면, 그들이 죽음과 맞서 싸우다가 죽음을 품에 끌어안는 최후의 순간에 "비극은 한 치 반 푼도 더해진다거나 덜해질 수 없다." 햄릿이 "남은 것은 정적뿐"(The rest is silence: V. ii. 358)이란 비감 어린 한마디를 남기며 세상을 하직할 때, "인간은 목표를 설정하고, 찾아내고, 또 패배를 감수해 왔지./ 칠흑과도 같은 어둠의 순간"으로 그의 심리상태는 연결되고 있지 않은가? 컵에 남은 독주를 자신도 마시고 저 세상으로 동행하려는 호레이쇼를 향해 햄릿이, "축복에서 잠시 비켜서 있게나" 하는 외침과 그에 대한 호레이쇼의 응답 — "이제 고귀한 분의 심장이 부서지는군. 인자하신 왕자님, 안녕히./ 천사들이 비상하며 부르는 노래가 그대를 안식처로 인도하기를"(Good night, sweet prince,/ And flights of angels sing thee to thy rest!: V. ii. 359-60) — 의 장면은 "[햄릿의] 머릿속으로 섬광처럼 작렬하며 돌진해 들어오는 천국"으로 이어진다. 현실에서든 상상적 공간에서든, 무대를 뒤로 하고 떠나가는 비극적 인간의 죽음 뒤에는 디오니소스적 광란의 음악이 여운을 남기고, 그래서 그 음악은 강렬한 인간의 풍요로운 삶을 긍정하도록 유도하는 것이다. 리어와 코델리아는 결국 죽음을 맞이하지만, 죽음을 통해 두 영혼이 결합되는 최후의 순간에 조성되는 "온통 서정성으로 뭉쳐진 순수한 열정과 진솔한 영혼의 불길"은 막이 내린 뒤에도 한동안 여운을 남긴다. 이렇듯 강렬한 순간이 지나고 난 뒤에 비극은 불순한 그 무엇도, 아무런 생각도 감정의 찌꺼기도 남겨 두지 않으며, 대신에 삶의 모순을 초극하는 방식을 보여줌으로써 구원의 길을 예비한다. 그때 관객들도 "육체를 떠난 영혼을 손으로 만지고 눈으로 직접 보는 듯한 환상에 젖어들면서" 잠시나마 축복의 상태로 진입하게 되는 것이다.

자신의 삶과 예술에서 비극적 황홀을 최대의 가치로 정립하려는 예이츠의 노력은 셰익스피어적 비극에서뿐만 아니라 동양적 지혜에서도 동력을 얻는다. 항시 통합을 염원하고 통합을 지향했던 예이츠였기에, 다음 연에 오면 인간의 내면에서 인간의 역사로 시인의 시야가 확장되고 있음을 알 수 있다. 서구문명의 발상지는 어디까지나 동양이다. 고대 동양인들은 걸어서, 또는 배를 타고, 아니면 낙타, 말, 노새, 당나귀 등에 몸을 싣고 서진(西進)하여 서양을 정복하고 동양문명을 퍼뜨렸다. 여기에 열거된 이동수단들은 각기 새로운 세력이 구세력을 몰아내고 문명을 구축하는 역사과정을 암시하고 있다. 한때 캘리마코스는 페르시아의 예술양식을 받아들여 물결치듯 부드러운 이오니아양식을 발전시켰으나(Jeffares 1984, 365), 그가 만든 "날렵한 종려줄기 모양의 솟을등대(燈臺)"는 흔적도 없이 사라져 버렸다. 그러나 비극의 주인공이 최후의 순간에 절망을 황홀로 변화시키듯, 소멸하는 문명도 그 내부에 새로운 문명을 잉태할 씨앗을 예비하기 마련이다. 그것을 깊이 인식하기에 문명의 소멸과 생성의 파노라마를 조감하는 시인의 시선에는 희열의 정조(情操)가 짙게 배어 나온다.

All things fall and are built again,
And those that build them again are gay.

모든 것이 무너지고 다시 지어지고,
다시 짓는 이들은 희열을 맛보지.

문명의 전반적 소멸이라는 비극적 상황에 직면한 예술가가 그 같은 상황을 황홀의 계기로 변화시키는, 고도로 승화된 예술가의 심리상태가 4연에서는 동양의 지혜를 매개로 재현되는데, 이 연에 이르러서야 비로소 "청금석 부조"가 소개된다. "현인(賢人)과 제자, 단단한 돌, 감각적인 동양의 영원한 주제. 절망의 한가운데서 내지르는 영웅적인 외침. 아니, 이건 틀린 생각이지요. 동양은 언제나 해결책을 마련해 두고 있었기에 비극에 대하여 아무것도 알지 못합니다. 영웅적인 외침을 내질러야 하는 것은 동양이 아니라 바로 우리들이지요."[64] 이 같은 생각과 정조로부터 다음 시구가 생성된다.

Two Chinamen, behind them a third,
Are carved in lapis lazuli,
Over them flies a long-legged bird,
A symbol of longevity;
The third, doubtless a serving man,
Carries a musical instrument.

중국인 두 사람, 그 뒤에 또 한 사람,
청금석에 새겨져 있네.
머리 위로는 장수의 상징
장다리새 날아다니고,
시동임이 분명한 세 번째 사람
깽깽이 들고 따라가네.

마지막 시행의 "musical instrument"는 피리 혹은 퉁소일 수도 있으나 굳이 "깽깽이"로 번역한 까닭은 첫 연의 "fiddle bow" 이미지가 4연으로 이어지면서 공명을 일으킨다고 보기 때문이다. 더구나 시인이 깽깽이를 든 세 번째 사람을 시동일 것이라고 추정하는 심리의 이면에는 중국과 일본을 비롯한 동양문화에 대한 지속적인 관심과 이해가 내재되어 있다. 예이츠에게 근대화되기 이전의 중국은 위계질서가 굳건히 확립된 안정된 사회로 비쳐졌을 것이기에, 귀족과 예술가와 농민으로 이루어진 봉건적 귀족사회에 친화를 느껴 온 그에게 중국문화는 일본문화 못지않게 대단한 매력을 발산하며 다가갔을 것이다.[65] 세계의 모순과 갈등 구도에 기초를 둔 그의 비극론에 비추어 볼 때, 장다리새인 학(鶴)도 영원(永遠)의 상징이기보다는 장수(長壽)의 상징이며, 그래서 그것은 이제까지 전개되어 온 시의 내용과 잘 어울린다. 그러기에 청금석에 돋을새김의 형태로 양각된 중국 현인들도 어디까지나 시간성의 세계 내에 존재하는 인물들로 인식되는 것이다. 그래서 이제 시인의 상상력에 포착된 중국 현인들은 산중턱 정자에 앉아 애조 띤 음악을 연주하며 비극으로 얼룩진 세계를 조감하는 것으로 재현된다.

> There, on the mountain and the sky,
> On all the tragic scene they stare.
> One asks for mournful melodies;
> Accomplished fingers begin to play.
> Their eyes mid many wrinkles, their eyes,
> Their ancient glittering eyes, are gay.

> 저기 하늘과 맞닿은 산 위에서 그들은
> 온갖 비극적 광경들에 눈길을 보내네.
> 한 현인이 애조 띤 가락을 청하자
> 능숙한 손놀림으로 연주를 시작하네.
> 그들의 눈과 주름진 얼굴, 그들의 눈,
> 현인들의 빛나는 눈이 희열에 잠기네.

비극으로 얼룩진 세계를 바라보는 현인들의 시선이 빛을 발하는 것은 적절한 거리 두기를 터득했기 때문이리라. 인간의 삶과 역사를 온당하게 평가할 수 있으려면 삶의 현장으로부터 어느 정도 거리를 유지한 채 초연한 마음으로 조감하는 자세가 요구되는 것이다. 삶의 과정에서 참여와 몰입과 거리 두기를 적절히 조절하는 지혜를 터득했기에, 세계를 바라보는 그들의 시선에는 인간사에 대한 지극한 연민과 함께 비극적 황홀감이 짙게 배어 나온다. 그러한 정신 상태를 흔들림 없이 일관되게 유지하는, 극기와 기율을 체득한 인격체야말로 혼란과 파국과 비극에 직면한 인간이 도달할 수 있는 최고의 경지이기 때문이다.[66]

「비극의 무대」에서 예이츠는 데어드리가 체험하는 "열정의 환각"(reverie of passion) 상태를 두고, 슬픔은 데어드리의 마음속에서 한 단계 한 단계 상승하다가 마지막 순간에 이르면 슬픔의 감정 자체가 소멸되고 그녀는 "순수 명상"(pure contemplation)의 세계로 이행한다고 논평한 바 있다. 디오니소스적 광란에서 아폴론적 질서로 이행하는 이 개명의 순간에, 예이츠가 "정제(淨濟)된 슬픔"(civility of sorrow)의 형식이라 부른 단계로 진입할 때, 열정은 곧 지혜로 전화된다(*EI* 239). 「청금석 부조」의 마지막 연에 등장하는 중국 현인들이나 「소용돌이」의 예언시 화자가 희열에 잠길 수 있는 것은 의식(ceremony)이 깊이 뿌리내린 전통사회에서 삶을 영위해 온 그들은 신경증도 비극도, 에로플레인도 제펠린도, 문명의 파괴와 인간사의 온갖 변화도 모두 이해하고 수용할 수 있는 자질을 갖추었기 때문이다. 그들은 현실을 외면하지 않고 현실에 참여하면서도 어느 정도 거리를 두고 현실을 미학적으로 바라봄으로써 현실에 질서를 부여한다. 예이츠가 5세기 중엽 비잔틴 예술가들의 세계 인식과 작품 제작 방식을 서술한 내용과 관련하여 말하자면, "거대한 구도"(a vast design)가 "하나의 단일한 이미지"(a single image)로 수렴되고, 그 이미지가 폭발하면서 다시 거대한 구도 속으로 환원되는, 우주의 보편적 질서, 유동의 세계를 감싼 저 광활한 패턴을 그들은 이해하는 것이다.[67]

5. 예이츠 서정시의 비극성

예이츠의 비극적 마법예술은 "활기 넘치는 모든 이들의 마음"(all living hearts)을 하나로 묶어 개인들 간의 차이를 없애고 죽음과의 투쟁이라는 절대의 공간으로 나아가게 한다. 그때 태양과 달이 표상하는 밝음과 어두움, 현실과 꿈, 의식과 무의식, '정원추 소용돌이'(primary gyre)와 '역원추 소용돌이'(antithetical gyre)는 서로 용해되어 "하나로 뒤엉킨 빛"(One inextricable beam: 411)처럼 보일 수 있는 것이다. "사람과 사람을 분리시키는 제방을 허물고," 차이를 없애고, 거기에 참여하는 모든 인간들을 광란의 상태로 나아가게 하는 일이야말로 예이츠가 생각하는 비극적 예술가의 궁극적 목표였다.[68] 그래서 시인은 개인성뿐만 아니라 특성을 지닌 문명의 질서까지도 비개성적이고 원초적인 세력 앞에 복종케 하는 위기의 순간을 창조해야 한다고 예이츠는 생각했다. 『비전』에서도 그는 개성을 갖춘 특화된 문명이 와해되는 순간을 비극적 주인공의 최후의 순간에 견주어 이렇게 서술한다.

> A civilization is a struggle to keep self-control, and in this it is like some great tragic person, some Niobe who must display an almost superhuman will or the cry will not touch our sympathy. The loss of control over thought comes towards the end; first a sinking in upon the moral being, then the last surrender, the irrational cry, revelation — the scream of Juno's peacock. (*A Vision* 268)

> 문명이란 자기통제를 유지하기 위한 투쟁이며, 그런 의미에서 그것은 위대한 비극적 인간, 초인에 가까운 의지를 보여주어야 하는 니오베와도 같다. 그렇지 않을진대 그의 외침은 우리의 공감을 얻어내지 못하리라. 종말이 가까워짐에 따라 사유의 통제 상실 현상이 나타나는데, 처음에는 도덕적 존재의 무너짐, 이어서 최후의 굴복, 비합리적인 외침, 계시 — 주노의 공작새가 내지르는 비명소리.

어느 한 문명이 새로운 문명을 예비하며 소멸할 때 그것은 비극의 주인공처럼 "최후의 굴복, 비합리적인 외침, 계시"라는 우주의 초자연적 의지를 드러낸다는 것이다.

'죽음의 절대력'과 '개인성' 간의 모순 대립은 예이츠의 비극론과 실제 작품에 광범위하게 침투되어 있다. 그렇다고 그 같은 모순 대립이 위계사회를 향한 예이츠의 정치적 열정을 약화시킨다거나 비극적 '마법미학'(aesthetics of magic)을 결정적으로 훼손하는 것은 아니다. 현대의 비극적 마법예술가는 "절반밖에는 이해되지 않는 다이몬적 이미지들의 지혜"(The half-read wisdom of daemonic images: 427)와 "사자들의 재산"(the property of the dead: 482)을 탐구하기 위해 세상을 등지고 문을 걸어 잠가야만 하는 상황으로 빠져들지 않을 수 없다. 현대의 예술가가 이렇듯 "소름끼치는 적막"(ghostly solitude: 429)에서 벗어날 수 있기 위해서는 "피의 얼룩"(the stain of blood: 482)이 묻는 절대권력에 기대어 마력적 예술의 전통을 되살려야 한다.

1924년에 「민주주의에서 권위주의로」(From Democracy to Authority)란 주제로 『아이리시 타임스』(The Irish Times)와 행한 인터뷰에서도 예이츠는 개인주의가 천박함과 혼돈만을 야기했다며, 다양한 문제들이 복합적으로 얽힌 현대국가에서 계획을 세우고 그것을 실행에 옮기기 위해서는 유럽의 다른 지역에서처럼 아일랜드에서도 "고도로 훈련된 지성인들"(highly trained intellects)이 국민들을 통제해야 한다고 주장하였다(*UP* II 435). 예이츠가 구상했던 통치체 내에서는 지성이 가문의 "이름과 명성"(name and fame)을 대신하고, 예언자, 사제, 그리고 왕의 역할을 아우르는 전제국가의 영웅적인 인간은 권위주의적 정부의 통치자로 대치되지만, 죽음의 위협에 기반을 둔 권력과 비극적 마법예술에 대한 그의 열정은 쇠퇴하지 않는다. 다양한 문제들이 복합적으로 얽힌 현대사회에서는 고도로 훈련된 지성인들이라 할지라도 개인주의에 기초를 둔 희극적 권력에서 완전히 자유로울 수는 없을 것이다. 그러나 희극적 권력의 헤게모니가 와해되고 모종의 비극적 권력이 이를 대신하리란 희망에서 연원된 묵시적 비전과 비극적 황홀감은 후기로 접어들면서 더욱더 힘을 발휘한다.

『비전』을 쓸 당시 예이츠는 "고대인의 위대한 원년"(Great Year of the Ancients)의 초기 판본에 붙인 주석을 통해 비극적 서정성의 개념과 관련하여 매우 중요한 발언을 한 바 있다. "대극적인 것으로부터 분리된 이상은 서정적이어서, 그러한 이상의 환상적 부동성은 우리 머리 위에 장막처럼 내리지만, 대극적인 것에 통합된 이상은 비극적이어서, 단테의 시처럼 영원히 우리 곁에 머문다"는 것이다.[69] 그가 비극적 서정성의 개념을 규정하기 위하여 만들어 낸 "대극적인 것에 통합된 이상"이란 표현은 앞에서 검토한 서정시들의 주제적 · 수사적 대립항들이 지향하는 바를 말하여 준다. 예이츠의 시에서 대립적 요소들이 안티테제, 역설, 대화 등에 의해 간혹 통합되거나 균형을 유지하는 경우에도, 모순 대립이 완전히 해소되는 상태를 기대하지는 않는다.

예이츠는 "비극적인 것"을 대립과 동일시하고 "서정적인 것"을 대립의 부정과 동일시함으로써, 자기 서정시들이 비극적 서정시로 이해되어야 하는 근거를 마련해 준다. 단순히 서정적이기만 한 것에 대한 예이츠의 불신은 「내 작품 이해를 위한 전반적 길잡이」에서 그가 토마스 데이비스(Thomas Davis)를 비롯한 '젊은 아일랜드'(Young Ireland)를 지향했던 시인들을 호의적으로 평가하는 데서도 분명해진다. 그들의 시가 그리 탁월한 것은 아니라고 폄하(貶下)하면서도 그들을 존경했던 이유는 그들이 "분리된 개인"으로서가 아닌 공동체의 일원으로서 공동체의 결속을 열망하며 민중시를 썼기 때문이다.[70] 예이츠가 서정적인 것을 부정하는 것도 근대 이후 인간의 삶을 지배하게 된 개인주의를 부정하는 데서 비롯되었다. 현대사회에서 개인주의가 개인과 개인을 분리시키고 전통과 단절된 무수한 개인들을 양산하듯이, 단순히 서정적이기만 한 것은 "대극적인 것으로부터 분리된 이상"을 제시함으로써 분리된 개인들을 감옥과도 같은 견고한 장막으로 에워싸기 마련이라고 생각했다. 그러므로 예이츠의 시에서 모순과 갈등의 수사는 예이츠의 서정시를 비극의 차원으로 격상시킨다고 결론지어도 좋을 것이다.

예이츠에게 미학적 이상과 정치적 이상은 별개의 것으로 존재하지 않는다. 그는 조국의 혼란상을 지켜보면서, 어떤 권력형태가 가장 바람직하며, 자기의 예술을 가능케 하는 권력 형태는 어떠해야 하고, 또 자기 예술은 어떤 권력을 예시해야 하는가의 문제로 고심하였다. 그러므로 예이츠의 비극론은 미학적 이데올로기이자 정치적 이데올로기이며, 그것은 미학을 정치 · 사회적 이상과 결합시킬 수 있는 방안을 모색하는 과정에서 동력을 공급받으며 구체화된다. 물론 그러한 연계가 언제나 고정적이거나 일관성을 유지하는 것은 아니다. 통합된 사회의 예술적 권위를 모색하는 과정에서 그는 흔히 대립적 요소들을 왜곡하거나 자기모순에 빠져들기도 한다. 그럼에도 거기에는 죽음의 절대력을 구현하고 예술적 권위를 행사하려는 시인의 열망이 용암처럼 꿈틀대면서 언제나 분출의 기회를 꿈꾸고 있다.

Yeats's Cultural Politics of Authority and Tragedy

Abstract

1. The Antinomies and Oppositions of the Absolute Power of Death and the Individuality

Most of Yeats's works are composed of antitheses which are defined by their rhetoric, form, tone and thematic motifs. If the antitheses are Yeats's central means of perceiving and interpreting the world, what kinds of experience are posited at the center of his life, and in what way and manner are his conceptions of "unity of being" and "unity of culture" connected with his experience of "tragic joy"? This essay attempts to approach the basic frame of Yeats's mind which perceives and interprets the world as composed of contraries, antinomies and anti-theses. In such context, Yeats's idea and experience of tragedy are shown to be constructed ideologically in the situation that is divided by the two classes, namely the declining Anglo-Irish Protestant and the powerfully ascending Catholic middle classes.

Yeats's conception and experience of tragedy are connected with what Michel Foucault calls "the absolute power of death". Yeats thinks that if the modern poet could enact the poetic authority, he should be able to embody the ancient forms of power. Hence his ideology of tragedy and authority which leads him to enact the oral tradition of ancient magical arts. Yeats thinks that, through the poetic mode of ancient magical arts, modern lyric poet can enact the absolute power of death, breaking the comedic power of modern individualism. Yeats's ideology of tragedy and authority, however, is in constant contradiction with "the life-administering power" of modern world. In spite of his desire to enact the tragic power of ancient bard, the space of his later lyrics remains the complex site of ideological conflicts between the residual forms of traditional Anglo-Irish culture and the dominant cultural forms of modern individualism.

2. The Frame of Antinomies and Oppositions in "Meditations in Time of Civil War"

Unlike his early symbolic mode that is based on the natural representation of organic universe, Yeats's later works are constructed in the allegorical mode which is based on the antinomies and oppositions that can be defined by rhetoric, form, tone and thematic motifs. If the antinomies are Yeats's central means of perceiving and interpreting the world, what kinds of experience are posited in the center of his life, and in what manner are those experiences represented? The aim of this essay is to approach, through his poetic sequence "Meditations in Time of Civil War", Yeats's frame of mind which perceives the world as a series of fixed set of antinomies.

Yeats's later lyric mode is connected, in a very complex manner, with the contradictions and conflicts which arise from what Michel Foucault calls "the absolute power of life and death" and "the life-administering power". He believed that if the political power and the family authority were to be maintained in modern Ireland, he as poet should embody the ancient forms of power in the aesthetic domain. Such idea leads him to enact in his own works the oral tradition of ancient poetry. He thinks that, leaning on the model of ancient magical arts, modern lyric poet could embody the absolute power of death in his poetry. The literary mode which enacts such power and authority can function as one of the main agents that break the comedic power of modern individualism.

Yeats's idea of absolute power and authority is, however, in constant contradiction with the life-administering power of modern society. Therefore, despite the poet's strong desire to enact the tragic authority of ancient bard, the poetic space of "Meditations in Time of Civil War" remains the complex site of contradictions and conflicts between the residual forms of Anglo-Irish traditional culture and the dominant cultural forms of modern individualism. It is a disruptive space in which what Fredric Jameson calls the "reversibility" and "disjunction" of modern literary text are embodied in thematic, figural and formal levels.

3. From the Antinomies and Oppositions to the Tragic Joy

In such poems as "The Dialogue of Self and Soul" and "Vacillation", the antinomies and oppositions which I have traced in the previous issue of this Journal develop in a very complex manner within the frame of such figures as "the sword" and "the tower", "brand" and "flaming breath", "burning leaves" and "green lush foliage moistened with dew." And they are always posited as implying the antinomies of life and death, remorse and joy, body and soul, earthly life and heaven. In the process of vacillating between "extremities", Self and Heart which figure not only the body but also the poet's self declines Soul's request to "seek out reality, leaving things that seem." Even though Heart vacillates between antinomies, always looking towards what are opposites to itself, it chooses Homer and his unchristened heart as its example and determines to "live tragically." By opposing the life of a Swordman to that of a Saint and receiving Homer as the figural example of his art, Yeats puts the foundation that his lyric should be understood as tragedy.

"The Gyres" and "Lapis Lazuli", two tragic lyrics composed in Yeats' s last years, embody his idea of the tragic lyric as well as his tragic world view. In "The Gyres", the poet, invoking his muse "the old Rocky Face" to look forth and view the world's overall collapse, "but laugh in tragic joy". And in "Lapis Lazuli", the tragic heroes of the Shakespearean tragedy are displayed as the opposing powers or qualities to "the hysterical women" of the modern world. In both of these poems, the poet's tragic joy or exultation springs from the tragic vision that all things "fall and are built again." The very eternal recurrence of the battle of antinomies and opposite forces is the source which enacts the poet's strength and energy to exalt in the midst of despair. Therefore, we may be able to say that the poet's magical aesthetic which is based on the absolute power of death and the tragic sense of life elevates his lyrics to the height of disruptive tragedy, letting the poet to enact tragic authority at the same time.

Notes

1. 아일랜드 문예부흥운동의 전개 과정에서 야기된 노선 갈등에 대해서는 Richard Ellmann, *Yeats: The Man and the Masks* (London: Faber, 1969), VIII장 'Owen Aherne and the Nationalists'와 Elizabeth Cullingford, *Yeats, Ireland and Fascism* (London: Macmillan, 1984), 4장 'Theatre Business', 5장 'Ideas of Class'를 참고하기 바람.

2. 그런 경향을 보여주는 시인들로는 예이츠 이외에도 George Russell (AE), Lionel Johnson, William Sharp, Katherine Tynan, Nora Hopper, Seamus O'Sullivan 등이 있으며, 나중에는 Arthur Symons도 이 운동에 가담한다. David Perkins, *A History of Modern Poetry*, vol. I, 23-9.

3. Yeats's 'Note' to *The Collected Poems*, 526쪽을 참조할 것.

4. "We agree with Mr. Yeats that nothing save a victory on the battle field could so strengthen the national spirit as the creation of an Irish Theatre." Leader, 12 April, 1902, 4. Elizabeth Cullingford, *Yeats, Ireland and Fascism* (London: Macmillan, 1981), 52쪽에서 재인용.

5. 굶주린 아일랜드 농민들을 구하기 위해 자신의 영혼을 파는 캐슬린의 자선행위에 대해 오도넬(Frank Hugh O'Donnell)을 비롯한 가톨릭 소시민들은 예이츠를 격렬히 비난한다. 그러나 파넬 정국 당시 파넬을 지원하던 그리피스와 모드 곤은 오도넬을 정점으로 한 반파넬파 정치세력과 대치상태에 있었기에 예이츠를 지원한다. Cullingford 47-9.

6. "we are what we are because almost without exception we have had some part in public life in a country where public life is simple and exciting." 'Introduction' to *Oxford Book of Modern Verse: 1890-1935* (Oxford: Clarendon Press, 1935) xv-vi.

7. 그레고리 여사의 조카이자 화상(畵商)이었던 휴 레인은 문화민족주의자들이 문화적 정체성을 추구하고 다져나가는 과정에서 자신이 소장하고 있던 아일랜드 명망가들의 초상화를 더블린 시에 기증하였다. 또 그는 더블린 시 당국이 미술관 건립을 보장할 경우 자신이 소장하고 있는 프랑스 근대 미술품들을 더블린 시에 기증하겠다는 의사를 밝혔다. 그러자 더블린 시 당국은 미술관 건립에 필요한 돈을 시민들로부터 모금할 수 있다면 22,000파운드의 예산을 지원할 용의가 있

다는 입장을 제시했다. 그러자 이 문제를 둘러싸고 미술관 건립을 찬성하는 쪽과 현실적으로 해결해야 할 더 시급한 문제들이 산적해 있으므로 기금 모금은 비현실적이라는 두 의견이 팽팽하게 대립했다. 특히 반파넬파 언론인 윌리엄 마틴 머피(William Martin Murphy)는 자신이 소유한 『이브닝 해럴드』(Evening Harold)와 『아일랜드 독립신문』(Irish Independant)을 통해 반대여론을 선동하면서 휴 레인과 예이츠를 격렬하게 공격하였다. 1913년 9월, 결국 더블린 시 당국이 미술관 건립을 거부했으므로 휴 레인은 프랑스 인상파 작품들을 포함한 39점의 미술품을 영국 국립미술관 테이트 갤러리(Tate Gallery)에 위탁하였다. 그러다가 약 일년이 경과한 후 휴 레인과 더블린 시 당국의 관계가 호전되고 또 테이트 갤러리 당국이 그의 미술품들을 다락방에 보관하는 등 무성의한 태도를 보이자, 1915년 2월 그는 마음을 바꾸어 그 작품들을 더블린 시에 기증한다는 내용의 추가조항을 유언장에 첨가했다. 그러나 추가조항에 대해 공증을 받지 않은 상태에서 같은 해 5월, 미국에서 런던으로 가는 여객선 '루지타니아 호'(Lusitania)에 승선했다가 그 배가 독일 잠수함이 발사한 어뢰에 맞고 침몰하는 바람에 그는 익사하고 말았다. 휴 레인의 공인 수탁자였던 그레고리 여사가 그 미술품들을 되돌려 받기 위해 백방으로 노력했으나 런던 법원이 유언장의 추가조항을 무효라고 판결하였으므로 결국 그 그림들은 테이트 갤러리가 소장하게 되었다. 그러다가 1959년에 영국과 에이레 공화국 정부는 협상을 통해 그 그림들을 반씩 나누어 두 나라가 각각 소장하면서 5년에 한번씩 교환하기로 하되 소유권은 영국 정부가 갖는 것으로 합의했다고 한다. Williamson, 117-20. Cullingford, 69-70.

8. "The antithesis is the figure of the given opposition, eternal, eternally recurrent: the figure of the inexpiable." *S/Z*, 27.

9. 데이비드 로이드(David Lloyd)도 예이츠의 후기시에서 제기되는 정치적 문제들은 미학적 문제와 분리될 수 없음을 인정하면서, 초기시에 재현된 예이츠의 문화민족주의는 상징주의와 긴밀하게 연계되어 있음에 반하여, 후기시에서는 국가 건설의 문제가 상징주의 전통에 대립되는 일련의 미학적 맥락에서 천착된다고 본다. "The Poetics of Politics" in *Anomalous States* 60.

10. "…all our art has its image in the Mass that would lack authority were it not descended from savage ceremonies taught amid what perils and by what spirits to naked savages." *Essays and Introductions*, 352.

11. 푸코는 고대사회의 절대군주가 신하들의 생명을 요구할 수 있는 권리에 대하여 이렇게 기술한다.

"The sovereign exercised his right of life only by exercising his right to kill, or by refraining from killing; he evidenced his power over life only through the death he was capable of requiring. The right which was formulated as the 'power of life and death' was in reality the right to take life or let live. Its symbol, after all, was the sword." *A History of Sexuality, Volume I: An Introduction*, 136. 이규현 옮김, 『성의 역사: 앎의 의지』, 나남, 1990.

12. The Literary Impact of The Golden Bough, 179-232. "…although men now attributed the annual cycle of [seasonal] change primarily to corresponding changes in their deities, they still thought that by performing certain magical rites they could aid the god who was the principle of life, in his struggle with the opposing principle of death." James Fraser, *The Golden Bough*, abridged edition, 377.

13. "Dying was once a public process in the life of the individual and a most exemplary one;…In the course of modern times dying has been pushed further and further out of the perceptual world of the living.…Death is the sanction of everything that the storyteller can tell. He has borrowed his authority from death. In other words, it is natural history to which his stories refer back." Walter Benjamin, "The Storyteller: Reflections on the Works of Nikolai Leskov" in *Illuminations*, 93-4 and in David Lodge and Nigel Wood (eds.), *Modern Criticism and Theory: A Reader*, 11-29 (18-9).

14. 일곱 편으로 구성된 연작시 가운데 하나인 이 시는 42세의 젊은 나이에 암으로 죽어가는 매블 비어슬리(Mabel Beardsley)를 생각하며 쓴 것이다. 그녀는 예이츠의 젊은 시절 친구이자 26세에 폐병으로 사망한 전위화가 오브리 비어슬리(Aubrey Beardsley)의 누이동생이기도 한데, 예이츠는 그녀가 병마와 싸우던 당시 그녀에 대한 인상을 그레고리 여사(Lady Gregory)에게 이렇게 적어 보낸 바 있다.

    "I always awake most of the night with a poem in my head. I cannot over-state her strange charm — the pathetic gaiety. It was her brother but her brother was not I think loveable, only astounding and intrepid.…My dear Lady Gregory,…Mabel Beardsley said to me on Sunday 'I wonder who will introduce me in heaven. It should be my brother but then they might not appreciate the introduction. They might not have good taste.' She said of her brother 'He hated the people who denied the existence of evil, and so being young he filled his pictures with evil. He had a passion for reality.' She has the same passion and puts aside any attempts to suggest recovery and yet I have never seen her in low spirits." Letters, 574-5. A. Norman Jeffares, *A New Commentary on 'The Poems of W. B. Yeats'*, 164.

15. *The Variorum Edition of the Poems of W. B. Yeats*, 365-66. 앞으로 예이츠의 시

텍스트는 이 책에서 하며 VP로 약칭하여 쪽수만을 표기함.

16. 예이츠 신비주의의 문화정치적 측면에 대해서는 Marjorie Howes, *Yeats's Nations*, 특히 2장과 3장을 보기 바람. 필자도 하우스의 논지에 따라 이 주제를 다룬 바 있다. 졸고, 「전환기 예이츠의 문화민족주의」, 『예이츠 저널』 10 (1999). 「켈트의 황혼과 예이츠의 문화민족주의」, 『예이츠 저널』 8 (1998). 필자의 글 이외에도 초기 예이츠의 민족주의 담론의 초월지향적, 미학적 편향에 대해서는 정영희 교수의 글이 주목된다. 「윌리암 예이츠와 셰이머스 히니의 초기시에 나타난 민족주의: 신화적 민족주의와 현실적 민족의식」, 『영어영문학』 45/3 (1999년 가을), 724, 726.

17. 1927년에 예이츠는 모드 곤에게 이렇게 써 보낸 바 있다. "I wonder if I ever told you what changed all my political ideas. It was the reading through in 1903-4 of the entire works of Balzac." "The great political service that Balzac did me was that he made authoritative government (government which can, at need, be remorseless, as in his Catherine De Medici) interesting in my eyes." *Always Your Friend: The Gonne-Yeats Letters* 1893-1938, 434, 437. 발자크의 영향에 대해서는 Paul Scott Stanfield가 *Yeats and Politics in the 1930s*, chapter 4: "Yeats and Balzac"에서 상세하게 다루고 있다.

18. 노스(Michael North)도 예이츠에게 진정한 정치제도는 역사적 연속성을 유지해온 가문 내지는 친족에 기초를 둔다면서, 그러한 가문의 "영적 건강"(spiritual health)은 어느 정도는 토지와의 의미 있는 관계에 의존한다고 본다. *Political Aesthetic of Yeats, Eliot, and Pound*, 49.

19. "Both Sorel and Marx, their eyes more Swift's than Vico's, have preached a return to a primeval state, a beating of all down into a single class that a new civilization may arise with its Few, its Many, and its One." *Explorations*, 354

20. "…we can no longer do anything by fighting, we must persuade, and to persuade we must become a modern, tolerant, liberal nation." *Uncollected Prose, II*, 452.

21. "In certain societies, of which the feudal regime is only one example, it may be said that individualization is greatest where sovereignty is exercised in the higher echelons of power. The more one possesses power or privilege, the more one is marked as an individual by rituals, written accounts, or visual reproductions." *Discipline and Punish*, 192.

22. "I say to those that shall rull here: 'If ever Ireland again seems molten wax, reverse the process of revolution. Do not try to pour Ireland into any political system. Think first how many able men with public minds the country has, how many it can hope to have in the near future, and mould your system upon those men… These men, whether six or six thousands, are the core of Ireland, are Ireland itself." *Explorations* 414.

예이츠의 생각으로는, 그 당시 "공인정신을 갖춘 유능한 사람들"이란 코스그레브 정권의 가장 유능한 각료라고 그가 절찬해 마지않았던 오히긴스(Kevin O'Higgins)와 같은 인물들이다.

23. 당시 아일랜드 중산계급의 이해를 대변하는 정치세력과 예이츠 간의 대립과 갈등에 대해서는 이 책의 첫 장, "예이츠의 문화민족주의(1885-1914)" 부분을 참조할 것.

24. "The root of it all is that the political class in Ireland…have suffered through the cultivation of hatred as the one energy of their movement, a deprivation which is the intellectual equivalent to a certain surgical operation. Hence the shrillness of their voices. They contemplate all creative power as the eunuchs contemplate Don Juan as he passes through Hell on the white horse." "Estrangement" in *The Autobiographies*, 486. *Memoir* 176-7.

허현숙 교수는 '미친 제인 시편들'(Crazy Jane poems)을 대상으로 독립 후 아일랜드에서 자행된 성적 억압의 문제를 다룬 바 있다. 허 교수에 의하면, 상원의원 시절에 예이츠는 자유와 관용과 포용을 신생국가의 지도 이념이 되어야 한다고 줄기차게 주장하지만, '자유국 정부'는 가톨릭교회의 에토스에 기대어 앵글로 아이리시와의 차별화 전략을 추진하며, 그 과정에서 신생 정부는 '영화검열법'이나 '출판물검열법' 등을 통해 가톨릭 교리를 너무 편협하게 해석 적용함으로써 국민들에게 성적 금욕을 강요하게 된다. 그러므로 예이츠가 '미친 제인'을 화자 겸 주인공으로 설정했던 데에는 어느 누구도 거들떠보지 않는 지극히 주변화된 인물의 목소리를 빌려 그 당시 정치 종교 문화적 이데올로기를 비판하려는 의도가 숨겨져 있다는 것이다. 「미치광이 제인: 성 담론을 통한 예이츠의 사회 비판」, 『예이츠 저널』 14 (2000): 85-107 (86-9, 103-4).

25. 예이츠의 귀족적 성향과 함께 전통과 문학적 품격을 중요시하는 경향에 대해서는 이창배, 「예이츠의 귀족주의적 미학」, 『W. B. 예이츠 시 연구』, 422-54.
한편 이 시에 재현된 딸의 이미지는 모드 곤에 대한 시인의 갈망이 전이된 것으로, 시인 자신의 여성성의 표현이란 견해도 개진된 바 있다. 「예이츠 연애시에 나타난 양성론의 의미」, 『영어영문학』 47/3 (1997년 가을): 476-91.

이에 반하여, "딸을 위한 기도"는 팰러스 지배의 불안정성에 직면한 시인이 가부장적 이데올로기를 보존하기 위한 전략으로, "팰러스에 의한 여성의 식민화"(the colonization of woman by phallus) 의도를 드러낼 뿐이라는 해석 또한 제기된 바 있다. 구자광, 「Distaff or Broomstick」, 『예이츠 저널』 19 (2003): 32-42 (38).

26. 후기시에서 예이츠는 '상징'(symbol)이란 표현과 '표상'(emblem)이란 표현을 혼용하고 있는 듯하다. 그러나 폴 드 만(Paul de Man)이 예이츠론에서 정밀하게 분석하여 보여주듯이, 일견 상징처럼 보이는 후기시의 이미지들을 초기시의 "정체된" 상징들과 차별화하기 위해서는 그것들에 표상이란 명칭을 부여하는 것이 좋을 듯하다. 드 만에 의하면, 예이츠 후기시의 표상들은 '근원'(origin)과의 일치를 향한 시인의 갈망을 담고 있을 뿐, 결코 '근원'에 이르지 못하고 끊임없이 또 다른 표상들로 대치되며, 그 과정에서 그것들은 근원과의 간극과 차이만 드러낼 뿐이다. "Image and Emblem in Yeats" in *The Rhetoric of Romanticism*, 145-238 (201). 이 같은 맥락에서 드 만의 예이츠읽기를 정리 해설한 글로는 윤일환 교수의 "Yeats and Emblem: Reading Man's Reading of Yeats," 『예이츠 저널』 14 (2000), 153-66 (163) 쪽을 참조할 것.

27. 오히긴스에 대한 예이츠의 견해와 태도에 대해서는 Donald T. Torchiana, *W. B. Yeats and Georgian Ireland*, 181; Ellizabeth Cullingford, *Yeats, Ireland and Fascism*, 171-3, 187-8; F. S. L. Lyons, *Ireland Since the Famine*, 460, 487.

28. "Only when all permit the State to demand the voluntary or involuntary sacrifice of its citizen's lives will Ireland possess the moral unity to which England, according to Coleridge, owes so large a part of its greatness." *Explorations*, 338-9.

29. 예이츠의 '마스크 이론'을 다룬 국내학자의 연구로는 윤기호 교수의 「예이츠의 마스크 이론」이 가장 돋보인다. 윤일환 교수의 글과 함께 윤기호 교수의 글은 필자가 미처 다루지 못한 부분을 다루거나 또는 필자가 다루는 부분이라 하더라도 필자와는 다소 시각을 달리하여 다룸으로써 이 글과는 상호보완적 관계에 있다고 생각한다. 윤 교수에 의하면, 예이츠에게 인성(人性)과 의식(意識)은 언제나 갈등의 상태로 존재하는데, "예이츠의 인성관(人性觀)은 비록 그 출발점이 개인적인 차원에 머물고 있지만 점차 인식의 적용범위가 사회, 민족, 국가, 그리고 나아가 역사 및 우주로까지 확대된다." 예이츠의 '마스크 이론'이 확대 심화되면서 그것이 창조 원리로까지 발전하게 된 데에는 블레이크의 영향과 함께 니체의 영향이 절대적이었다고 한다. 『영미시의 수정주의적 접근』 323-47 (325-26).

30. "What youthful mother,…/ …/ Would think her son, did she but see that shape/

With sixty or more winters upon its head,/ A compensation for the pang of his birth,/ Or the uncertainty of his setting forth?" *VP*, 444. "…O Presences/That passion, piety, or affection knows/ And that all heavenly glory symbolize…/ O self-born mockers of man's enterprises." *VP*, 445.

31. "…the old drama, by which we mean here primarily that of the Renaissance, was the drama of great individuals, todays's is that of individualism. In other words, the realization of personality, its per se expression in life, could in no wise become a theme of earlier drama, since personality was not yet a problematic. It is, in the drama of today, the chief and most central problem." George Lukâcs, "The Sociology of Modern Drama" in *The Theory of Modern Stage* 433.

32. "My father once said to me that contemplative men had been for centuries in conspiracy to exalt their form of life, and I think I remember his denying that painter and poet were contemplative. I think I assert this when I assert that we hold down as it were on the sword's point what would, if undefeated, grow into the counter-truth, that when our whole being lives we create alike out of our love and hate." *Explorations*, 307.

"I think that all noble things are the result of warfare; great nations and classes, of warfare in the visible world, great poetry and philosophy, of invisible warfare, the division of mind within itself." *Essays and Introductions*, 321.

33. "He, too, has been changed in his turn,/ Transformed utterly:/ A terrible beauty is born." *VP* 477-8.

허현숙 교수가 이글턴(Terry Eagleton)에 기대어 적시한 바 있듯이, 부활절봉기의 주역들을 예찬하는 이 시의 선언적 진술에는 시인의 불안감이 내재되어 있다. 혁명에 대한 감동의 이면에는 혁명을 쉽게 받아들이지 못하고 망설이는 애매한 마음이 뒤따른다. "가공할 아름다움"이란 모순어법에 그 같은 불안감이 내재되어 있는데, "지나친" 조국애로 인하여 "돌처럼" 변해버린 혁명 전사들의 마음이 아일랜드 역사의 자연스런 흐름을 방해한다고 인식하는 마지막 부분에서 그 같은 불안감은 절정에 이른다는 것이다. 허현숙, 「Questioning and Mythmaking: 아일랜드 문제에 대한 예이츠와 히니의 시적 변용」, 157-8; Terry Eagleton, "Poetry, Pleasure and Politics" in *Against the Grain*, 173-80 (176).

34. '부활절 혁명'(Easter Revolution)의 여세를 몰아 '신 페인'(Sinn Féin) 당이 영국의 총선에서 압승을 거두자, 영국하원 소속 아일랜드 의원들은 곧바로 의원직 사퇴서를 제출하고(1918년 12월), 아일랜드 의회(Dáil Eiran)를 구성하여 아

일랜드가 공화국임을 선포한다(1919년 1월 21일). 이때를 전후하여 '영애전쟁'(Anglo-Irish War)이 발발하며, 영국에서 파병된 지원병력 'Black and Tans'와 'Auxiliaries'의 지원을 받은 정규군과 '공화군'(IRA) 사이에 피비린내 나는 보복전이 전개된다. 1919년 7월 휴전협정이 이루어진 뒤에 두 나라는 아일랜드의 지위 문제를 놓고 협상을 벌이는데, 아일랜드 측 협상의 주역은 아더 그리피스(Arthur Griffith)와 마이클 콜린스(Michael Collins)였다. '아일랜드 자유국'의 지위에 관한 협상 내용의 골자는 아일랜드가 영연방 소속의 '자치령'(Dominion)으로 남아 있으면서 영국 왕에게 '충성서약'(Oath of Allegiance)을 하는 동시에 몇 개의 항만을 영국의 조차지(租借地)로 인정하는 것이었다. 그러나 완전 독립을 주장하는 IRA와 함께 이몬 드 발레라(Eamon De Valera)가 이끄는 신페인당은 이 협상 내용에 격렬하게 반발한다. 아일랜드 의회가 64대 57로 '자치령'으로 남는 쪽에 찬성하자, 신 페인당 소속 의원들은 투표 결과에 불복하여 의원직을 사퇴하였고, 아일랜드 의회는 투표결과에 따라 협상안에 비준한다(1921년 12월). 그래서 '아일랜드 자유국'이 수립되고 그리피스 정권이 출범하는 와중에 아일랜드 정규군과 IRA 사이에 내전이 벌어지게 되는 것이다(1922년 1월). 초대 대통령 그리피스는 얼마 뒤에 심장마비로 사망하며, 마이클 콜린스도 정적들에게 암살된다. 1923년 5월에 영국과 코스그레이브(M. Cosgrave) 정권 사이에 휴전협정이 타결되지만, 아일랜드 정파들 간에 분쟁은 계속되었고, 1932년 2월 총선을 통해 '피아나 파일'(Fianna Fáil) 당이 승리하고 드 발레라가 집권하게 되자 아일랜드가 공화국임을 선포한다. 그러나 얼마 후 발레라가 정적들에게 암살되고, '푸른 제복'(Blueshirts)이라는 파시즘 운동이 한동안 기승을 부리는 가운데 아일랜드의 정치 불안은 계속된다. 북부 얼스터(Ulster) 지방을 제외한 26개 주가 '아일랜드 공화국'(Republic of Ireland: Eíre)으로 정식 인정받게 되는 것은 예이츠의 시신이 런던에서 슬라이고의 드럼클립 교회공동묘역(Drumcliff churchyard)으로 이장되는 시점인 1948년에 와서이다. Elizabeth Cullingford, *Yeats, Ireland and Fascism*, chapter 7: "In Time of Civil War" and chapter 11: "Blueshirts"; Peter Faulkner, *Yeats*, 14-6; Edware Malins, *A Preface to Yeats*, 41-2를 볼 것.

35. "The dialogue between self and shadows — whether antiselves or projections of the self-produced in "Meditations in Time of Civil War" a rich orchestration of personal and historical conflicts. The poem is a complex act of creation and self-judgment in the realm of the spiritualized soil." Thomas R. Whitaker, *Swan and Shadow*, 171.

36. "표상"을 통해 재현하려는 예이츠의 "의도"와 실재 언어 작용 간의 괴리/차이에 대한 드 만의 다음 결론은 눈여겨볼 만하다.

"They [Yeats's emblems] represent not only the sardonic counterpart of his most venerated 'holy things' but also, quite literally, the utterly worthless content of reality. The failure of the emblem amounts to total nihilism. Yeats has burned his bridges, and there is no return out of his exploded paradise of emblems back to a wasted earth. Those who look to Yeats for reassurance from the anxieties of our own post-romantic predicament, or for relief from the paralysis of nihilism, will not find it in his conception of the emblem [his intention]. He cautions instead against the danger of unwarranted hopeful solutions, and thus accomplishes all that the highest forms of language can for the moment accomplish." "Image and Emblem in Yeats" in *The Rhetoric of Romanticism*, 145-238 (238).

37. 라이언스(F. S. L. Lyons)의 표현을 빌리자면, 1920년대와 30년대 예이츠의 주제는 "켈트의 황혼"(Celtic twilight)에서 "앵글로 아이리시의 황혼"(Anglo-Irish twilight)으로 강조점이 바뀌었다고 할 수 있다. 활력을 상실한 아일랜드 귀족들을 신뢰할 수 없었던 예이츠는 스위프트(Swift), 버클리(Buckley), 버크(Burke), 골드스미스(Goldsmith), 그래턴(Grat- tan) 같은 18세기 앵글로 아이리시 지식인들로 이상적인 계급을 구성하여, 쇠락의 길을 걷고 있는 현재의 귀족계급을 자신의 의도에 따라 "지성귀족"(aristocracy of intellect)으로 왜곡 변형시킨다. "Yeats and the Anglo-Irish Twilight" in *Irish Culture and Nationalism*, 212:

"The Anglo-Irish, as an actuality as opposed to a symbol, had always been a disappointment to him in their arrogant noon; they were to be no less a disappointment in their submissive twilight." *Ibid.*, 218-9; "Thus, the eighteenth century gave Yeats models and symbols which provided him with the basis for rethinking his attitude not only to Ireland, but to the world at large. At bottom, his new heroes stood for the aristocracy of intellect, they were all, he thought, men who had fought against the barbarism and chaos of their age, just as Yeats felt recruited into his private war against the levelling and vulgar tendencies of the modern world which he equated with the rise of English Whiggery." *Ibid.*, 222.

윤정묵 교수도 앵글로 아이리시 지배계급의 몰락과 소외의 문제에 초점을 맞추어 예이츠의 희곡 작품을 고찰한 바 있다.「예이츠 희곡의 정치적 측면에 대한 고찰」,『예이츠 저널』10 (1999): 11-40 (34-6).

38. "His conception of aristocracy, however, both demanded the subordination of the individual and provided the nurturing ground on which the individual could be free of all subordination. This aristocracy was actually based on a tension between two related aristocratic modes: a supportive, secluded atmosphere of gracious plenty and cultural continuity, and the individual creativity and autonomy which flourished in it." Marjorie Howes, *Yeats's Nations*, 113.

39. 이 검은 예이츠가 1920년 3월에 강연 초청을 받고 샌프란시스코를 방문했을 때 평소 그를 숭배하던 일본인 문학애호가 사토(Junzo Sato)가 그에게 선물로 준 것이다. 그 당시 사토는 오리건 주 포틀랜드 시의 일본영사였다. Jeffares, *A New Commentaries*, 226.

40. "Metaphor therefore has a complex political status in Yeast's work. In terms of race, property, and politics, metaphor is the term for what Yeats values, a homogeneous people rooted to its ancestral ground, acting on timeless traditions and not contemporary impulse. But Yeats's own particular political position was at odds with these conditions. His own status in the predominantly Catholic state that was coming into being as he wrote the poems in The Tower depended on toleration of distinct minorities. His own ancestral class, it was becoming painfully clear, had achieved its prominence by breaking the ancestral hold of families over their land. Yeats thus finds himself caught between status and contract, kinship and pluralism, metaphor and metonymy." *Political Aesthetic*, 51.

41. "…all emotional unities [of this life of the historical association] find their definition through the image, unlike those of the intellect, which are defined in the logical process." *Explorations*, 273.

42. "We have here [in Ireland] popular leaders representing a minority but a considerable one, who mock at an appeal to the vote and may for a time be able to prevent it. One saw the same thing in Russia when the communists dissolved the constitutive assembly. […] In other words out of all this murder and rapine will come not a demagogic but an authoritative government." *Letters*, 681-2.

43. "I suppose that I must have put hawks into the fourth stanza because I have a ring with a hawk and a butterfly upon it, to symbolise the straight road of logic, and so of mechanism, and the crooked road of intuition: 'For wisdom is butterfly and not a gloomy bird of prey.'" *Varioum Poems*, 827; Jeffares, *A New Commentary*, 224.

    예이츠의 텍스트에서 상반된 요소들 간의 대립과 갈등은 변증법적으로 발전하기보다는 양극 사이에서의 순환적 움직임을 반복한다. 출렁이는 시인의 마음에서 비롯되는 순환적 움직임은, 블룸(Harold Bloom)도 지적한 바 있듯이, 예이츠의 한계를 드러내기보다는 오히려 예이츠에게 "지혜"와도 같은 예술적 에너지의 원천으로 작용한다. Yeats, 393-4, 397. 예이츠의 '성'(sexuality) 의식과 관련하여 변증법적 발전의 문제에 대해서는 한은원, 「예이츠 연애시에 나타난 양성론의 의미」, 『영어영문학』 47/3 (1997년 가을): 476-91 (474) 쪽을 참조할 것.

44. "…free verse is verse in which there is no form external to the contour which is projected by the subjective expression of the poet's experience." "Form and Pressure in Modern Poetry", *The Times Literary Supplement* 69 (1970), 1227. Joseph K. Chadwick, "Politics and Aesthetics of Tragedy", 179-80에서 재인용.

45. "All my life I have tried to get rid of modern subjectivity by insisting on construction and contemporary words and syntax. It was to force myself to this that I used to insist that all poems should be spoken (hence my plays) or sung." *Letters*, 892.

46. "Dying was once a public process in the life of the individual and a most exemplary one; […] In the course of modern times dying has been pushed further and further out of the perceptual world of the living. […] Death is the sanction of everything that the storyteller can tell. He has borrowed his authority from death. In other words, it is natural history to which his stories refer back." Walter Benjamin, "The Storyteller: Reflections on the Works of Nikolai Leskov" in *Illuminations*, 93-4.

47. "…the older tale, indeed the classical nineteenth-century novel as well, expressed a social life in which the individual was presented with single-shot, irreparable choices and opportunities. […] Whereas in the modern world (which is to say, in Western Europe and the United States), economic prosperity is such that nothing is ever really irrevocable in this sense: hence the philosophy of freedom, hence the modernistic literature of consciousness of which Sartre is here a theorist; hence also the decay of plot, for where nothing is irrevocable (in the absence of death in Benjamin's sense) there is no story to tell either, there is only a series of experiences of equal weight whose order is indiscriminately reversible." Fredric Jameson, *Marxism and Form*, 79. 김영희, 여홍상 옮김, 『변증법적 문학이론의 전개』.

48. 로젠탈(M. L. Losenthal)에 의하면 「내전기의 사색」에는 세 가지 어조가 주조를 이룬다. "급박한 힘의 언어"와 "무너지기 쉬운 고립과 뒤섞인, 영웅적 완강함의 언어", 그리고 "냉소적 아이러니의 언어"가 그것이다. 그런데 이 세 어조는 시인의 자아창조와 복잡하게 뒤섞이면서 미묘한 음영과 뉘앙스를 만들어 낸다. *The Modern Poetic Sequence*, 105.

49. 이 시의 우리말 번역으로는 이창배 교수님이 『예이츠 시의 이해』에서 「동요」란 제목으로 번역하고 해설을 붙인 바 있다. 필자가 "동요" 대신에 "출렁이는 마음"

으로 바꾼 것은 한자어를 병기하지 않을 경우 동요(童謠)로 받아들여질 가능성이 농후하며, "동요"(動搖)로 한자어를 병기한다 하더라도 사회적 동요인지 마음의 동요인지 의미 파악이 잘 되지 않기 때문이다. 그래서 필자는 "흔들리는 마음"으로 할까 "출렁이는 마음"으로 할까 망설이다가 일단은 "출렁이는 마음"으로 정하였다. 하지만 이 번역은 어디까지나 잠정적인 것이다. 이창배, 『W. B. 예이츠 시 연구』, 248-58.

50. "Also I heard the voice of the Lord saying, Whom shall I send, and who will go for us? Then said I, Here am I; send me. And he said, Go and tell this people, Hear ye indeed, but understand not;/ and see ye indeed, but perceive not." *Isaiah*, vi, 9. Jeffares, *A New Commentary*, 303.

51. 폰 휘겔은 『종교의 신비적 요소』(The Mystical Element of Religion: 1908)의 저자로 기독교적 비전은 예술가의 비전과 동일하다고 주장했던 가톨릭 신비주의 철학자이다. 언터레커(John Unterecker)는 예이츠가 기독교 사상에 매력을 느끼면서도 그것을 받아들일 수 없었던 사정을 이렇게 해석한다. "Christianity fascinated Yeats. Accepting all its miracles, he found only its rejection of the personal ultimately distasteful. for if he were to reject the personal, he would, Yeats felt, be rejecting the way of the artist, the only way open to him." "Choosing the path of the artist, the symbol of the sword and the green tree, Yeats makes his farewell in this poem to the temptations of Heaven, Reincarnation will be his 'predestined' Poet's part, life his theme." *A Reader's Guide*, 222, 223.

버지니아 무어(Virginia Moore)는 다양한 유형의 신비주의와 밀교(密教)가 예이츠에게 끼친 영향을 탐구하면서도 예이츠의 중심에는 어린 시절의 종교, 즉 기독교가 굳건히 뿌리를 내리고 있었다고 생각한다. *Unicorn*, chapter VII: "Was Yeats a Christian?"을 보기 바람. 이와는 대조적으로 블룸(Harold Bloom)에게 예이츠는 셸리의 맥을 잇는 '회의론자' 또는 '불가지론자'(agnostics)이다. 블룸은 예이츠가 BC 2600년경 알렉산드리아의 '마레오 호수'(Mareotic Seas) 주변에 번성했던 동방 원시종교, 즉 '발랜티누스 학파'(Valentinian School)에 속한다고 본다. *Yeats* 393; *Poetry and Repression* 212.

엘만(Richard Ellmann), 워른(Austin Warren), 레이드(B. L. Reid) 등 블룸이전 세대의 예이츠 학자들 대부분이 예이츠를 '영지주의자'(Gnostics) 혹은 '밀교신봉자'(occultist)로 본다는 점을 감안할 때, 언터레커나 무어의 견해는 매우 이례적이다. Ellmann, *Yeats: The Man and the Masks*, chapter V: "Combating the 'Materialists'" and chapter VII: "Michael Robartes and the Golden Dawn"; Warren, "Yeats: The Religion of a Poet" 236; Reid, *The Lyric of Tragedy* 196-200.

52. "Out of the eater came forth meat, and out of the strong came forth sweetness." *Judges*, x iv, 14.

53. 엘만은 이시의 마지막 구절과 관련하여 이렇게 말한다. "What Yeats does is not so much to repudiate the saint as to absorb him. He accepts the saint's point of view but regards it as partial." *Identity of Yeats*, 269.

54. 헤럴드 블룸의 예이츠 읽기는, 다른 글들에서도 그렇듯이, 대부분 난삽하고 황당해 보이면서도 때로는 번득이는 기지와 통찰을 보여주는 경우도 있다. 그런 점에서 "Vacillation" 전반에 대한 블룸의 다음 논평은 눈여겨보아야 할 대목이다. "Joy does not depart permanently from the Samsons of poetry, such as Homer, Shakespeare, Blake, in whose company Yeats desires to find himself. "Vacillation" is wisdom, or as much of wisdom as can be won through being a poet, because poetic realities, things that seem, are ceaselessly in flux. To cease to vacillate is to be struck dumb in the simplicity of fire, or as Yeats's only rival in modern poetry put it, never to know that fluttering things have so distinct a shade." *Yeats*, 397. 여기에서 예이츠의 경쟁 시인이란 월리스 스티븐스(Wallace Stevens)를 염두에 두고 하는 말인 듯하다.

55. 예이츠의 사유체계에서 어느 한 개인이나 집단 혹은 시대는 상상 가능한 것들 중에서 가장 도달하기 어려운 "영적 대립물"을 이상으로 설정하는데 그것이 곧 다이몬의 세계이다. 현세에서 인간은 자기와 정반대되는 영적 마스크를 설정하고 그것과의 일치를 위해 혼신의 노력을 기울이게 되지만 다이몬과의 통합은 사후에나 가능한 일이다.

   "…Daimon is our destiny. When I think of life as a struggle with the Daimon who would ever set us to the hardest work among those not impossible, I understand why there is a deep enmity between a man and his destiny, and why a man loves nothing but his destiny." "Anima Hominis" in *Per Amica Silentia Lunae*. *Mythologies* 336.

56. "Old Rocky Face"의 실체에 대해서는 학자들 사이에 이견이 분분하다. 저페어스(A. Norman Jeffares)는 이 인물을 셸리의 "Hellas"에 나오는 "유태인 동굴거주자 아하수에루스"로(Ahasuerus: *Man and Poet* 289; *A New Commentaries* 359-61), 무어(Virginia Moore)는 블레이크의 예언시에 나오는 유리즌(Urizen)의 변형으로(*The Unicorn* 420), 레이드(R. C. Reid)는 예이츠의 이상적 반자아인 "수척한 단테"(gaunt Dante)로 보지만(*The Lyric of Tragedy* 212), 필자는 엘만의 견해에 따라 그것을 델피의 신탁과도 같은 "예언시의 뮤즈"로 본다. *The Identity of Yeats*, 154.

57. "I do not doubt···that every movement, in feeling or in thought, prepares in the dark by its own increasing clarity and confidence its own executioner." 'Anima Hominis' in *Per Amica Silentia Lunae. Mythologies* 340.

58. "To me the supreme aim is an act of faith and reason to make one rejoice in the midst of tragedy. An impossible aim; yet I think it true that nothing can injure us." *Letters to Dorothy Wellesley*, 13.

59. "Immediate victory, immediate utility, became everything, and the conviction, which is in all who have run great risks for a cause's sake, in the O'Learys and Mazzinis as in all rich natures, that life is greater than the cause, withered, and we artists, who are the servants not of any cause but of mere naked life, and above all of that life in its nobler forms, where joy and sorrow are one, Artificers of the Great Moment, became as elsewhere in Europe protesting individual voices." "The Tragic Theatre" in The Cutting of an Agate. *Essays and Introductions* 260.

60. "[In certain moments] the player···ascended into that tragic ecstasy which is th best that art — perhaps that life — can give. [···] and we too were carried beyond time and persons to where passion, living through its thousand purgatorial years, as in the wink of an eye, becomes wisdom; and it was as though we too had touched and felt and seen a disembodied thing." "The Tragic Theatre" in The Cutting of an Agate. *Essays and Introductions* 239.

61. "Suddenly it strikes us that character is continuously present in comedy alone, and that there is much tragedy, that of Corneille, that of Racine, that of Greece and Rome, where its place is taken by passions and motives, one person being jealous, another full of love or remorse or pride or anger. [···] amid the great moments, when Timon orders his tomb, when Hamlet cries to Horatio 'Absent thee from felicity awhile,' when Antony names 'Of many thousand kisses the poor last,' all is lyricism, unmixed passion, 'the integrity of fire'." *ibid*., 240.

62. "I have heard Lady Gregory say, rejecting some play in the modern manner sent to the Abbey Theatre, 'Tragedy must be a joy to the man who dies.'" "A General Introduction to my Work" in *Essays and Introductions*, 523.

63. "The arts are all the bridal chambers of joy. No tragedy is legitimate unless it leads some great character to his final joy. Polonius may go out wretchedly, but I can hear the dance music in 'Absent thee from felicity awhile,' or in Hamlet's

speech over the dead Ophelia." *Explorations*, 449.

64. "I notice that you have much lapis lazuli; someone has sent me a present of a great piece carved by some Chinese sculptor into the semblance of a mountain with temple, trees, paths and an ascetic and pupil about to climb the mountain. Ascetic, pupil, hard stone, eternal theme of the sensual east. The heroic cry in the midst of despair. But no, I am wrong, the east has its solutions always and therefore knows nothing of tragedy. It is we, not the east, that must raise the heroic cry." *Letters to Dorothy Wellesley* 8-9.

65. "Three types of men have made all beautiful things. Aristocracies have made beautiful manners, because their place in the world puts them above the fear of life, and the countrymen have made beautiful stories and beliefs, because they have nothing to lose and so do not fear, and the artists have made all the rest, because Providence has filled them with recklessness. All these look backward to a long tradition, for, being without fear, they have held to whatever pleased them." "Poetry and Tradition," in The Cutting of an Agate. *EI* 251.

66. 이 시의 마지막 연에 대한 해석으로는, "예술가의 비전"을 재현하는 것으로 보는 김재봉 교수(「예이츠의 "청금석 부조"와 예술가의 비전」 147-52)와 "불교적 연기(緣起)의 예이츠적 변용"으로 보는 최희섭 교수(「"청금석 부조"의 비극적 환희와 불교」 127-33)의 글 이외에도, "죽음과 상상력의 관계"를 재현하는 것으로 보는 윤일환 교수의 해체론적 시읽기가 매우 참신하고 설득력도 있어 보인다. 「부재와 반복으로서의 죽음」 93-6.

67. "They [the Byzantine people] could copy out of old Gospel books those pictures that seemed as sacred as the text, and yet weave all into a vast design, the work of many that seemed the work of one, that made building, picture, pattern, metal-work of rail and lamp, seem but a single image; and this vision, this proclamation of their invisible master, had the Greek nobility, Satan always the still half-divine Serpent, never the horned scarecrow of the didactic Middle Ages." *A Vision* 280.

68. "…tragedy must always be a drowning and breaking of the dykes that separate man from man, and that it is upon these dykes comedy keeps house." *Essays and Introductions*, 241.

69. "An ideal separated from its opposite is lyrical, & its fantastic immobility palls upon us, but an ideal united to its opposite is tragic, & stays forever like the

poetry of Dante." 'Rapallo Note-book B'. *N. L. M. S.* 13, 597, Chadwick 221에서 재인용.

70. "I saw even more clearly than O'Leary that they were not good poetry.…but they had one quality I admired and admire: they were not separated individual men; they spoke or tired to speak out of a people to a people; behind them stretched the generations." *Essays and Introductions*, 510.

References

1. Primary Sources

The Variorum Edition of the Poems of William Butler Yeats. Ed. Peter Allt and Russell K. Alspach. New York: Macmillan, 1957: (*VP*)

The Variorum Edition of the Plays of William Butler Yeats. Ed. Russell K. Alspach. New York: Macmillan, 1966: (*VPl*)

Autobiographies. New York: Macmillan, 1965.

Essays and Introductions. New York: Macmillan, 1961: (*EI*)

Explorations. New York: Macmillan, 1962: (*Ex*)

Mythologies. London: Macmillan, 1971.

A Vision. Second Edition. New York: Macmillan, 1962.

Letters. Ed. Alan Wade. New York: Macmillan, 1955.

The Collected Letters of W. B. Yeats, Volume I: 1865-1895, eds. John Kelly and Eric Domville. Oxford: The Clarendon Press, 1986.

Memoirs, transcribed and edited by Denis Donoghue. London: Macmillan, 1972.

The Oxford Book of Modern Verse: 1892-1935. London and New York: Oxford University Press, 1936.

Uncollected Prose of W. B. Yeats, edited by John P. Frayne and Colton Johnson. Two Volumes. London: Macmillan, 1975. (*UP*)

Always Your Friend: The Gonne-Yeats Letters 1893-1938. Ed. Anna MacBride White and A. Norman Jeffares. New York and London: Norton, 1992. (*GYL*)

2. Secondary Sources

구자광. 「Distaff or Broomstick」. 『한국 예이츠 저널』 19 (2003): 32-42.

김영민. 「『비전』에 나타난 예이츠의 시론과 예이츠의 후기시」. 『영어영문학』 45/3 (1999년 가을): 535-560.

김재봉. 「예이츠의 "청금석 부조"와 예술가적 비전」. 『한국 예이츠 저널』 21 (2004): 137-155.

김철수. 『현대 영미시 연구』. 한신문화사, 1999.

_____. 「켈트의 황혼과 예이츠의 문화민족주의」. 『한국 예이츠 저널』 8 (1998): 109-132.

_____. 「전환기 예이츠의 문화민족주의(1899-1914)」. 『한국 예이츠 저널』 10 (1999): 129-150.

_____. 「예이츠의 문화민족주의 (1885-1914)」. 『현대 영미시 연구』. 한신문화사, 1999: 37-84.

김철수.「예이츠: "내전기의 사색"의 모순대립 구도」.『한국 예이츠 저널』16 (2001): 35-65.
서혜숙.「예이츠와 켈트 신화 속의 여성인물들」.『한국 예이츠 저널』 15 (2001): 7-28.
윤기호.「예이츠의 마스크 이론」.『영미시의 수정주의적 접근』, 강대건 외 공저. 한신문화사, 1995: 323-347.
윤일환. "Yeats and Emblem: Reading Man's Reading of Yeats."『한국 예이츠 저널』 14 (2000): 153-66.
______.「부재와 반복으로서의 죽음」.『한국 예이츠 저널』 18 (2002): 77-99.
윤정묵.『예이츠와 아일랜드』. 전남대학교출판부, 1994.
______.「미친 제인, 예이츠, 그리고 아일랜드」.『한국 예이츠 저널』 16 (2001): 93-120.
______.「예이츠 희곡의 정치적 측면에 대한 고찰」.『한국 예이츠 저널』 10 (1999): 11-40.
이창배.「예이츠의 귀족주의적 미학」.『W. B. 예이츠 시 연구』. 동국대학교 출판부, 2002: 422-454.
정영희.「윌리엄 예이츠와 셰이머스 히니의 초기시에 나타난 민족주의: 신화적 민족주의와 현실적 민족의식」.『영어영문학』 45/3 (1999년 가을): 717-741.
조미나.「예이츠 시에 나타난 "탑" 이미지 연구」.『영어영문학』 45/3 (1999년 가을), 671-695.
최희섭.「"청금석 부조"의 비극적 환희와 불교」.『한국 예이츠 저널』 21 (2004): 117-135.
한은원.「예이츠 연애시에 나타난 양성론의 의미」,『영어영문학』 47/3 (1997년 가을): 476-91.
허현숙.「미치광이 제인: 성 담론을 통한 예이츠의 사회비판」,『한국 예이츠 저널』 14 (2000): 85-107.
______.「Questioning and Mythmaking: 아일랜드 문제에 대한 예이츠와 히니의 시적 변용」.『예이츠 저널』 10 (1999): 151-67.
제임슨, 프레드릭.『변증법적 문학이론의 전개』. 김영희, 여홍상 옮김. 창작과비평사, 1984.
푸코, 미셸.『성의 역사: 앎의 의지』. 이규현 옮김. 나남출판사, 1990.

Anderson, Perry. *Lineages of the Absolutist State*. London: NLB, 1974.
Archibald, Douglas. *Yeats*. New York: Syracuse UP, 1984.
Barthes, Roland. *S/Z*. Trans. Richard Miller. New York: Hill and Wang, 1974.
Benjamin, Walter. "The Storyteller: Reflections on the Works of Nikolai Leskov." *Illuminations*. Ed. Hannah Arendt, Trans. Harry Zohn. New York: Schocken, 1969, 83-109.
Bloom, Harold. *Yeats*. New York: Oxford UP, 1970.
Chadwick, Joseph Keene. *Yeats: The Politics and Aesthetics of Tragedy*. Ph. D. Dissertation of The University of California at Berkeley, 1983.
Cullingford, Elizabeth. *Yeats, Ireland and Fascism*. London: Macmillan, 1981.
Daiches, David. *Poetry and the Modern World*. Chicago: University of Chicago Press, 1940.
Deane, Seamus. 'Heroic Styles: The Tradition of an Idea'. *Ireland's Field Day*. London:

Hutchinson, 1985.
De Man, Paul. *The Rhetoric of Romanticism*. New York: Columbia UP, 1984.
Donoghue, Denis. *We Irish: Essays on Irish Literature and Society*. New York: Knopf, 1986.
Eagleton, Terry. "Poety, Pleasure and Politics." *Against the Grain*. London: Verso, 1986: 173-180.
Ellmann, Richard. *Yeats: The Man and the Masks*. London: Faber, 1949.
_______. *The Identity of Yeats*. London: Macmillan, 1954.
Faulkner, Peter. *Yeats. Open Guide to Literature*. Milton Keynes: Open UP, 1987.
Flannery, James. *W. B. Yeats and the Idea of a Theatre*. New Haven: Yale University Press, 1976.
Forster, Roy. "Protestant Magic: W. B. Yeats and Spell of Irish History." *Yeats's Political Identities: Selected Essays*. Ed. Jonathan Allison. Ann Arbor: U of Michigan P, 1996: 83-106.
Foucault, Michel. *Discipline and Punish*. Trans, Alan Sheridan. New York: Random House, 1979.
_______. *The History of Sexuality: An Introduction*. Trans, Robert Hurley. New York: Penguin, 1981 (1976).
Fraser, Sir James George. *The Golden Bough: A Study in Magic and Religion*. Abridged Edition. New York: Macmillan, 1966 (1922).
Frayer, Grattan. *Yeats and the Anti-Democratic Tradition*. Dublin: Gill and Macmillan, 1986.
Harris, Daniel. *Yeats: Coole Park and Ballylee*. Baltimore: Johns Hopkins UP, 1974.
Heaney, Seamus. 'A Tale of Two Islands: Reflections on the Irish Literary Revival.' *Irish Studies, Volume I* (1980): 1-20.
Hone, Joseph. *W. B. Yeats*. Harmondsworth: Penguin, 1971.
Howes, Marjorie. *Yeats's Nations: Gender, Class, and Irishness*. Cambridge: Cambridge UP, 1996.
Jameson, Fredric. *Marxism and Form: Twentieth-Century Dialectical Theories of Literature*. Princeton: Princeton UP, 1971.
Jeffares, A. Norman. *A New Commentary on The Poems of W. B. Yeats*. New York: Macmillan, 1984 (1968).
_______. *W. B. Yeats: Man and Poet*. London: Routledge & Kegan Paul Ltd, 1966.
Keane, Patrick. *Terrible Beauty: Yeats, Joyce, Ireland, and the Myth of the Devouring Female*. Columbia: University of Missouri Press, 1988.
Kriegar, Marray. *The Tragic Vision*, New York: Holt, Rein- hart and Winston, 1960.
Lloyd, David. "The Poetics of Politics: Yeats and the Founding of the State." *Anomalous States: Irish Writing and the Post-Colonial Moment*. Durham: Duke UP, 1993: 59-87.
Losenthal, M. L. *Running to Paradise: Yeats's Poetic Art*. New York: Oxford UP, 1994.
_______. *The Modern Poetic Sequence: The Genius of Modern Poetry*. New York: Oxford

UP, 1983.
Lukåcs, George. "The Sociology of Modern Drama." *The Theory of the Modern Stage*. Ed. Eric Bentley. Harmondsworth: Penguin, 1968: 425-50.
Lyons, F. S. L. *Ireland Since the Famine*. London: Fontana, 1986 (1973).
_____. *Culture and Anarchy in Ireland: 1890-1939*. Oxford: The Clarendon Press, 1979.
_____. "Yeats and the Anglo-Irish Twilight." *Irish Culture and Nationalism, 1750-1950*. Ed. Oliver MacDonagh, W. R. Mandle and Pauric Travers. London: Macmillan, 1984: 212-238.
Malins, Edward. *A Preface to Yeats*. Harlowe, Essex: Longman, 1983.
Moor, Virginia. *The Unicorn: William Butler Yeats' Search for Reality*. New York: Octagon Books, 1973.
North, Michael. *The Political Aesthetic of Yeats, Eliot, and Pound*. Cambridge: Cambridge UP, 1991.
Parkinson, Thomas. *W. B. Yeats: The Later Poetry*. Berkeley: U of California P, 1964.
Perkins, David. *A History of Modern Poetry, Volume I: From the 1890s to the High Modernist Mode*. Cambridge, Mass.: Harvard University Press, 1976.
Regan, Stephen. 'W. B. Yeats and Irish cultural politics in the 1890s.' *Cultural politics at the fin de siecle*. eds. Sally Ledger and Scott McGracken. Cambridge: Cambridge University Press, 1995: 66-84.
Poulantzas, Nicos. *Political Power and Social Classes*. Trans. Timothy O'Hagan. London: NLB, 1973.
Reid, B. L. *William Butler Yeats: The Lyric of Tragedy*. Norman: U of Oklahoma P, 1961.
Said, Edward W. Yeats and Decolonization. Derry: Field Day, 1988.
___. *Culture and Imperialism*. London: Chatto and Windus, 1993.
Stanfield, Paul Scott. Yeats and Politics in thc 1930s. London: Macmillan, 1988.
Torchiana, Donald T. *W. B. Yeats and Georgian Ireland*. Evanston: Northwestern UP, 1966.
Unterecker, John. *A Reader's Guide to W. B. Yeats*. London: Thames and Hudson, 1969
Vickery, John B. *The Literary Impact of* 'The Golden Bough'. Princeton: Princeton UP, 1973.
Warren, Robert Penn. "William Butler Yeats: The Religion of a Poet." *The Permanence of Yeats*. Ed. James Hall and John Steinmann. New York: Macmillan, 1950. 223-236.
Williams, Raymond. *Modern Tragedy*. Stanford: Stanford UP, 1966.
Wilson, F.A.C. *W.B. Yeats and Tradition*. London: Methuen, 1958.
Whitaker, Thomas. *Swan and Shadow: Yeats's Dialogue with History*. Chapel Hill: U of North Carolina P, 1964.
Young-Suk, Rhee. *The Poetics of Etherealization: Female Imagery in the Work of W.B. Yeats*. Thesis of U of Lincoln-Nebraska (1985).

제2부

William Butler Yeats

번역시선

『교차로』(1889)

1. 행복한 목동의 노래

아카디아의 숲은 죽었고
그 옛날 즐거움도 모두 사라져 버렸네.
옛 사람들은 꿈을 먹고 살았으나
이제는 잿빛 진리가 색칠한 장난감.
그럼에도 세인들은 여전히
피곤한 머리를 아카디아 쪽으로 돌리네.
그러나 아, 세상의 병든 자녀들이여,
크로노스의 파열적인 노랫가락에 맞춰
을씨년스럽게 춤추며 우리 곁을 지나는
변화무쌍한 온갖 일들 가운데서,
오로지 언어만이 신뢰할 수 있는 것.
전쟁에 몰두하는 왕들은 지금 어디에 있나?
언어를 비웃는 그들은? — 정말로,
전쟁에 몰두하는 왕들은 지금 어디에?
이제는 빈둥대는 언어가 그들의 영광,
초등학교 어린이가 더듬거리며 읽는
얽히고설킨 이야기를 서술하는 언어가.
그 옛날 왕들은 모두 사라져 버렸네.
방랑하는 대지의 여신조차도

갑작스레 타오르는 불길의 언어에 불과할 지도 모르지.
인간의 끝없는 환상을 괴롭히는,
일순간 소란한 공간에서 들리는 저 불길의 언어.
그러니 덧없는 인간의 행위를 숭배하지 말라.
진실로, 진리를 열렬히 갈구하지도 말라,
그대의 힘겨운 노력이
새로운 꿈을 잉태해서는 안 되기에. 진리는
오직 그대 가슴속에 보금자리를 마련한다.
그러니, 이 또한 참일지니,
볼록거울을 가지고 별을 좇는
천문학자의 지식도, 그들의 언어도 추구하지 말라.
그들의 심장은 차가운 별독(毒)으로 산산조각이 나,
이제 인간적인 진실은 모두 사라져 버렸다.
그러니 콧노래 흥얼대는 해변으로 가서
메아리 품은, 뿔처럼 꼬인 바닷고동 주워 모아
그 입술에다 대고 그대 얘기 들려 주렴아.
그러면 조가비가 그대의 위로자 되어줄 지니,
그것은 잠시나마 환희에 찬 가락으로
그대의 짜증 섞인 언어에 보답하고
마침내 노래하며 슬픔 속으로 잦아들어
진주 머금은 조가비로 죽을지니. 노래하라,
진실로, 언어만이 가장 신뢰할 수 있는 것이기에.

나는 가야만 하리, 수선화 백합 물결치는 곳,
그 곳에 무덤 하나 있어,
먼동이 트기 전에 환희의 노래로

땅 속에 묻힌 목신(牧神)을 위로해야겠네.
시끌벅적하던 그의 나날들은 환희로 넘쳐났었지.
그래서 지금도 여전히 나는 꿈꾸며 노래한다네,
목신(牧神)과 함께
이슬 맺힌 풀밭을 유령처럼 오가며,
늙은 대지의 꿈결 같은 청춘을 예찬하는 노래를.
그러나 아! 이제는 대지마저도 꿈꾸지 않누나.
그대 이마에 서린 양귀비꽃 그토록 아름다우니,
그대여, 꿈꾸라! 꿈꾸라! 꿈꾸라!
그러면 그 꿈은, 진실로,
상처 난 그대 마음 어루만져 주리니.

2. 슬픈 목동

자기 친구를 '슬픔'이라 이름 붙인 한 사내가 있었으니,
그 사내는 멋진 친구 '슬픔'을 생각하며,
파랑 너울 춤추는 곳, 반짝이며 웅얼대는 백사장 따라,
천천히 걸어가고 있었다. 그는 별무리를 향해,
창백한 옥좌에서 허리 굽혀 속세를 내려다보며
자기를 위로해 달라고 큰 소리로 호소했건만,
별들은 깔깔대며 노래만 불러댈 뿐이었다.
그러자 자기 친구를 '슬픔'이라 이름 붙인 그 사내가 소리쳤다.
"어스레한 바다여, 너무나 슬픈 내 사연에 귀 기울여 주오!"
그러나 바다는, 산에서 산으로 꿈결 속을 굴러가듯,

그 옛날의 호령만 내지르며 밀려왔다.
그래서 그는, 제왕 같은 바다의 박해로부터 도망쳐 나와,
머나먼 곳, 포근한 계곡에서 발을 멈추고,
반짝이는 이슬방울들에게 자기 사연을 모두 털어놓았다.
하지만 이슬방울들은 아무것도 알아듣지 못했다.
그들은 자신들의 소리에만 귀 기울이는 존재들이었기 때문이었다.
그래서 '슬픔'이 친구인 그 사내는 다시 해안을 찾았고,
거기서 조가비 하나를 발견하고는, 이런 생각을 하였다.
"내 슬픈 사연을 이 조가비에게 들려줘야겠다,
내 언어가, 메아리 되어, 진주 머금은 텅 빈 내 가슴에,
슬픈 사연을 되돌려 보낼 때까지.
그러면 내 사연은 나를 위해 다시 노래 부르겠지,
그러면 속삭이는 내 언어가 나에게 위안이 되겠지,
그러면 아! 예전의 그 무거웠던 짐도 가벼워지겠지."
그러나 호젓한 바닷가의 슬픈 거주자인 조가비는,
'슬픔'이 친구인 이 사나이 따위는 까맣게 잊은 채,
이 사나이가 부르는 노래 사연 모두를,
소용돌이치는 파도가 포말로 부서지는 가운데,
알아들을 수 없는 신음소리로 바꾸어 놓았다.

3. 조락(凋落)의 계절

가을은 우리 사랑이 깃든 나뭇잎에 치렁치렁 드리웠고,
보릿단 속 들쥐에게도 가을은 어김없이 찾아왔네.

우리 머리 위 마가목 잎사귀들도,
촉촉이 젖은 산딸기 잎사귀들도 노랗게 물들었네.

사랑이 기우는 시간이 우리를 감싸고,
슬픈 우리 영혼은 너무나 피로에 지쳐 있네.
그러니 이제 우리 헤어집시다, 열정의 계절이 우리를 잊기 전에,
그대의 처진 이마에 한 번의 입맞춤과 눈물 한 방울 드리우리니.

4. 무상(無常)

“그대 사랑 기울고 있기에,
한때는 날 지겨워하지 않던 그대 눈망울이
슬픔에 겨워 떨리는 눈꺼풀 아래 잠겨 있군요.”
그러자 그녀는: “우리 사랑 비록 기울고 있지만,
한 번 더 외로운 호숫가로 가 보아요.
열정이 지친 아이 마냥 잠들어 있는 이 부드러운 시간에
우리 함께 외로운 호숫가로 가 보아요.
별들은 너무나 멀어 보이고,
우리의 첫 입맞춤도 까마득한 옛 일인 듯,
아, 내 마음 너무나 늙어버렸네요.”

생각에 잠겨 그녀 손잡고 시든 나뭇잎 따라 걸어가면서
그는 천천히 대답하였네:
“열정이 속절없는 우리 마음 시들게 했다오.”

숲이 그들을 에워싸고, 노란 잎사귀들이
어둠 속 가냘픈 유성들 마냥 속절없이 떨어지고,
그리고 한 번은 늙은 산토끼 한 마리가
절뚝거리며 길 따라 느릿느릿 기어갔다.
산토끼 위에도 가을이 드리우고,
그들은 또다시 외로운 호숫가에 서 있었다.
그가 고개를 돌리자, 말없이 주워 모은 잎사귀들을,
그녀의 눈망울처럼 이슬 맺힌 죽은 잎사귀들을,
가슴속으로 밀어 넣는 광경이 눈에 들어왔다.
그래서 그는 이렇게 말했다: "아, 슬퍼 말아요.
우리 비록 피로에 지쳐 있어도
또 다른 사랑이 우리를 기다리고 있으니.
미워하고 사랑하며 남은 세월을 함께합시다.
우리 앞에는 영원이 펼쳐져 있고,
우리 영혼은 사랑이자 끊임없는 이별인 것을."

5. 잃어버린 아이

호숫가 슬룩우드 바위투성이 고지대가
물에 잠기는 곳,
거기에 나뭇잎 우거진 섬 하나 누워 있으니,
왜가리가 날개 퍼덕이며
졸음에 겨운 물쥐를 깨우는 곳.
거기에다 그들은 숨겨두었네,

산딸기 가득한 요정술통을,
붉디붉은 버찌 요정술통을.
“가자, 오 인간의 아이야!
물가로 황야로 손에 손 잡고,
세상은 불가해한 눈물로 가득 차 있으니.”

흐릿한 잿빛 모래가 달빛 파도에 씻겨
반짝반짝 윤기를 발산하는 곳,
저 멀리 로씨스 근처에서
우리는 밤새 발을 담그지.
그 옛날 춤사위를 펼치며
달이 도망칠 때까지
손을 뒤섞고 눈맞춤 하며
이리 팔딱 저리 팔딱 뛰어다니며
포말 거품을 쫓아다니지.
그러는 동안에도
고통에 짓눌린 세인들은
불안한 잠을 청해야만 하네.
“가자, 오 인간의 아이야!
물가로 황야로 손에 손 잡고,
세상은 불가해한 눈물로 가득 차 있으니.”

방랑하는 계곡물이
글렌가 너머 산에서 뿜어져 나오는 곳,
별 하나 멱 감길 수 없으리만치
옅디옅은 물웅덩이 골풀 사이로

졸음에 겨운 송어를 찾아다니고,
여린 시냇물 위로 눈물 흘리는
고사리나무에 가만히 기대어,
송어들이 불안한 꿈 꾸도록
그들의 귀에다 속삭이지.
"가자, 오 인간의 아이야!
물가로 황야로 손에 손 잡고,
세상은 불가해한 눈물로 가득 차 있으니."

우리와 함께 그 아이 가네,
눈을 부릅뜬 그 아이가.
그 아이 더 이상 듣지 못 하리,
포근한 산허리 망아지 울음소리도,
난로 위 주전자의 평온한 노랫소리도.
귀리 뒤주 속을 빙글빙글 맴도는
갈색 생쥐의 모습도 볼 수 없으리.
"인간의 아이는 가고 있다네,
물가로 황야로 손에 손 잡고,
슬픔 가득한 불가해한 세상일랑 뒤에 남겨둔 채."

6. 호수 속의 섬으로

수줍은 님이여, 수줍은 님이시여,
내 가슴 속의 수줍은 님이시여,

그대는 저 멀리서 생각에 잠긴 채
불빛 속을 이리저리 오가네.

그대는 요리를 마련하여
식탁에 가지런히 차려 놓는구려.
호수 한가운데 어느 섬으로
그대와 함께 가야겠네.

그대는 촛불을 가져와서
커튼 드리운 방을 밝히는구려.
문 앞에서도 수줍어하고
어둠 속에서도 수줍어하네.

산토끼마냥 수줍음이 많은 그대,
온정이 넘치는 수줍은 그대.
호수 한가운데 어느 섬으로
그대와 함께 날아가야겠네.

7. 버들원(柳苑)에서

버들원에서 나는 님을 만났지요. 그녀는
눈처럼 하얀 앙증맞은 발로 버들원을 거닐며 나를 달랬지요,
나무에 나뭇잎이 자라나듯이 사랑도 쉽게 생각하라고.
하지만 난 젊고 어리석었기에, 그 말을 받아들일 수 없었답니다.

버들원 강가에 나는 님과 함께 서 있었지요. 그녀는
비스듬히 기운 내 어깨에다 눈처럼 하얀 손을 얹고서 타일렀다오,
강둑에 풀이 자라나듯이 사는 것도 쉽게 살아가라고.
하지만 난 젊고 어리석었기에, 이제는 눈물만 가득하답니다.

『장미』(1893)

8. 시간의 십자가에 핀 장미에게

내 인생의 지표(指標)이신 붉은 장미여!
자부심 넘치는 슬픈 장미여!
내게 가까이 다가오소서,
그 옛날 일들을 노래하는 동안에.
성난 파도와 싸우는 쿨린에 대하여.
숲에서 자란, 고요한 눈매의,
백발의 마법사 드루이드에 대하여.
그는 퍼거스 주위에 꿈과 함께
듣도 보도 못한 파멸을 흩뿌렸지요.
그리고 그대 자신의 슬픔에 대하여.
은신발 신고 바다에서 춤추다 늙어버린 별들은
고적한 고음으로 그대 슬픔 노래하지요.
가까이 오소서, 사랑과 미움의 나뭇가지 아래서,
가엽고 아둔한 하루살이들 가운데서,
그대 영원미가 소요하는 모습 볼 수 있도록.

가까이, 가까이, 가까이 오소서 — 하지만 아,
그대 장미 숨결 느낄 수 있도록 거리 조금 두소서!
하찮은 생물들이 내지르는 갈망의 소리와

작은 동굴 속에 몸을 웅크린 나약한 벌레와
내 코앞에서 수풀을 헤치며 내달리는 들쥐와
고역 속에 살아가는 인간들이 내쉬는 거친 숨결이
더 이상 내 귀에 들리지 않게 되는 일이 없도록.
하느님이 죽은 이들의 빛나는 가슴에다 들려주던
그런 이상야릇한 말이나, 중생들이 이해 못하는
그런 언어만을 노래하지는 않으리이다.
가까이 오소서, 세상 떠날 시간이 되기 전에
그 옛날 에이레의 영웅담을 노래하리니,
내 인생의 지표(指標)이신 붉은 장미여!
자부심 넘치는 슬픈 장미여!

9. 호수섬 이니스프리

나 이제 일어나 가리라, 이니스프리로 가리라.
가서 잔가지 엮고 진흙 발라 오막살이 하나 지으리.
아홉 이랑 콩밭 갈고, 벌통 하나 마련하여,
벌이 잉잉대는 숲 속의 빈터에 나 홀로 살리.

그러면 내게 평화가 찾아오겠지. 평화는 천천히 방울져 내리기에,
아침이 너울 벗을 때부터 귀뚜라미 울음 우는 저녁때까지.
거기에선 한밤중에도 온 세상이 은은히 빛을 발하고,
한낮에는 자줏빛 일렁이고, 저녁이면 방울새 날갯짓 가득하지.

나 이제 일어나 가리라, 밤이나 낮이나 내 귓전에
호숫가 찰랑이는 물소리 나지막이 들리기에.
대로상에서도 잿빛 보도에 서 있을 때도
아! 그 소리 언제나 가슴속 깊이 저며드네.

10. 사랑의 슬픔

처마 밑에 참새들의 소란스런 지저귐,
휘영청 밝은 달과 우윳빛 하늘,
나뭇잎에 깃든 자연의 조화,
그 모두가 세상의 아귀다툼을 지워버렸지.

그러다 붉은 입술의 슬픔 간직한
어떤 처녀가 내 앞에 나타났다네,
영웅시대의 한 많은 세상을 품은 어떤 처녀가.
배 타고 힘겹게 항해하던 오디세우스,
신하들과 함께 죽어간 프리아모스,
그들처럼 자부심 넘치는 어떤 처녀가.

그녀가 나타나자 바로 그 순간,
요란한 처마, 텅 빈 하늘에 떠오르는 달,
나뭇잎이 들려주는 그 모든 탄식은
인간의 아귀다툼으로만 여겨질 뿐.

11. 그대 나이 들어

그대 나이 들어 백발이 성성하고 잠도 많아질 때,
그래서 난롯가에서 꾸벅꾸벅 졸음이 올 때면,
이 시집을 꺼내어 천천히 읽으며 추억에 잠기시라.
한때 그대 시선에 서렸던 부드러움과 눈 가의 짙은 그늘,
진실된 또는 거짓된 사랑으로
발랄하고 우아한 그대 모습 사랑했던 수많은 이들,
그러나 오직 한 사람, 그대 마음속 순례하는 영혼과
그대 얼굴에 깃든 슬픔까지도 사랑했음을 기억하라.
그리고 벌겋게 달아오른 쇠창살 옆에 허리 구부린 채
조금은 슬픈 어조로 중얼거리시라,
사랑은 저 멀리 산 너머로 황망히 도망쳐 달아나
별 무리 사이로 얼굴 숨겨버렸음을.

12. 흰 물새

우리가 바다의 포말 위에 떠 있는 흰 물새라면, 님이여!
유성이 사라지기도 전에 우리는 그 불꽃이 지겨워지네요.
황혼녘 하늘가에 낮게 드리운 푸른 별의 불꽃도, 님이여,
우리 가슴속에 가시지 않은 슬픔만 일깨웁니다.

이슬 맺힌 백합과 장미, 꿈꾸는 꽃들도 피로에 지쳐 있으니,
아, 님이여, 꿈꾸지 마소서, 떨어지는 유성의 불꽃,

이슬방울에 낮게 드리운 채 머뭇거리는 푸른 별의 불꽃도.
떠도는 포말 위 흰 물새로 변할 수만 있다면, 그대와 나는!

다난의 수많은 섬과 해안들이 내 마음 속을 떠나지 않네요,
'시간'도 우리의 존재를 잊고, '슬픔'도 다가오지 않는 그곳이.
우리가 바다의 포말 위에 떠 있는 흰 물새라면, 님이여,
장미와 백합, 불꽃의 너울거림으로부터 멀어질 수 있으련만!

13. 퍼거스와 함께 가는 이 누구인가

이제 누가 가서 퍼거스와 함께 마차 몰려나?
깊은 숲 넝쿨 우거진 그늘을 지나
펑퍼짐한 해변에서 춤을 추려나?
젊은이여, 상기된 그대 이마 치켜들어라,
아가씨여, 부드러운 그대 눈꺼풀 들어 올려,
더 이상 희망과 두려움에 잠기지 말라.

다시는 더 이상 고개를 돌리지도 말고
사랑의 쓰라린 신비를 생각지도 말라.
퍼거스가 청동마차 타고 군대를 호령하고,
퍼거스가 그늘진 숲을 지배하고,
아련한 바다의 하얀 젖가슴과
집시처럼 방랑하는 별 모두를 지배하기에.

14. 요정의 나라를 꿈꾼 사나이

드로메르에서 그는 사람들 틈에 끼어 서 있었다.
그의 마음은 온통 비단옷에 쏠려 있었고,
땅의 냉혹한 돌봄을 받을 때가 돼서야 비로소
그는 모종의 사랑을 할 수 있게 되었다.
하지만 어떤 사내가 물고기를 바구니에 쏟아 붓자
그 물고기들은 조그만 은빛 머리를 치켜들고
노래하는 것 같았다, 아침이 혹은 저녁이
세상에서 잊혀진, 점점이 뒤엉킨 섬 위로
황금 햇살 쏟아 붓는 광경을.
그 섬 주민들은 넘실대는 바닷가에서 사랑을 나누고,
나뭇가지 엮어 지은 불변(不變)의 집 지붕 아래서는
'시간'도 연인들의 언약을 손상시킬 수 없음을.
그 노래를 듣고, 마음의 평화가 사라져 버렸다.

리사델 모래밭을 배회하고 있을 때 그의 마음은
돈과 관련된 걱정거리와 두려움에서 헤어나지 못했다.
그러다 사람들이 그의 무덤을 쌓기 얼마 전에야 비로소
그는 몇 해를 차분하게 지낼 수 있었다.
하지만 그가 어느 습지 앞을 지나가고 있을 때
갯지렁이 한 마리가 흙투성이 입으로 노래했다,
북쪽 또는 서쪽 또는 남쪽 어디엔가
금빛 혹은 은빛 하늘 아래
유쾌하고 부드러운 종족이 살고 있다고,
춤꾼이 춤에 굶주린 발을 멈추면

해와 달이 나무에 달린 과일로 보인다는 내용이었다.
그 노래를 듣고 그가 좀 더 현명해진 것은 아니었다.

스카나빈 우물가에서 그 사나이는
자기를 비웃는 이들을 때문에 상념에 잠겨 있었다.
칠흑 같은 대지가 그의 몸을 집어삼킬 즈음
갑작스런 복수는 분명 마을의 화젯거리가 되리라.
하지만 웅덩이 옆에서 조그만 마디풀이 노래했다,
— 그토록 잔인한 목소리로 노래할 건 뭐람, 쩝 —
그 옛날 정적이 선민들에게 기뻐하라 명한 그곳에선
머리 풀어헤친 시냇물이 용솟음치다 떨어지고,
집채만 한 은빛 파도가 금빛 낮을 괴롭히고,
그곳에선 한밤중이 그들을 양털처럼 감싸고,
연인과 연인이 평화롭게 사랑 속삭이는 광경을.
그 이야기는 그의 성난 기분을 달래주었다.

그 사나이는 록나골 산기슭에서 잠이 들었다,
산이 물안개 터번을 쓴 가파른 산기슭에서.
대지가 인간과 사물 모두를 사로잡고 있었기에
마침내 그는 잠을 푹 잘 수도 있었으리라,
그의 뼈 주위를 요리조리 기어 다니는 벌레들이
갈대피리 소리로 끊임없이 선언하지 않았던들.
'하느님'께서는 손가락을 하늘에 올려놓으셨고,
그 손가락으로부터 눈부신 여름햇살이
넘실대는 파도와 바닷가 춤꾼 위로 쏟아져 내림을.
하지만 아, 떠나간 사랑을 아쉬워 않는 연인이,

'하느님'이 '자연'을 입맞춤으로 불태워버릴 때까지,
꿈속을 헤매어야 하는 까닭은 어디에 있나?
무덤 속에서 그는 아무런 위안도 얻을 수 없었다.

15. 연금수혜자의 탄식

나 비록 지금은
부러진 나무 밑에서 비를 피하고 있으나,
'시간'이 내 모습 바꾸어 놓기 이전에는,
사람들이 여럿 모여
사랑이나 정치 얘기를 나눌 때면
내 의자가 벽난로 가장 가까이 놓여 있었지.

젊은이들은 모종의 음모를 꾸미려고
다시금 미늘창 만드느라 바쁘고,
정신 나간 녀석들은 인간의 횡포에 저항한답시고
분노를 한껏 발산하지만,
나의 사색은 어디까지나
날 변화시킨 '시간'에 초점이 맞춰져 있다네.

부러진 나무를 향해 얼굴 돌리는
그런 여자란 찾아볼 수 없지.
하지만 내 기억 속에는
내가 사랑했던 아름다운 여성들이 자리 잡고 있다네.

그래서 나는
날 변화시킨 '시간'의 얼굴에다 침을 뱉는다.

16. 두 그루의 나무

님이여, 그대 가슴속을 들여다보소서,
거기에 성스런 나무가 자라고 있으니.
기쁨에서 성스런 가지 자라나고,
가지엔 꽃들이 한들한들 피어나지요.
시시각각 색깔 바꾸는 열매는
별들에게 즐거운 빛을 선물하고,
숨겨진 뿌리의 단단함은
밤 속에 고요를 심어놓았네요.
무성한 꼭대기가 흔들리자
아름다운 가락이 파동치고,
내 입술과 음악이 하나 되어
그대를 위한 마법의 노래를 흥얼댑니다.
거기서 연인들은 원무를 추지요,
그 예날 나뭇잎 우거진 곳에서
이리저리 빙글빙글 돌며 추던 원무를,
하루하루를 불길로 치솟게 했던 원무를.
그들의 흩날리는 머리칼과
날개달린 신발의 날렵한 동작을 생각할 때
그대 눈엔 부드러움이 넘쳐나지요.

그러니 님이여, 그대 가슴속을 들여다보소서.

교활한 악령들로 들끓는 그 불길한 거울 속을
더 이상 들여다보지 마소서.
악령들이 지나갈 때 그 악령들을 드러내 보이거나,
아니면 잠시 동안만 들여다보소서.
거기엔 폭풍 휘몰아치는 밤의 치명적인 이미지가,
쌓인 눈 아래 반쯤 숨겨진 뿌리들이,
부러진 가지와 검게 변한 나뭇잎들이 자라고 있기에.
악령들이 지배하는 그 흐릿한 거울 속에서는,
그 옛날 하느님이 잠들었을 적에 만들어진,
불행한 일들로 넘쳐나는 그 거울 속에서는,
불길한 일들이 크나큰 불행으로 귀착되기에.
악령들은 잔인한 발톱과 굶주린 목구멍을 드러내고
이리저리 빙글빙글 날아다니며 고함질러 대거나,
아니면 아, 이를 어쩌나! 바람을 막고 서서
볼썽사나운 날개를 퍼덕입니다. 그러니 님이여,
그 불길한 거울 속을 제발 들여다보지 마소서.

17. 다가오는 시대의 아일랜드인들에게

아일랜드인들의 상처를 어루만져 주기 위해
민요와 이야기, 란과 노래를 읊조렸던 가인(歌人)들,
나는 그들의 진정한 형제로 기억되기를 바라노라.

나 결코 그들만 못하지도 않으리니,
천사의 무리가 창조되기 이전에 역사가 시작된 아일랜드여,
나의 책들은 온통 그대 붉은 장미 장식들로 치장되었네.
'시간'이 길길이 날뛰며 고함을 지르자
아일랜드의 심장이 고동치고
사지가 경쾌하게 규칙적으로 움직이기 시작하였네.
그때 '시간'은, 그 경쾌한 발놀림을 비추기 위해,
세상의 모든 초들을 향해 촛불을 밝히라 명하였지.
그래서 나는 바라노라, 아일랜드 사상가들이
평온한 율동, 차분한 고요에 대하여 사색하기를.

또한 나는 데이비스, 망간, 퍼구슨보다
열등한 시인으로 비쳐지지 않기를 바라노라,
올바르게 사색하는 이에게 내 시는
육체가 잠들었을 때 심연 속에서 발견한
그런 것들에 관하여 더 많이 이야기하기에.
혼란스런 마음으로부터 황망히 나와
물과 바람 속에서 길길이 날뛰며 고함지르는
원초적 피조물들이 내 책상 주위를 오가네.
하지만 사람들의 시선을 끌게 되는 것은
자로 잰 듯 우아한 걸음걸이인 것을.
인간은 붉은 장미 가두리장식을 추구하며
그 원초적 피조물들과 늘 함께 여행한다네.
아, 달빛 아래서 춤추는 요정들이여,
아, 드루이드의 나라, 드루이드의 곡조여!

내가 할 수 있는 동안에 나는, 그대를 위해
내가 경험한 사랑, 내가 아는 꿈의 시를 지으리라.
태어난 날로부터 죽는 날까지는
눈 깜짝할 순간에 불과할 뿐.
우리들, 우리의 노래와 우리의 사랑,
'시간'이란 심판관이 불빛 비추어 보여주는 것,
내 책상 주위를 오가는 어둠 속의 존재들,
그 모든 것들이, 진리를 불사르는 황홀에 잠겨,
사랑의 장소도 꿈의 장소도 아닌 곳으로
쉬지 않고 나아가네,
'하느님'은 하얀 발걸음으로 우리 곁을 지나가기에.
그래서 나는 내 마음을 시 속으로 내던진다네,
내가 붉은 장미 가두리장식 쫓아 그들과 함께 걸어갔음을,
아련히 다가오는 시대에, 그대에게 알려주기 위하여.

『갈대밭에 이는 바람』(1899)

18. 요정의 무리

요정의 무리가 녹나리에서 내달려
클루나바의 무덤 너머로 질주하고,
킬처는 불타는 머리칼 흩날리고,
니아브는 이렇게 소리 지르네:
"가자, 자, 가자.
너희들의 가슴에서 속세의 꿈 비워라.
바람이 일고, 나뭇잎이 흩날리고,
뺨은 창백하고, 머리 풀어 헤치고,
가쁜 숨 몰아쉬고, 눈은 빛을 발하고,
벌어진 입술에다, 팔을 휘저어대며,
몰려다니는 우리를 누군가 보면,
우리는 그와 그의 일 사이에 끼어들고,
그와 그의 희망 사이에 끼어들지."
낮과 밤 사이에 몰려다니는 요정들처럼
멋진 희망 활기찬 행동이 어디 있으랴.
킬처는 불타는 머리칼 휘날리고,
니아브는 "가자, 자, 가자" 소리 지르네.

19. 방랑하는 엥거스의 노래

가슴속에 불길 타오르기에
개암나무 숲으로 달려가서는
개암나무 가지 잘라 껍질 벗겨서
낚싯줄에 산딸기 미끼 달았지.
하얀 나방이 날아다니고
나방 같은 별들이 너울 접을 때
딸기미끼 시냇물에 내던져서는
조그만 은빛 송어 사로잡았네.

그것을 바닥에 내려놓고는
불 지피려 이리저리 둘러보는데
무언가 옆에서 바스락 소리
누군가 내 이름 부르더이다.
은은한 빛 발하는 어떤 처녀가
머리엔 사과꽃 가득 꽂고서
내 이름 단 한번 부르고서는
눈부신 허공으로 사라졌어라.

텅 빈 분지와 산골 마을을
여기저기 방랑하며 늙어갔어도
그녀가 있는 곳 찾아내서는
입술에 입 맞추고 그녀 손 잡으리.
이슬 아롱진 풀밭을 오가며
세월이 다하도록 따 모으리,

달님 나라의 은빛 사과와
햇님 나라의 금빛 사과를.

20. 여자의 마음

아, 기도와 휴식으로 넘쳐나던 작은 방,
그 조그만 방은 내게 무슨 의미가 있는 걸까.
님이 날 어둠 속으로 불러내자
내 가슴 님의 가슴 위에 놓이네.

아, 엄마의 따뜻한 보살핌,
안전하고 포근하던 그 조그만 집은
내게 무슨 의미가 있는 걸까.
머리칼에 드리운 그늘진 꽃이
매서운 비바람 가려주겠지.

오, 그늘진 머리칼, 이슬 맺힌 눈망울,
나는 이미 생사로(生死路)를 넘어섰다네.
내 가슴 포근한 님의 가슴 위에 뉘이고
내 숨결 님의 숨결과 뒤섞이네.

21. 사랑의 상실

창백한 이마, 차가운 손, 엷은 머리칼,
내게 아름다운 친구가 생기자
과거의 절망이 마침내
사랑으로 끝나는 꿈을 꾸었소.
그러던 어느 날
내 가슴 속을 들여다본 그녀는
거기에 그대 모습 발견하고는
울면서 멀리 떠나버렸소.

22. 님에게

파도가 은회색 모래를 퇴색시키듯
열정 때문에 시들어버린 창백한 님이여,
시간의 창백한 불길로 닳아버린
바다고동보다도 더 노쇠한 마음 간직한 님이여,
경건한 손으로 그대에게
수많은 꿈 간직한 이 시집을 바치나이다.
수많은 꿈 간직한 창백한 님이여,
그대에게 열정적인 내 시를 바치나이다.

23. 님에게 바치는 시

그대 머리칼에 황금 핀 꽂아
치렁치렁 머리칼 동여매소서.
내 가슴을 향해 시 지어라 명하자,
밤낮을 가리지 않고 몰두하더니,
그 옛날 벌어졌던 전투를 소재로
슬픈 사랑 이야기 지어냈다오.

진주처럼 창백한 손만 들어도,
긴 머리 동여매며 한숨지어도,
뭇 남성들의 가슴 활활 타오르고,
아련한 모래밭 촛불 같은 물거품과
이슬 듣는 하늘을 여행하는 별들도
그대 가시는 길 비추려 존재할 뿐.

24. 블랙 픽 계곡

이슬이 내리고 꿈이 모인다.
처음 보는 병사들이 창검을 들고
내 눈 앞으로 갑자기 들이닥쳐
무기 부딪치며 싸우는 요란한 소리
울부짖는 소리가 귓전을 때린다.
바닷가 고인돌,

둔덕 위 회색 돌무더기 옆에서
여전히 힘겹게 살아가는 우리는,
이슬 맺힌 하루가 조용히 가라앉을 때면,
세속의 왕국에 진력이 난 나머지,
고요한 별들의 주인이시고
불길 치솟는 대문 주재하시는 그대를
허리 굽혀 경배하나이다.

25. 사초(莎草)의 울부짖음

황량한 호숫가를 배회하노라니
바람이 사초들 속에서 흐느끼누나.
"별들을 맴돌게 하는 하늘축이 부러질 때까지,
심연 속에서 어떤 손들이
동녘 깃발과 서녘 깃발을 휘날리고,
빛의 허리띠가 풀릴 때까지,
그대 가슴이
잠든 님의 가슴 곁에 뉘이는 일은 없으리라."

26. 하늘나라의 천

내게 하늘나라의 수놓인 천이 있다면
금빛 은빛 수놓인 천이 있다면
어둠과 빛과 박명의
푸른빛 아련한 검정 천이 있다면
그대 발아래 그 천을 펼치련만.
허나 나는 가난하여
가진 것이라고는 오직 꿈뿐이오니
그대 발아래 내 꿈을 펼치나이다.
사뿐히 즈려 밟고 가시옵소서,
그대는 내 꿈을 밟고 지나가시기에.

『세븐 우드에서』(1903)

27. 부질없는 위로

늘 나에게 친절한 그 분이 어제 나에게 말했지.
"당신 애인 머리칼에도 세치가 생기고,
눈 주위엔 가는 주름살도 보이기 시작하더군요.
지금은 불가능해 보일지 몰라도
시간이 지나면 좀 더 현명해질 수 테니,
지금으로선 참는 도리밖에 없지요."
그러자 내 마음이 소리지르네:
"모르는 소리 마세요. 내겐 한 조각의 위안도,
위안이 될 만한 것이란 티끌만큼도 남아 있지 않아요.
그녀의 아름다움은 세월이 지날수록 더해만 가요.
그 우아한 자태가 얼마나 엄청난지,
그녀가 서성일 때 그 주변에 일렁이는 불꽃은
요즘 들어 더욱더 눈부시게 타오를 뿐이어요.
무성한 '여름'이 그녀 시선에 담겨 있을 적에도
그녀의 아름다움은 지금 같지 않았어요."

마음이여! 오, 내 마음이여!
그녀가 고개만 돌려도 그대는 알리라,
위로 받는다는 것이 얼마나 부질없는 일인지를.

28. 옛 추억

오, 상념이여, 하루가 다할 무렵 추억이 되살아날 때면
그녀에게 날아가 이렇게 말하라.
"당신은 그토록 고고하고 강렬하고 또 다감하기에
옛 사람들이 상상했던 여왕들을 그의 마음속에 떠올려
시들어버린 청춘을 되살릴 수도 있으련만.
하지만 그 힘의 절반은 당신 것이 아니지요.
청춘의 기나긴 세월 동안 회반죽 이겨 당신 모습 만들었지만,
그 모든 것이, 그보다 더한 것들이 모두 무용지물이 되고,
소중했던 말들도 의미 없는 말들이 되어버릴 줄이야
누가 상상인들 하였겠어요?"
하지만 어쩔 수 없는 노릇이지,
님을 책망할 수 있으려면 바람을 책망했어야지.
게다가 더욱더 노력할 도리 밖에 달리 뾰족한 수가 없다면,
길 잃고 헤매는 아이에게 상처를 줄지도 모르는 어떤 말도
결코 해서는 안 되겠지.

29. 결코 마음을 다 주지 말라

결코 마음을 다 주지 말라.
열정적인 여성들에게 사랑은
사랑이 확실해 보일 때면
생각할 가치도 없는 것으로 비쳐지고,

사랑은 입맞춤에서 입맞춤으로 전전하다가
결국 시들게 마련임을
그들은 꿈엔들 알지 못하지.
사랑스러운 건 모두가
한순간의 꿈결 같은 즐거움일 뿐.

아, 결코 마음을 송두리째 주지 말라.
여성들은, 부드러운 입술이 언명한
그 모든 사랑의 언약에 아랑곳 않고,
모두가 자신들의 사랑을 연출하지.
게다가 사랑으로 눈멀고, 귀먹고,
말문마저 막혀 버린다면
어느 누가 사랑의 연기인들 제대로 할 수 있으랴?
이 지경까지 이르게 한 자
사랑의 대가를 너무도 잘 알고 있으니,
그는 마음을 다 쏟아 붓고도 사랑을 잃었네.

30. 나뭇가지 시드는 건

달이 새에게 주절거릴 때 나는 이렇게 소리쳤다.
"댕기물떼새 님 부르고 마도요 우짖는 걸 방해하지 마라.
나는 즐겁고 부드럽고 연민에 찬 그들의 언어를 갈망하나니,
길은 끝없이 이어지고, 내 마음 붙일 곳 어디에도 없구나."
꿀처럼 달콤한 창백한 달이 졸음 겨운 산허리에 걸려 있을 때

에트거 골짜기 외로운 시냇가에 나 홀로 상념에 잠겨 누워 있었네.
"나뭇가지 시드는 건 겨울바람 탓이 아니지,
그건 그들에게 내 꿈 이야기 들려주었기 때문이야."

마녀들이 오가는 우거진 숲길 나는 알지.
진주관 쓰고, 실타래 풀며, 야릇한 미소를 머금은 채,
깊은 호수 보금자리 떠나 그들은 오지.
호수에 떠도는 희미한 달빛, 섬 잔디밭 식힐 때면,
다난 족이 아련한 호숫물 거품 속에 발 담근 채
빙글빙글 신명나게 춤사위 벌이는 곳.
"나뭇가지 시드는 건 겨울바람 탓이 아니지,
그건 그들에게 내 꿈 이야기 들려주었기 때문이야."

졸음에 겨운 요정 나라 나는 알지.
황금 사슬에 메인 백조 한 쌍이 공중을 선회하며 노래하는 곳.
백조가 부르는 노랫소리 들으며 이리저리 배회하는 왕과 왕비는
그토록 행복에 겨우면서도 희망이 없는 것은 어인 일인가.
지혜로 귀먹고 지혜로 눈멀어 세월이 다하도록 배회하누나,
댕기물떼새 마도요 우짖는 에트거 골짜기 시냇가를.
"나뭇가지 시드는 건 겨울바람 탓이 아니지,
그건 그들에게 내 꿈 이야기 들려주었기 때문이야."

31. 아담의 저주

여름도 막바지에 접어든 어느 날
그대의 절친한 친구인 그 아름답고 온화한 여인과 그대와 나,
이렇게 셋이 모여앉아 시에 관해 얘기를 나누었지요.
나는 말했지요, "시 한 줄 쓰는 데에도 몇 시간이 걸린답니다.
하지만 일순간의 영감에서 비롯된 것처럼 비쳐지지 않으면
감치고 풀고 하는 우리의 작업은 무용지물이 되기 십상이지요.
차라리 부엌 바닥을 북북 문지르며 뼈 빠지게 일을 하던가,
날씨가 좋건 궂건 극빈 노인처럼 돌을 깨는 편이 차라리 낫지요.
달콤한 음율을 엮어내는 일은 훨씬 더 힘든 작업이지만,
순교성인들이 소위 속인이라 부르는 은행원, 교사, 성직자 같은
시끄러운 자들에게는 빈둥대는 일로 여겨질 뿐이지요."

그러자
목소리가 착 가라앉은 것을 보고 사람들이
그녀의 엄청난 가슴앓이를 짐작할 것임이 분명한
그 아름답고 온화한 여인이 대답했지요.
"여자로 태어난다는 것은—비록 학교에서 가르쳐주지는 않지만 —
아름다워지기 위해 부단히 노력해야 한다는 걸 의미하지요."

나는 말했지요, "아담의 타락 이후에, 훌륭한 것 치고
힘겨운 노력을 요구하지 않는 것은 아무 것도 없어요.
사랑은 고상한 예의범절에 바탕을 두어야 한다고 생각하는
그런 연인들도 한때는 있었답니다.
그들은 한숨을 내쉬는가 하면 학식 있는 표정을 지으며

아름다운 옛 교본에서 사랑의 선례들을 인용하곤 했지요.
이제는 그 모든 것들이 쓸데없는 짓으로 여겨지는 것 같아요."

사랑이란 말에 우리는 말문을 닫았다.
낮의 마지막 불씨가 사그라지고
떨리는 청록색 하늘엔 달이 떠 있었다.
별 주위로 밀려왔다 스러지는 시간의 조류에 씻기고
세월의 풍화작용으로 부서진
해변의 조가비처럼 닳아빠진 달이.

나는 오직 그대에게만 들려줄 생각을 간직하고 있었지요.
그대는 너무나도 아름다웠고,
나는 그 옛날 품격 높은 사랑의 방식에 따라
그대를 사랑하려고 안간힘을 썼음을.
그런 사랑은 늘 행복으로 넘쳐날 것이라 기대했건만,
우리 마음은 텅 빈 저 달처럼 지쳐버렸음을.

32. 레드 한라한의 노래

왼쪽에서 불어오는 매섭고 세찬 검은 바람에
쿠멘 물가 너머 저 높은 곳에선 갈색의 늙은 가시나무들이 부러지네.
우리들의 용기도 검은 바람에 얻어맞은 늙은 나무처럼 부러지지만,
가슴속에 우리는 훌리한의 딸
캐슬린의 눈에서 뿜어져 나오는 불길을 간직하고 있다네.

녹나리 너머 저 높은 곳에선 바람이 구름을 휘몰아치며,
메이브 여왕의 불평에 아랑곳 않고, 돌 위로 천둥 벼락 쏟아 붓네.
소란스런 구름과도 같은 분노가 우리 가슴을 고동치게 하건만,
우리는 자세를 낮추고 또 낮추어
훌리한의 딸 캐슬린의 고요한 발에다 입맞춤 하네.

습기 많은 바람이 공중에서 요란하게 휘몰아치니,
클루나바의 저 높은 곳에선 누런 물웅덩이들이 흘러넘치네.
우리 몸과 우리 피도 범람하는 물과도 같아라,
하지만 훌리한의 딸 캐슬린은
성 십자가 앞에 놓인 커다란 촛불보다도 더 순순하여라.

『초록 투구 시편』(1910)

33. 호머가 노래한 여인

젊은 시절 나는
어떤 남자가 가까이 다가올 때면
"그녀에게 마음이 있다"는 생각에
미움과 두려움으로 몸을 떨었지.
그러나 그가 무관심한 눈으로
그녀에게 눈길도 주지 않은 채 지나칠 때면
아! 그건 더욱더 견디기 어려운 일이었어.

그 시절 나는
그런 일에 대해 글도 쓰고 작품도 만들었지.
반백이 된 지금은 이런 꿈에 젖어들지,
"그 친구는 그녀의 몸을
거울에 비치듯 보여 주었어"라고
다가오는 세대가 말할 정도로
생각을 극단까지 밀어 올렸다는 꿈에.

젊은 시절 그녀의 피는
불처럼 뜨거웠고,
호머가 노래한 여인처럼

구름 위에 노니는 듯,
그토록 부드럽고 자부심 넘치는 자태로
발걸음도 경쾌하게 걸어다녔지.
그러기에 삶과 문학은 오직
영웅적인 꿈으로만 여겨졌다네.

34. 나의 언어

얼마 전 나는 이 같은 생각을 하게 되었다.
"내 님은 내가 한 일이나
이 눈먼 각박한 나라에서
내가 하려는 일을 이해할 수가 없지."

그래서 햇빛 보기가 싫어지는가 하더니,
내가 이룬 최상의 업적은
그 일을 뚜렷하게 보여주기 위한 것임을 기억하고는
다시금 생각이 맑아졌다.

또한 해마다 이렇게 소리쳐 왔음을 기억하고는,
"이제 내게는 힘이 생겼고
그래서 언어가 내 명령에 복종하기에
마침내 내 님도 그 일을 모두 이해하게 되었어."

하지만 그녀가 그걸 이해했다 하더라도

체에서 걸러진 게 무언지,
누가 단언할 수 있단 말인가?
그랬다면 나는 빈약한 언어 따위는 내팽개치고
일상에 안주해 버렸을 지도 모르지.

35. 화해

그대가 내 곁을 떠나간 그 날
나는 번갯불에 얻어맞아 귀먹고 눈멀었다오.
내 노래를 짓는 데 남겨진 것이라고는
왕과 투구와 검, 그리고 그대에 대한 추억과도 같은
반쯤 잊혀진 일들뿐.
그래서 어떤 이들은 자신들을 감동시킬 수 있는 시를
그대가 그날 앗아가 버린 일을 두고 비난도 했으리.
하지만 이제, 사람들이 예나 다름없이 살아가듯이,
우리도 이 상황에서 빠져나갑시다.
우리가 자지러지게 웃고 울 때,
투구와 왕관과 검 따위는 구덩이 속에 처넣어 버립시다.
허나, 님이여, 내 곁에 가까이 바싹 붙어있어 주오.
그대가 떠나간 뒤 나의 메마른 생각들은
뼈 속까지 날 얼어붙게 하는구려.

36. 제2의 트로이는 존재하지 않는다

그녀가 나의 하루하루를 불행으로 채웠다 해서
혹은 최근에는 골목에 모여 사는 무식한 사람들을 —
그들이 갈망뿐만 아니라 용기도 있다면 —
대단히 폭력적인 저항의 대열로 이끌었다 해서
왜 내가 그녀를 비난해야 하나?
어떻게 그녀가 평화롭게 지낼 수 있었겠나,
고귀함으로 인하여 마음이 불처럼 단순하고
팽팽하게 당긴 활처럼 아름답고
고고하고 처연하고 또 대단히 단호한,
그래서 오늘날과 같은 시대에는 어울리지 않는 그녀가?
그녀가 그런 인간일진데, 다른 어떤 일을 할 수 있었겠나?
그녀가 불태울 제2의 트로이가 존재했던가?

37. 평화

아, 호머 시대가 영웅에게 보상으로 주려고 길러낸 것,
그런 자태에 시간의 손길이 닿을 수만 있다면…
나는 말했지, "화가들이 그토록 고귀한 윤곽을,
그토록 고귀한 자태를 그리지 않는다면,
높이 치켜든 그토록 섬세한 머리를,
매력과 함께 하는 그 모든 단호함을,
힘과 공존하는 그 모든 감미로움을 그리지 않는다면,

그녀 인생은 오직 폭풍과도 같은 야성뿐이 아니겠나?"
하지만 아, 시간의 손길이 그녀의 자태에 닿자,
마침내 평화가 찾아왔다네.

38. 구름 같은 무리들

무너진 태양 주변을 에워싼 이 구름들,
태양의 이글거리는 눈을 가리는 권력일 뿐.
나약한 자들이 강자의 업적에 손을 대기에
품격 높은 것들이 모두 무너져 내리고
화음 뒤에 불협화음 이어지고
모든 것이 평범 그 자체로 전락해 버렸습니다.
그러니 친구여, 그대의 위대한 경주가 끝이 나고
이자들이 지배하더라도, 그러기에 더욱더 그대는
위대함을 그대의 친구로 삼아야만 합니다,
그대의 한숨이 비록 자식들을 위한 것일지라도.
무너진 태양 주변을 에워싼 이 구름들,
태양의 이글거리는 눈을 가리는 권력일 뿐.

39. 무가치한 찬사에 대하여

오, 마음이여, 진정하라, 그 어떤 악당도 얼간이도
자신들을 칭찬하기 위한 것이 아닌,
한 여성을 위한 것을 까부술 수는 없으리니.
내 작품이 그렇게 비쳐졌어도 어쩔 수 없는 노릇이지.
광야가 큰 소리로 외칠 때까지
사자가 간직했던 꿈,
자부심 넘치는 마음과 마음,
둘 만의 비밀,
그렇게 그녀는 너의 힘을 소생시켰지.

그럼에도 여전히 그자들의 칭찬을 기대하다니!
여기 더욱더 귀한 교본이,
그녀 자신의 생소함으로 인해 언제나 당혹감을 맛보게 하는
그녀 인생의 미로가 있지.
게다가 그녀가 나에게 심어준 꿈은
바로 그 악당과 얼간이들로부터 비방과 배은망덕을 얻었을 뿐.
그렇지, 그보다 더 나쁜 일도 있었지.
하지만 그녀는, 길을 가며 노래하는 그녀는,
반은 사자, 반은 아이인 그녀는, 평화롭기만 하네.

40. 술노래

술은 혀끝을 간질이고
사랑은 눈에다 속삭이지.
우리 나이 들어 죽기까지
이것만은 진실로 알게 되리.
나 이제 술잔 들어 그대 바라보나
나오는 건 오직
한숨뿐.

41. 어려운 일의 매력

어려운 일의 매력에 이끌려 핏줄에는 피가 마르고
가슴에 솟구치던 기쁨도 자연스런 만족도 사라졌네.
우리의 페가수스를 괴롭히는 무언가 있는 게 분명해.
그 말이 고귀한 혈통을 타고나지도 않았고
또 올림포스 산정 구름 위를 뛰어다닌 적도 없다는 듯,
자갈마차 끌고 가는 망아지 마냥, 채찍질에 몸을 떨고,
움찔거리고, 땀 흘리며, 팔딱팔딱 뛰게 만드는 그 무엇이.
수십 차례나 세트를 고쳐야 하는 내 연극에 저주가!
하루하루를 시중잡배들과 치러야 하는 싸움에,
극장일, 인사관리, 그 모두에. 나 이제 맹세하노니,
먼동이 트기 전에 기필코 마구간을 찾아내어
빗장을 열어젖히리라.

42. 친구의 병환

친구의 병환을 계기로
이렇게 생각을 가늠해 본다.
온 세상이, 석탄덩어리 마냥,
활활 타오른다 한들
당혹스러워 할 까닭이 없지.
세상의 무게가
영혼이란 저울추에 견주어 측정되는 걸
나는 흔히 보지 않았던가?

43. 골웨이 경마대회에서

경마가 행해지는 저곳에서는
모두가 기쁨으로 한마음이 된다.
질주하는 말과 기수들,
그 뒤로 바짝 다가선 군중들.
한때는 우리에게도 훌륭한 관객들이 있었지,
우리 작품에 귀 기울이며 격려해 주던 이들이.
그렇지, 장사꾼과 서기 나부랭이가
소심한 숨결로 세상을 오염시키기 전에는
기수들이 우리의 친구였지.
그러니 노래를 계속하라.
새 달이 떠오를 때 어디에선가 우리는

잠은 죽음이 아님을 알게 되리니,
그때 온 땅은, 새 살을 곧추세우며, 곡조를 바꾸고,
경마장에서처럼 또다시 함성을 내지르겠지.
그러면 우리는 말 타고 질주하는 이들 가운데서
우리의 응원자를 발견하게 되리라.

44. 시짓기의 유혹

온갖 일들이 날 유혹하여 시짓기 재능을 망가뜨릴 수 있지.
한때는 한 여성의 얼굴이, 심지어는 —
바보들로 들끓는 이 땅의 그럴싸한 요구들이 그러했지.
이제는 습관이 되어버린 이 일보다
더욱더 손쉽게 다가오는 것이란 없다. 젊은 시절 나는,
시인이 위층에 칼을 준비해 두었다고 여겨질 정도로
사력을 다해 노래하지 않으면, 땡전 한 푼 던져주는 법이 없었지.
하지만 이제는, 내 소원대로 할 수만 있다면,
물고기보다도 더 차갑고, 말문도 막히고, 귀도 먹기만을 바랄 뿐.

45. 가면

"에메랄드 눈망울 간직한
그 불타는 황금가면을 벗어버려요."

"아, 안돼요, 내 사랑. 주제넘게도 당신은
야성과 지혜를 간직한 가슴이
차갑지 않을 수도 있음을 확인하려 드는군요."

"사랑이든 기만이든,
난 거기에서 찾을 수 있는 걸 찾고 싶소."
"당신 마음을 송두리째 사로잡은 뒤에
당신 심장을 고동치게 한 건
가면이었지 가면 뒤에 있는 게 아니었어요."

"당신이 내 적이 아님을 확인하기 위해서라도
조사를 해 보아야겠소."
"아, 안돼요. 그냥 내버려 둬요.
무슨 상관이어요, 당신 안에도 내 안에도
불길만 활활 타오르는데?"

46. 지혜는 세월과 더불어

나뭇잎이 많다 하나 뿌리는 하나.
청춘의 거짓 많던 허구헌 날을
햇빛 속에서 꽃과 잎사귀들을 휘날렸으니,
이제는 진리 속으로 잦아들어도 좋을 듯하네.

『책임』(1914)

47. 1913년 9월

철이 든 뒤로, 기름때 묻은 손금고나 어루만지며
한 푼에 한 푼을 더하고,
기도에 떨리는 기도를 더하다가
마침내 뼈의 골수까지 말려버리는 당신들,
이것 말고 당신들에게 필요한 게 무엇인가?
인간은 기도와 저축을 위해 태어난 존재일 뿐.
낭만적 아일랜드는 죽고 사라져
오리어리와 함께 무덤 속에 묻혀 있다.

하지만 그들은 다른 부류의 인간들이었다,
당신들의 유치한 장난을 침묵케 했던 그 이름들은.
그들은 바람처럼 세상을 떠돌아 다녔지만,
교수형에 처해질 자신들을 위해서는
기도드릴 시간조차 마련할 수 없었다.
그리고, 오 하느님, 그들은 무얼 구원할 수 있었던가?
낭만적 아일랜드는 죽고 사라져
오리어리와 함께 무덤 속에 묻혀 있다.

날씨가 좋으나 궂으나 야생거위들이

회색 날개를 활짝 펼쳤던 것은?
모두가 이 같은 상황을 위해서였던가?
에드워드 핏제럴드가 죽고,
로버트 에밋과 울프 톤,
용감한 이들의 그 모든 열광은?
낭만적 아일랜드는 죽고 사라져
오리어리와 함께 무덤 속에 묻혀 있다.

하지만 우리가 세월을 되돌려,
외롭고 고통스런 상황에 처한
추방된 이들을 모두 불러들인다 한들,
당신들은 소리 지르겠지, "어떤 여성의 노랑머리가
그들 모두를 미치광이로 만들었다"고.
그들은 자신들이 준 것을 너무도 가벼이 여겼다.
하지만 그만두자, 그들은 이미 죽고 사라져
오리어리와 함께 무덤 속에 묻혀 있는 것을.

48. 어느 혼령에게

수척한 망령이여, 그대의 기념비를 둘러보려고
(건립자에게 비용은 제대로 지불했는지…)
혹은, 사람 대신 회색 갈매기들 날아다니고
황량한 집들이 위엄을 띠는 저녁 무렵에,
소금기 있는 바다공기 맛보려고 다시 방문하셨다면,

방문한 것으로 만족하고 돌아가소서,
그자들은 여전히 술수를 부리느라 여념이 없습니다.

고매한 사상과 달콤한 감정이
자손들의 혈관 속을 부드럽게 흐르게 해줄,
그런 것을 아낌없이 주려고 했던 그분,
그대처럼 열정적이고 헌신적인 그분이 이곳에서 쫓겨나,
고통에 대한 보답으로 모욕이 가해지고,
자선에 대한 보답으로 치욕만 쌓였습니다.
그대의 적이었던, 늙고 더러운 입의 주인공이
그분에게 사냥개들을 풀어놓았습니다.

그러니, 불안한 방랑자여, 돌아가소서.
가서, 글나스네빈 무덤가의 흙을 긁어모아
그 흙으로 그대 귀가 틀어막힐 때까지
그대 머리 주변을 흙으로 덮으소서.
그대가 이 도시의 소금기 있는 공기를 맛보며
길모퉁이에서 귀 기울일 시간은 아직 오지 않았습니다.
죽기 전에 맛본 슬픔만으로도 충분하니 —
가소서, 돌아가소서! 그대는 무덤 속이 훨씬 더 안전합니다.

49. 거지가 거지에게

"세상을 등지고 어디론가 가서
바닷바람이나 쐬며 건강을 되찾을 때가 되었어,"
거지가, 광기에 얻어맞아, 거지에게 소리쳤다,
"그리고 머리가 텅 비기 전에 죽음에 대비해야겠군."

"그리고 신발 속의 악마로부터 벗어나기 위해
편한 아내도 집도 한 채 장만해야지,"
거지가, 광기에 얻어맞아, 거지에게 소리쳤다,
"그리고 허벅지 사이에 있는 더 사악한 악마로부터도."

"그리고 예쁜 아가씨와 결혼하고 싶지만,
아가씨가 너무 예쁠 필요는 없지 — 어쨌거나,"
거지가, 광기에 얻어맞아, 거지에게 소리쳤다,
"하지만 거울 속에도 악마는 있게 마련이지."

"아가씨가 너무 부자일 필요도 없어, 거지들이
가려움증에 쫓기듯 부자들은 재물에 쫓기기 마련이거든,"
거지가, 광기에 얻어맞아, 거지에게 소리쳤다,
"그리고 부자는 재미난 말도 할 줄도 모른단 말이야."

"거기서 나는 편히 지내며 존경받게 될 거야,
정원에는 밤마다 평화가 깃든 가운데 나는 듣게 되겠지,"
거지가, 광기에 얻어맞아, 거지에게 소리쳤다,
"바람결에 실려 오는 기러기 떼의 요란한 울음소리를."

50. 헛된 노력을 한 친구에게

이제 모든 진실이 드러난 이상,
비밀 간직한 채,
놋쇠 목이 내뱉는 패배를 받아들이세요.
품격 높은 교육을 받은 그대가,
거짓임이 밝혀진다 한들 자기 스스로도
이웃사람들의 눈앞에서도 수치스러워하지 않을,
그런 자들과 겨룰 수 있을까?
승리보다 더 어려운 일 하도록 양육된 그대.
고개 돌려 그들을 등지고,
바위투성이 황량한 들판에서,
미친 듯한 손놀림에 껄껄 웃어대는 현악기처럼,
비밀 간직한 채 황홀에 잠기세요.
세상에 알려진 모든 일들 중에서도
그것이 가장 어려운 일이기에.

51. 〈서쪽지방에서 온 난봉꾼〉을 증오한 자들에 대하여

언젠가, 한밤중이 대기를 후려칠 때,
내시들이 지옥을 내달려
사람들로 북적이는 이 거리 저 거리에 모여
위대한 후안이 말 타고 지나가는 걸

악의에 찬 눈으로 훔쳐보았지.
바로 이자들처럼 땀 흘리고 악담하며
환의 근육질 넓적다리를 훔쳐보았지.

52. 친구들

나는 세 분을 찬양해야 하리 —
내 인생에 온갖 즐거움 가져다준 세 여성을.
한 분은, 궂은일들이 끊이지 않던 지난 십오 년 동안,
내 마음에 근심 걱정 끼어들지 못하도록
온갖 정성 아끼지 않았네.
그리고 또 한 분은, 손힘이 어찌나 센지,
남이 이해 못하는 것, 남이 풀 수 없는 것,
꿈 많은 청춘의 무거운 실타래를 푸는
엄청난 능력을 지니고 있었기에,
그 토록 날 변화시켜
황홀을 맛보며 일할 수 있도록 이끌어 주었지.
그리고 또 한 사람, 내 젊음이 다할 때까지
동정어린 눈길 한 번 제대로 보내준 적 없는,
그 여성에 대해서는 어떻게 찬양해야 하나?
동이 트기 시작할 때 나는,
그녀로 인해 잠을 이룰 수 없었기에,
나의 잘잘못을 헤아리며,
그녀가 지녔던 것들을 기억하고,

그녀가 아직도 간직하고 있는
독수리 같은 눈매를 생각하노라면,
내 가슴 깊은 곳으로부터
엄청난 감미로움이 물밀 듯이 밀려와
머리끝에서 발끝까지 전율한다네.

53. 차가운 하늘

떼까마귀 즐겁게 날아다니는 차가운 하늘,
불타는 얼음인 듯, 더욱더 얼음뿐인 하늘이
느닷없이 내 시야에 들어왔다. 그러자
상상력과 마음이 너무나 격렬해진 나머지
이런 저런 사소한 생각들은 모두 사라지고
젊음의 뜨거운 피에 어울리지 않은 추억들,
오래전에 어긋나버린 사랑의 추억들만 남았네.
모든 걸 양식에 비추어 내 탓으로 돌리고 있던 차에,
마침내 빛에 현혹되어, 소리 지르고, 몸을 떨며,
온 몸을 이리저리 흔들어 대었네.
아! 죽음의 침상에서의 혼란이 끝이 나고
혼령이 서서히 떠나갈 채비를 할 때면,
그 혼령은, 책에서 얘기하듯,
발가벗긴 채로 내몰려 길을 가다가
하늘의 부당한 날벼락 심판이나 받게 되려나?

54. 젊은 날의 추억

그 순간들은 마치 연극장면들처럼 사라졌네.
내게는 사랑에서 샘솟는 지혜도 있었고,
나만의 기지도 타고났으나,
내가 내세울 수 있는 그 모든 것에도 불구하고,
그리고 그녀가 나의 지혜를 칭찬도 했건만,
살을 에는 삭풍에 실려 온 구름이
갑작스레 사랑신의 달을 가려버렸네.

내가 하는 모든 말의 진실성을 믿으며
나는 그녀의 몸과 마음에 찬사를 아끼지 않았지.
그래서 그녀의 눈은 자부심으로 빛을 발하고,
뺨은 기쁨으로 홍조를 띠고,
들뜬 마음에 걸음걸이도 가벼워졌지.
그러나 그 모든 찬사에도 불구하고,
우리 머리 위로는 짙은 어둠만 드리웠네.

우리는 돌처럼 말없이 앉아 있었고,
비록 그녀가 한마디 말도 하지 않았지만,
최상의 사랑조차도 소멸하기 마련임을
우리는 너무나 잘 알고 있었네, 사랑신이
우스꽝스런 작은 새의 울음소릴 듣고
구름을 헤치고 들어가
눈부신 달을 구해내지 않았더라면
사랑은 무참히 능욕 당했을 것임을.

55. 밤이 올 때까지

그녀는 폭풍과 전투 속에서 살았다.
그녀의 영혼은,
오만방자한 죽음이 가져다줄지도 모르는,
그 무엇에 대한 갈망이 엄청났기에,
그래서 평범한 삶은 견딜 수 없었기에,
마치 왕인 듯이 살았던 것이다.
혼인날을 온갖 깃발로,
북과 나팔 소리로,
요란한 대포 소리로 가득 채워,
밤이 올 때까지 시간을 보내는
제왕(帝王)과도 같이.

56. 몰락한 군주

한때는 그녀의 얼굴만 보여도 사람들이 모여들었지.
그리고 심지어는 노인들의 눈조차도 흐려졌었지.
그러나 이제는 유독 이 손만이, 집시 천막 주변에서
몰락한 군주에 대하여 지껄여대는 마지막 궁정인 마냥,
사라진 것들을 기록한다네.

이 윤곽들, 웃음으로 부드러워진 마음, 이것들이 남아있네.
하지만 나는 사라진 것들을 기록한다네.

사람들은 예나 다름없이 모여들겠지만 알지는 못 하리,
활활 타오르는 구름과도 같은 그녀가 걸어 다니던
바로 그 거리를 그들이 걷고 있음을.

57. 동방박사들

예나 다름없이 지금도 내 심안에는 빳빳한 채색옷 차림의,
충족되지 못한 갈망에 시달리는 이들의 창백한 얼굴이
나타났다 사라지네.
깊이를 헤아릴 수 없는 푸른 하늘 속에
비에 타작된 돌 마냥 온갖 풍상 다 겪은 옛 사람들의 얼굴,
그들과 나란히 둥둥 떠다니는 은빛 투구들,
여전히 고정된 그들의 시선들.
그들은 갈보리의 소요사태에 만족할 수 없었기에,
한 번 더 발견할 수 있게 되기를 갈망한다,
짐승의 우리에서 용트림하는, 저 통제할 길 없는 신비를.

58. 인형들

인형가게의 인형 하나가 요람을 보며 호통을 치네:
"저건 우리에게 모욕이야."
그러자 인형들 가운데서도 가장 나이 많은 인형이,

전시용으로 진열되어 왔기에
이런 아이들을 지켜본 경험이 많은지라,
고래고래 고함을 지르며 온 선반을 압도하네:
“비록 이곳의 해악을 고발할 사람이야 없겠지만,
저 남자와 저 여자는 여기에다
우리에겐 치욕인
소란스럽고 불결한 물건을 가져다 놓았어.”
남편이 사지를 쭉 뻗으며 신음소리를 내자
인형가게 마누라는
녀석의 고함소리 탓이라 생각하고는
안락의자 팔걸이 옆에 쪼그리고 앉아,
머리를 남편 어깨에 기대어, 그의 귀에다 속삭이네:
“여보, 여보, 아 여보, 그건 순전히 사고였다오.”

59. 외투

나는 내 노래에게
외투를 한 벌 지어주었지,
발꿈치에서 목덜미까지
옛 신화로 수놓인 외투 한 벌을.
그러자 바보들이 그걸 보고는
자기들 것인 양 가로채서는
사람들 앞에서 입고 다녔네.
노래여, 그대로 내버려 두라.

발가벗고 다닐 때면 오히려
더욱더 기상이 뻗칠 테니.

60. 어느 부자에게

당신은
예전에는 주었으나 이제는 줄 생각이 없다,
속된 인간 포딘들이 한푼 두푼 모은 쌈짓돈이
"일말의 증거"가 되기까지는,
무식하고 눈먼 도시민들이
도시 발전의 지름길이라 여기는 사업이어야
자부심을 가지고 금화를 내놓을 수 있다고.
에르꼴리 공작은 기금 마련을 위해
배우들을 시장 앞 광장으로 보내는데 주저함이 없었고,
양파장수들은 그가 연출하는 플로터스의 작품이
이탈리아 희극의 모범이 되게 하기 위하여
무슨 생각 어떤 행동을 하였던가?
우르비노의 바람부는 언덕에
재사미인들을 위한 예절학교를 세운 귀도발도,
그 역시 양치기들의 의사를 타진하려고
심부름꾼을 이리저리 보낸 바 없고,
거렁뱅이 속물들이 코시모를 우르비노에서 추방하자
코시모는 그들의 적개심 따위는 아랑곳 않고
그들이 마련해 준 자유 시간을

산 마르코 도서관을 짓기 위한
미켈로조의 최근 계획에다 쏟아 부었다.
격랑에 요동치는 이탈리아가
그리스의 풍만한 젖가슴에 파묻혀
최종 목표가 평화인 예술에서,
이성의 가르침에서, 자연법칙에서,
크나큰 즐거움 맛볼 수 있도록 하기 위하여.
당신의 열린 손은 우리의 상실을 보여줄 뿐,
휴 레인은 삶의 길을 훨씬 잘 터득하고 있었다.
그러니 거렁뱅이 속물들이 시궁창에 처박혀
지지고 볶은들 그냥 내버려두고,
눈길을 들어 태양을 보며 아낌없이 주라,
황홀에 잠긴 마음이 선이라 부르는 바로 그것을.
그리하여 언젠가 새날이 오면
그대로 인해 최상의 인간들이 양육되리니,
그것은 거렁뱅이 포딘들이 줄 수 없을,
독수리 보금자리에 합당한 나뭇가지들을
그대가 마련해 주었기 때문이어라!

61. 동 트기 전에 있었던 일

목발 위에 걸쳐놓은 누더기 꼬락서니,
헤헤거리며 욕지거리를 퍼부어대는 거지 하나가
크루컨이라 불리는 저 바람코지에서

넘어질 듯 비틀거리네.
건장한 한쪽 다리가 할 수 있는 일이라고는
욕지거리를 퍼붓는 동안 넘어지지 않도록
가까스로 받혀주는 게 전부였다.
그 옛날 메이브 여왕의 아홉 아들들이 자란 곳에서
그가 가진 것이라고는 물오리 한 쌍과 늙은 산양 한 마리,
들판 가장자리에는 몸을 뉘일 집 한 칸도 없었다.
그러던 차에 오른 팔 가까이
잿빛 돌무더기와 가파른 암벽이 눈에 띄었고,
돌 몇 개만 치우면
동이 틀 때까지 들어가 쉴 수 있겠거니 하는 생각이
불현듯 그의 뇌리를 스쳐지나갔다.

그러나 그가 낑낑대며 돌을 움직이려 하자
돌이 와르르 무너져 내렸다.
"제기랄, 나무정강이니 망정이지,
하마터면 다리몽둥이가 분질러질 뻔했군."
그런데 돌이 무너져 내린 자리 바위 틈새로
뻥 뚫린 깊은 구멍이 아련히 눈에 들어왔다.
전해 내려오는 이야기에 의하면, 그 인근에는
지옥의 아가리가 입을 떡 벌리고 있다고 하니,
헉헉대며 삼십육계를 실행에 옮기려는 순간,
도망가지 못하도록 발목을 붙잡는 것이 있었다.
그 구멍 안에는 몸집이 우람한 어떤 녀석이
맥주에 절은 얼굴을 맥주통과 바가지 사이에 쑤셔 넣고는
요란하게 코를 골고 있었는데,

모양새가 유령은 아님이 분명했다.
그래서 무서워했던 것이 쑥스러운 나머지, 그는
껄껄 웃으며 그 기분 좋은 구멍 속으로 기어 들어갔다.

"새벽이 다가오면 밤이 불안해지고,
그러면 나도 새우잠을 자게 되지.
그런데, 메이브 여왕의 아홉 아들 가운데 어느 우라질 놈이
무덤이 지겨워진 나머지 무덤에서 나와 내 잠을 깨우는 거야?
난 계속 자야겠으니, 무덤 속으로 도로 들어가, 이 자빠질 놈아."

"네놈이 잠을 자든 말든 무슨 상관이야?
날 유령이라고 부르는 놈은 가만 두지 않을 거야."

"니 맘대로 지껄여라,
하지만 동이 트면 난 백 년 동안 더 잠을 자야겠어."

"난 자기 전에 지껄이고
지껄이기 전에 술이나 마셔야지."

그때 잠보가 화들짝 깨어 일어나지 않았더라면
그 목발은 나무정갱이를 술통에 깊이 담갔으리라.
"고반 산꼭대기에서 질질 끌면서 가져온 술통에
네놈이 주걱을 담그기 전에
난 네놈이 진짜 술꾼인지 아닌지 확인해야겠어.
동트기 전 이른 시간에
절름발이가 이 구멍 속으로 벌렁 넘어져 들어온 것만으로

내 주걱에 코를 담글 수는 없지."

"맥주는 단지 맥주일 뿐이야."

"하지만
'난 겨울이 갈 때까지 잠을 잘 거야,
어쩌면 한여름 그날까지' 라고 말하고 나서
맥주를 마셔, 그럼 네놈은 그만큼 푹 자게 될 테니까."

"겨울이 지나갈 때까지 난 자고 싶어,
아니면 해가 기운을 차릴 때까지.
이 추위는 나를 뼈까지 얼어붙게 한단 말이야."

"처음부터 좋은 계획 따윈 없었어.
그래서 그럭저럭 기다려 보는 게 상책이라고 생각했지.
우라질 날씨 탓이거나
아니면 입 맞출 여자가 없어서 그랬는지도 모르지.
그래서 반년은 족히 잤을걸.
하지만 해가 바뀔수록 즐거움은 점점 더 줄어들고
급기야는 반시간도 하는 일 없이 지내기가 일쑤였지.
그래서 어느 해 끝자락에 난
단 일 분도 깨어있지 않았음을 깨닫고는
땅 속 이 토굴을 잠자리로 택하게 되었지.
난 여기서 잠을 잘 거야.
내가 지금까지 잔 시간이 구백 년은 족히 될 걸,
내가 바보짓 할 때 마냥 물오리가 꺽꺽 울어대고

산양이 바람을 향해 바보처럼 울음 우는 광경을 본
그 아침나절들이 아니었더라면."

화가 머리끝까지 치민 목발 거지는
구덩이 속에 쪼그리고 앉아
이렇게 사설을 늘어놓기 시작했다.
"내가 사랑하는 모든 걸
무가치한 것인 양 조롱하는 걸 보니
네놈은 심보가 아주 고약한 놈이로구나.
부활절 산들바람이 불어올 때면 인생은 즐겁고,
비록 겨울바람이 매섭다 하나
그 바람이 남쪽에서 불어오면
네놈이 무슨 말을 지껄이든 무슨 짓을 하든
난 낙담만 하고 있지는 않을 꺼야."

"네놈은 아 지금이 봄이라면
또는 바람이 방향을 틀면 얼마나 좋을꼬
하며 소리 지를 줄이나 알았지,
계절이 나긋나긋해진들
네깐놈이 봄과 남풍을 데려올 수도
세상 떠날 때 연기 나는 심지를
뒤에 남겨둘 수도 없다는 걸 깨닫지 못하는구나.
모든 생물은 최후의 심판 날을 갈망하지.
그래서 미카엘 대천사의 나팔소리에
뼈와 살이 녹아내리고
영혼도 한숨인 양 사라지고

하느님만 남아있는 그 순간을 놓치지 않으려고
모두가 귀를 쫑긋 세우고 기다리지.
그러나 축복 받은 나만은
늙은 토끼처럼 바위틈에 숨어서
술에 곯아떨어져 자며 하느님을 기다리지."
그가 술통에 든 술을 주걱으로 떠서
벌컥벌컥 마시고는 길게 하품하며 곯아떨어지자
목발거지가 외쳤다.
"네놈은 내게서 즐거운 생각과 편한 것 모두를,
이것저것 다 빼앗아 갈 심보로군."
이렇게 말하며 세차게 술잠뽀를 한대 갈겼지만
잠뽀는 아랑곳하지 않고 잠 속으로 빠져들었다.
그럴 바에야 차라리 바위나 후려칠 것이지.
그러고 나서 그는 돌을 쌓아올렸고
지겨워지면 기도하고 그러다 욕설을 퍼부었다.
다시 돌을 쌓는가 했더니 기도하고
또다시 욕설을 퍼부어 대다가 급기야는
요사스런 일들이 난무하는 메이브 여왕의 들판에서
줄행랑쳐 달아났다,
하느님께 감사드리는 일 따위는 까맣게 잊은 채.
그때 그의 머리 위에는 새털구름이
새벽과 함께 눈부시게 빛을 발하기 시작하였다.

『쿨 호수의 백조』(1917)

62. 쿨 호수의 백조

나무들은 가을의 아름다움으로 단장하고,
숲 속 오솔길은 보송보송 말라있네.
시월의 저녁노을 아래서
호숫물은 고요한 하늘을 비추네.
찰랑찰랑 넘치는 물 위 돌 사이로
쉰아홉 마리 백조들이 헤엄쳐 다니네.

내가 백조들의 수를 처음 헤아린 이래
열아홉 번째 가을이 찾아왔네.
내가 숫자를 다 헤아리기도 전에
그것들은 갑자기 날아올라
요란한 날갯짓으로 커다란 원을 그리다가
이윽고 흩어져 멀리 날아가 버렸지.

지금 저 눈부신 새들을 보고 있노라니
가슴이 알알이 저려오네.
이 호수를 처음 방문하던 날 황혼녘에
백조들의 퍼덕이는 날개소리 들으며
발걸음도 가볍게 이 호숫가를 산책했지.

그러나 그 때 이후로 모든 것이 변했네.

백조들은 항시 젊음을 간직한 채
피곤한 기색이라곤 없이 짝을 지어
정감어린 물 위를 헤엄쳐 다니거나
공중으로 힘차게 날아오르네.
어느 곳을 헤매고 다녀도 그들에겐
열정과 패기가 늘 함께하리라.

고요한 물 위에 떠 있는 그들 모습
너무나도 신비롭고 아름답구나.
언젠가 내가 잠에서 깨어나
그들이 날아가 버렸음을 알게 될 때,
어느 호숫가 혹은 어느 연못에서
그들은 사람의 눈을 즐겁게 하려나?

63. 로버트 그레고리 소령을 추모하며

I
이제 우리가 이 집에 정착하는 일도 거의 다 끝났으니,
이 고탑 토탄불 옆에서 함께 식사할 수 없는
옛 친구들의 이름을 열거하련다.
늦은 시간까지 얘기를 나누다 좁은 나선계단을 걸어 올라가
잠자리에 들 수 있어야 하건만, 그러지 못하는 이들의 이름을.

잊혀진 진리의 발견자들,
혹은 내 청춘의 단순한 반려자들.
세상 떠난 그들 모두가 오늘 밤 몹시도 생각이 나누나.

II

우리는 언제나 새 친구를 옛 친구에게 소개하였고,
누군가 쌀쌀하게 대하면 마음에 상처를 입곤 했지.
우리 가슴 속에 깃든 애정에는
상처를 덧나게 하는 경우도 있게 마련인지라,
때로 말다툼은 풍선처럼 부풀어 오를 때도 있었다.
그러나 오늘 밤 내가 불러내려는 친구들 어느 누구도
언쟁에 불을 붙이진 못 하리,
그 친구들 모두가 이미 세상을 떠났기에.

III

맨 먼저 생각나는 친구는 라이오넬 존슨,
그는 형편없는 자들에게도 예의를 잃지 않았으나
인간보다는 학문을 더 사랑하였지.
몸과 마음이 피폐해져 있을 때에도
신성에 대한 사색을 게을리 하지 않았기에,
그리스 로마 문학에 대한 깊은 조예는
길게 울려 퍼지는 피리소리로 우리에게 다가왔다네,
그가 꿈꾸는 무한의 극치를
사색 가까이로 끌어들이는 마법의 피리소리로.

IV

다음으로 떠오르는 건 탐구심이 강했던 존 싱.
세상을 떠나기 얼마 전에 그는
살아 숨 쉬는 세계를 교본으로 선택하였지.
어둠이 깔릴 무렵 오랜 여행의 막바지에,
어둠이 깔릴 무렵 저 멀리 바위투성이 황량한 곳에서,
그의 가슴처럼 열정적이고 단순한 종족을 발견하지 못했던들,
그는 무덤 속에서 휴식을 취하지 못했으리라.

V

다음으로 노년의 조지 폴렉스펜이 떠오르네.
혈기 왕성했던 젊은 시절 그는, 메이요 사람들에게,
승마나 경마에 빼어난 사람으로 잘 알려져 있었지.
그러나 그는, 순종 말과 건장한 기수들이
온 정열을 바쳐 목표를 향해 나아간다 해도
궤도를 벗어난 별들의 영향권에 들게 되면
정반대의, 사각의, 사선의 삶을 살 수밖에 없다고 생각하였지.
나이가 들수록 그는 행동도 굼뜨고 더욱더 사색적이 되어갔다.

VI

여러 해 동안 그들은 나의 절친한 친구들이었지.
이를테면 내 마음과 삶의 일부와도 같아서,
지금 어느 낡은 사진첩에서 그들의 숨죽인 얼굴들이
내 행동 하나하나를 내다보는 것만 같구나.
나는 그들의 죽음에는 익숙해져 있지만,
내 소중한 친구의 소중한 아들,

우리시대의 시드니이자 완전한 인간이
죽음의 지배하에 있음을 받아들이기란 쉽지 않네.

VII
지금 우리가 즐거운 눈으로 바라보는 모든 것들을
그는 지극히 사랑하였지.
길과 다리 위로 그림자를 내던지는
폭풍에 부러진 오래된 나무들. 강가에 서 있는 탑.
밤마다 소들이 물 마시러 와서 휘저어놓는 여울,
쇠물닭은 그 소리에 깜짝 놀라 거처를 옮기겠지.
그대가 가장 반기는 방문객은 바로 그분이리라.

VIII
그가 골웨이종 사냥개들을 데리고
테일러 성에서 록스버러 산허리까지
또는 에서켈리 평원까지 말을 달릴 때면
그를 따라잡을 사람이 없었지.
한 번은 무닌에서 그가 너무나 위험한 곳을 뛰어넘을 때
거기에 모인 사람들 절반이 눈을 가렸지.
그가 말에 재갈도 물리지 않고 시합한 곳은 어디였던가?
그럼에도 그의 마음은 달리는 말의 발을 앞질러 갔네.

IX
클레어의 차디찬 바위산과 골웨이 바위산과 가시덤불,
바라보는 이의 마음을 한층 더 강화시켜주는 비밀스런 화풍,
거기에서 비롯되는 저 강렬한 색채와 저 섬세한 윤곽,

우리는 그것들을 위한 위대한 화가가 태어났다고 생각하였지.
군인이자 학자이자 기수(騎手)였던 그,
그에게는 세인들의 눈을 즐겁게 하기 위해
자기가 가진 것 모두를 속속들이 보여주는 강렬함이 있었네.

X

집안의 온갖 아름다운 소품들에 대해
그토록 잘 조언해 줄 수 있는 분이 있었던가?
금속공예품이든 목공예품이든,
석고상이든 석각이든, 그분보다 원리도 더 잘 알고
또 실제로 작품을 더 잘 만들 수 있는 그런 사람이?
학자이자 군인이자 기수였던 그,
그가 행한 일들은 모두가 완벽했네,
마치 그가 한 가지 일에만 정통한 인간이기나 하듯이.

XI

어떤 이는 축축한 나뭇단을 태우고,
또 어떤 이는, 마른 지푸라기를 태우듯,
순식간에 온 세상을 불태울 수도 있지.
몸을 돌려 바라보면, 완전히 다 타버려서,
빈 굴뚝에선 불빛 하나 새어나오는 법이 없지.
군인이자 학자이자 기수였던 그,
그는 모든 삶의 축도로 여겨졌다네.
그런 그가 회색 머리칼을 빗질할 수 있었겠나?

XII
덧문 흔드는 바람이 어찌나 매서운지,
나는 한 사람 한 사람에 대해 적절한 논평을 가하며,
그들 모두를 마음속에 떠올려 보았네.
어른이 된 뒤의 경쟁상대, 어린 시절 좋아했던 분,
소년시절 멋져보였던 분들 모두를.
상상력이 고조되자 그들은 더욱더 실감나게 다가왔네.
그러나 아, 얼마 전에 죽은 그 분을 생각하면
가슴이 미어지고 말문이 막히누나.

64. 죽음을 예감하는 아일랜드 비행사

저기 저 구름 사이 어디에선가
나는 내 운명과 마주치겠지.
나는 내 적을 미워하지도,
내가 보호하는 이들을 사랑하지도 않네.
내 조국은 킬타르탄 크로스,
내 동포는 킬타르탄의 가난한 이들.
어떤 그럴싸한 결말도
그들에게 상실을 안겨주거나
그들을 더 행복하게 할 수는 없지.
나를 싸움터로 내몬 건 법도, 의무감도,
공인들도, 환호하는 군중들도 아니다.
기쁨에서 비롯된 초연한 활력이

나를 구름 속 이 격랑으로 이끌었다.
드디어 나는 균형 상태에 도달하였네.
이 생명, 이 죽음과의 균형 속에서
다가오는 세월은 호흡의 낭비,
지나간 세월도 호흡의 낭비로 비쳐질 뿐.

65. 사람은 세월과 더불어

나는 꿈에 지쳐 있다네,
물가에 선 채로 온갖 풍상에 씻긴
대리석 트리톤 상처럼.
온종일 나는
이 아가씨의 아름다운 모습 바라보네,
책 속에 그림 같은 미인 발견하고는
눈을 아름다움으로 가득 채우거나
분별력 있는 귀를 즐겁게 하여
더욱더 현명해지기를 바라기나 하듯이.
사람은 세월과 더불어 발전하기에.
하지만, 하지만,
나의 이런 생각은 진실일까,
아니면 한갓 꿈에 불과한 것일까?
아, 불타는 젊음 간직하던 시절
우리 만났더라면!
하지만 나는 꿈속에서 늙어가는,

물가에 선 채로 온갖 풍상에 씻긴
대리석 트리톤 상에 불과할 뿐.

66. 학자들

자신들의 죄를 잘 잊어먹는 대머리들,
학식 있고, 존경받는 늙은 대머리들이
젊은이들이 침대에서 이리저리 딩굴며
미인의 무지한 귀에다 아첨하기 위해
사랑의 절망 속에서 지은 시들을
편집하며 여기저기 토를 다네.

모두가 발을 질질 끌며 걸어 다니고,
잉크 묻은 손으로 연방 기침을 하고,
신발 신고 다니며 카펫을 닳게 하는가 하면,
다른 사람들이 생각하는 것만 생각하고,
이웃이 아는 사람밖에는 아는 이라곤 없지.
주여, 카툴루스가 그렇게 걸어 다닌다면
그들은 과연 뭐라고 말할까요?

67. 양치기와 염소치기

양 치 기: 저건 올해 들어 처음 듣는 뻐꾸기 울음소리. 그 울음소리 그치기 전에 저는 소망을 빌었지요.

염소치기: 난 늙었으니 말이네, 요즘은 새도 짐승도 내게 소망을 간직하게 할 수 없다네. 늙은이는 그저 홀로 죽기나 했으면 하고 바랄 따름이지. 더구나 늙은이가 무얼 바란다는 건 하느님의 섭리에 어긋나는 일 아닌가. 소망은 젊은이나 간직해야지. 그런데 어떻게 여기에 오게 되었나? 염소들이 척박한 땅에서 풀을 뜯거나 이 바위에서 저 바위로 뛰어다니는 이곳에서 우린 지금까지 만난 적이 없지, 아마.

양 치 기: 길 잃은 양들을 찾아다니고 있는 중이지요. 무언가 마음을 괴롭히는 게 있어 골몰하다보니 양 몇 마리가 우리를 벗어났지요. 시를 짓다보면 마음이 한결 가벼워지고 또다시 햇살이 부드럽게 느껴지기에 난 오로지 시 짓는 일에만 골몰했지요. 그런데 운을 모두 제 자리에 끼워 맞춘 뒤에 양 몇 마리가 없어졌다는 걸 알게 되었지요.

염소치기: 이토록 선량한 양치기가 양 돌보는 일 소홀히 한 까닭을 이제야 알겠군.

양 치 기: 마을에서 벌어지는 온갖 운동시합 온갖 장기자랑의 제일인자이자 점잖은 영감님과 성미 급한 젊은이들 모두에게 매우 예의 발랐던 바로 그분이 세상을 떠났지요.

염소치기: 구운 빵을 나에게 가져다주는 소년에게서 그 슬픈 소식을 전해 들었네

양 치 기: 그분은 양 보살피는 일을 그만두고 바다건너 전쟁터에서 죽었지요.

염소치기: 그는 내 산에서 자주 피리를 불곤 했지. 피리 불 때 그 사람 손가락 아래서 터져 나오는 건 산과 들의 외로움, 산에 박힌 바위의 황홀, 바로 그것이었지.

양 치 기: 내가 그의 어머니로부터 양치기의 지팡이를 물려받았을 때 양들은 그의 집 문 앞에서 풀을 뜯고 있었지요.

염소치기: 그의 모친은 어떻게 슬픔을 이겨내고 있을까? 그 양치기가 모친 이름 거론할 때면, 그녀가 내게 보여준 친절을 기억하고는, 그를 더욱더 친절하게 잘 대해주었지. 염소도 풀 먹일 양도 없던 시절 나는 매서운 겨울바람이 사라질 때까지 그녀의 벽난로 가에서 융숭한 대접을 받았는가 하면, 거기서 옛 지혜를 발견하곤 했지. 그런 내가, 심지어는 그 친구의 아들딸과 아내 앞에서일망정, 모친 얘기를 안 할 수는 없는 노릇이지.

양 치 기: 그분 모친은 식품저정실과 아마포상자 사이, 그녀 집 주변을 꿋꿋한 자세로 조용히 서성이거나, 초원이나 풀밭에서 일꾼들을 내려다보지요, 비록 그녀 손자를 위해서일망정, 마치 소중한 아들이 살아 돌아오기라도 할 것처럼 말이어요. 아들이 세상을 떠났을 때 그녀 얼굴에는 추수철 양치기들이 뛰노는 모습 지켜볼 때의 표정 말고는 아무런 변화도 보이지 않았지요.

염소치기: 자네의 노래를 부르게나. 나 또한 나의 환상을 잦곤 했지. 하지만 젊은이는 젊은 시절 찾아낸 걸 보여주기에는 가슴이 너무나 뜨겁지. 게다가 열기가 식을 때까지 기다릴 수도 없는 노릇이고. 늙은 염소치기와 늙은 염소들은, 다른 모든 점에서는 젊은이가 더 빼어날 수도 있겠지만, 기다리면서 배운다네.

양 치 기: 영감님은 분명히 보았겠지요, 유독 그분만이 아무런 연장 없이도 능숙하게 작업할 수 있음을, 사람들이 새나 동물을 처음 포획했을 때 누구나 소망하듯이 넓은 받침대 없이도, 긴 벤치 없이도, 높은 우유선반 없이도, 목수가 작업할 수 있도록 도와주었음을. 그분은 뻐꾸기의 생태를 잘 알고 있는 양 자기 집을 부친이 살았을 적 모습 그대로 보존했지요. 그가 세상을 떠난 지금 유품이라고는 슬픔 가득한, 준엄한, 부드러운, 격조 높은, 목동의 피리를 위한 곡 대여섯 개 뿐이지요.

염소치기: 자넨 지금 자네의 생각을 시로 읊고 있군.

양 치 기: 하루 종일 난 시 짓는 일에만 골몰했지요. 하지만 내가 지은 건 평범한 산문으로 "참 슬픈 일이지"라고 옮기는 편이 영감님의 오름(山)환상에 훨씬 더 가까이 다가갈, 바로 그 정도 수준밖에 되지 않아요.

[그가 노래한다]

수만리 바다를 키질하는 점박이새마냥,
노란 다리로 초원 위를 내달리거나
일순간 반쯤 비상하는 점박이새마냥,
그는 잠시 우리 곁에 머물렀네.

그의 음성 우리 귀에서 멀어질 때까지
우리는 동틀녘 그의 말투에 익숙하지 않았네.
온갖 새들이 멱을 감는 연못
연못가 저녁 해거름에 비친 그의 모습에
우리 눈은 좀처럼 익숙해질 수 없었네.
돌아올 날 손꼽아 기다렸건만
아, 인간은 한갓 어릿광대인 것을.

염소치기: 젊은이는 예나 지금이나 자연친화적인 삶을 노래하는군. 젊었을 적 음악을 좋아하도록 길들여진 나이기에, 젊은이 노래를 듣고 있노라니 절로 한숨이 나는군. 아, 나는 인생의 반려자를 잃어버렸어.

양 치 기: 그의 영혼이 우리 시야에서 사라진 뒤 영감님께서는 황량한 산 바위틈에 영혼이 지나다니는 길을 닦아놓았다고 하더군요. 영감님은 혼령들과 얘기를 나눈다지요?

염소치기: 사실 말이지, 처음으로 망연자실했던 젊은 시절 이래
염소 발길 닿지 않는 길을 찾느라 여념이 없었지.

양 치 기: 노래해 보세요, 영감님 생각 속에는 우리의 슬픔을 어루만져줄 모종의 약초가 들어있을 지도 모르니까요.

염소치기: 그 혼령들은 바위틈에서 양귀비 씨주머니나 꽃 같은 걸 주워 모아 내게 가져다주었지.

[노래한다]

그 분이 살았던 나날들

하나하나 헤아려볼 때
너무나 진지해 보이던 그 분,
하지만 매순간 젊어진다네.
꿈꾸는 것들이 있었기에
지향하는 목표가 있었기에
너무나 진지하고 차분했었지.
이제는 태어난 시각을 향하여
산책도 하고 여행도 하며
삶의 고통과 환희 모두의
그가 조성한 온갖 것들의
무거운 실타래 풀어간다네.
끔찍스런 전쟁도 사라지겠지.
늙은 산사나무 뿌리 곁에서
양치기의 피리를 불거나
촘촘히 베인 풀밭 어드뫼서
양치기소녀에게 구애하거나
낮과 밤이 같아 보일 때까지
온갖 놀이에 열중하겠지.
내면의 승리를 통하여
지식의 실타래 풀어가다가
마침내 요람가 기어오르며
어머니의 자부심 꿈꾸고,
달콤한 무지의 황홀 속에서
모든 지식은 잦아들겠지.

양 치 기: 양떼를 우리에 몰아넣은 뒤

우리 함께 숲으로 가서
나무껍질 벗겨 노래 새겨서
이름일랑 적지 말고 문 앞에 놓아요.
그러면 산과 골짜기가 애도하는 그의 죽음은
아내와 어머니와 자녀들에게
어깨 높이 성장한 자녀들에게
고요한 사색 일깨울 수도 있을 것이기에.

68. 실의에 잠겨 쓴 시

달의 여신이 탄 마차를 끄는 검은 표범들,
그 초록빛 둥근 눈망울과
느리게 움직이는 긴 몸뚱아리들,
그 광경 마지막으로 본 게 언제였던가?
야성의 마녀들, 너무나 고고한 요조숙녀들,
그들의 빗자루와 그들의 눈물들,
그들의 성난 눈물이 있었음에도
그 모든 것 다 사라져 버렸네.
성스런 켄타우로스는 추방된 지 오래고
내게 남겨진 것이라고는 격분한 태양뿐.
영웅적인 어머니 달은 추방당한 신세 되어
더 이상 눈에 보이지 않고,
이제 오십대에 접어든 나는 아,
저 소심한 태양을 받아들여야만 하나?

69. 낚시꾼

나 비록 지금도 여전히
그를 마음속에 그려볼 수는 있지만,
새벽녘에 낚시하기 위해
회색 콘마라 옷차림으로
희부연 산골짜기 걸어 올라가는
주근깨투성이 그 사내를,
현명하고 단순한 그 사내를
눈에 그려보기 시작한지 오래네.
온종일 그의 얼굴 바라보며
종족과 현실을 위해
내가 쓰고 싶은 글을 구상했지.
내가 증오하는 살아있는 자들,
내가 사랑하는 죽은 그 사람,
자리 보존에 연연하는 겁쟁이,
비난을 모면한 오만한 친구,
술집에서 환호의 대상이 되는 바보얼간이,
범인들의 귀를 즐겁게 하는
재치 있는 인간의 농지꺼리,
어릿광대의 상투어를 즐겨 차용하는 영리한 친구,
현명한 이들을 때려잡는 현실과
흠씬 얻어맞은 위대한 예술.
아마도 열두 달 전부터 느닷없이 나는
이 관객들을 비웃으며,
주근깨투성이의 회색 콘마라 옷을 입은 이 사내가

산에 오르는 광경을 상상하기 시작하였네,
어둠 속 물거품 아래 어렴풋이 돌이 보이고,
그가 손목을 가볍게 비틀며
시냇물 속으로 미끼 내던지는 광경을.
현실 속에 존재하지 않는,
꿈일 뿐인 이 사나이를 꿈꾸며
나는 이렇게 소리쳤다네, "늙기 전에 나는
여명처럼 차갑고도 열정적인 시 한 편을 써서
이 사내에게 바칠 수도 있으리라."

70. 추억

어떤 아가씨는 사랑스런 얼굴을,
또 어떤 아가씨는 매력을 간직하고 있었지.
하지만 얼굴도 매력도 다 부질없어라.
산에 돋아난 풀은
산토끼가 드러누웠던 곳의 모습을 지울 수 없기에.

71. 굳은 언약

그대가 그 굳은 언약을 지키지 않았기에
다른 이들이 내 친구 되었다오.

하지만 죽음의 얼굴을 빤히 쳐다볼 때면,
깊은 잠 속을 해매일 때면,
또는 술에 취해 기분이 한껏 고조될 때면,
갑작스레 그대 얼굴과 마주치게 된다오.

72. 전쟁시 청탁을 받고서

요즘 같은 때에는
시인이 침묵을 지키는 것이 좋을 듯하네.
사실 우리에게는
정치가를 바른 길로 인도할 능력이 없다.
개으른 젊은 여성을 즐겁게 하거나
겨울밤에 늙은이를 즐겁게 하는 것만으로도
우리들의 간섭은 충분하리니.

73. 그녀의 용기

그녀 영혼이 예정된 곳 춤사위 나라로 날아갈 때
(내 마음은 오로지 상징을 통해서만 전달될 뿐,
그건 젊은 날 꿈속에서 되뇌던 이교도의 언어)
첫 대면의 기대에 가슴 조이며 그라니아의 혼령과 대면케 하라.
디아미드를 소중한 사람이게 했던,

숲 속을 도망쳐 다닐 때의 두려움 말고는 모든 일 망각한
그라니아의 혼령과. 또한 반쯤 잠긴 눈으로
양지바른 곳 서성이던 어느 늙은 추기경과도 대면케 하라.
마지막 숨결 몰아쉬며 그는 조지온에 대하여 중얼거렸지 —
그래 그렇지, 환희에 찬 삶을 살다 죽음의 얼굴 빤히 쳐다보며
껄껄 웃었던 아킬레스, 티모르, 바바르, 바라임, 그 모두와도.

74. 나는 너의 주인

힉: 마이클 로바츠가 남겨놓은 책이 펼쳐져 있고,
그 옆에는 아직도 램프불이 타오르는데,
바람에 얻어맞은 탑 아래 개울가 희부연 모래밭에서
그대는 달빛 속을 걸어다니네.
인생의 전성기를 지났건만 억누를 길 없는 미망에 사로잡혀,
아직도 마계(魔界)의 형체들을 더듬는구려.

일: 나는 어떤 이미지의 도움으로 나의 대립물을 소리쳐 부르고,
가장 다루기 힘든, 쳐다본 적이라고는 없는 것들을
모두 불러낸다네.

힉: 나는 이미지가 아닌 나 자신을 찾고 싶어.

일: 그건 우리 현대인들의 희망이지. 그 빛에 기대어 우리는
부드럽고 민감한 정신의 불을 밝혀왔지만,

기분에 치우치지 않는 능숙한 손맵시를 잃어버렸어.
끌, 펜, 또는 붓, 어느 것을 선택하든 비평만 할 뿐,
창조력이라고는 절반밖에 발휘하지 못하지.
소심하고, 혼란스럽고, 텅 비어 있고, 수치스럽고,
친구들의 인정마저 받지 못하지.

힉: 하지만
기독교국가에서 상상력의 제일인자로 알려진 단테 알리기에리,
그는 자신을 발견했기에 사람들의 심안(心眼)에다
심어줄 수 있었어,
그리스도를 제외한다면 어느 누구의 얼굴보다도 텅 빈 얼굴을.

일: 그렇다면 단테는 스스로 자기 자신을 발견하였나,
아니면 그의 얼굴을 홀쭉하게 만든 건 굶주림이었나?
좀처럼 손이 닿지 않은, 나뭇가지에 열린 사과를 향한 갈망.
유령과도 같은 단테의 이미지는
라뽀도 귀도도 아는 이미지였나?
그는 자기 대립물로부터 자기 이미지를 만들었음이 분명해.
깎아지른 절벽의 대문과 창문을 통해
베드윈족의 말털지붕을 응시하는 돌처럼 각 진 얼굴,
혹은 잡초와 낙타똥 사이 하늘 향해 비스듬히 서 있는 돌얼굴.
그는 자기 끌을 가장 단단한 돌에다 들이대었지.
음란한 생활을 탐한다는 귀도의 비웃음을 감수하면서,
조롱당하고 조롱하는 사이에, 어느덧 추방당한 몸이 되어,
거친 빵을 먹고, 가파른 계단을 기어오르며,
설득 불능의 정의를 발견하고,

남자가 사랑할 수 있는 가장 고양된 여성을 찾아내었지.

힉: 하지만 비극적인 전쟁이 아닌 다른 것들로부터 작품을 만드는
그런 사람들도 분명히 있지. 삶을 사랑하는 이들,
행복을 찾아다니고, 행복을 찾았을 때 노래 부르는,
충동에 따라 삶을 살아가는 그런 이들이.

일: 아니야, 그런 사람들은 노래하지 않아.
속세를 사랑하는 사람들은 행동으로 봉사하고,
부자가 되고, 인기를 누리고, 영향력을 행사하기 때문이지.
그림을 그리거나 시를 쓰거나,
그런 이들에게 그건 여전히 행동일 뿐이지.
마멀레이드 속에 빠진 파리의 몸부림이라고나 할까.
언변에 능한 이들은 이웃을 기만하고,
감상적인 이들은 자신을 속이지.
이에 반해 예술이란 실제를 향한 비전일 뿐.
보편의 꿈에서 멀어진 예술가에게
방탕과 절망 이외에 어떤 것이 주어질 수 있겠나?

힉: 하지만 키츠의 체계적인 행복을 생각할 때,
속세에 대한 그의 사랑을 부정할 사람은 없을걸.

일: 그의 예술은 행복한 예술이었지.
하지만 그의 마음 헤아릴 수 있을 이 누구인가?
그를 생각할 때면 초등학교 어린이가 머리에 떠오르지,
코와 얼굴이 사탕가게 창문에 찰싹 달라붙은 어린이가.

그는 가난하고, 병들고, 교육도 제대로 못 받은 데다,
온갖 호사로부터 차단된, 비천하게 자란
전세마차꾼의 자식이었기에,
감각도 가슴도 충족될 길 없어,
호사스런 노래에서 보상을 찾다가,
결국 무덤 속 나락으로 추락했을 것임 분명해.

힉: 왜 그대는 펼쳐진 책 옆의 외로운 램프불빛을 내버려두고,
모래 위 이 문자들을 더듬고 있나? 스타일이란
대가들을 힘겹게 모방하는 과정에서 확립되는 것 아닌가?

일: 책이 아닌 어떤 이미지를 찾고 있기 때문이지.
대단히 현명한 이들은 글을 쓸 때면 맹목적인,
바보 같은 가슴 이외에는 그 무엇도 아랑곳 하지 않아.
나는 신비한 존재를 소리쳐 부르네.
나와 가장 닮은 존재인 그는,
사실 나의 분신이기에, 시냇가 젖은 모래밭을 오가겠지.
그리고 상상할 수 있는 것들 가운데 나를 가장 닮지 않은,
나의 반자아(反自我)임이 분명한 그는, 이 문자들 옆에 서서,
내가 추구하는 것 모두를 드러내 보이며 조용히 속삭이겠지,
새벽이 오기 전에 잠시 소리 높여 우짖는 새들이
불경한 인간들에게 그 비밀 누설할까 두렵다는 듯이.

『마이클 로바츠와 댄서』(1921)

75. 1916년 부활절

하루가 다할 무렵 나는 그들과 마주치곤 했지.
그들은 계산대나 책상을 빠져나와
18세기풍의 회색 건물들 사이로
환한 얼굴 보이며 내게 다가왔지.
나는 고개를 끄덕여 목례를 주고받거나
무의미한 인사말을 건네면서 지나쳤지.
혹은 잠시 걸음을 멈추어
정중하면서도 무의미한 인사말을 주고받았지.
인사말이 채 끝나기도 전에 마음 한켠에서는
클럽 난롯가에서 어느 친구에게 들려줄
농담이나 우스갯소리를 생각하고 있었지,
우리 모두가 어릿광대나 다름없는
그런 삶을 살아가고 있음이 분명했기에.
그러다 모든 것이 변했다, 완전히 변했다,
엄청난 아름다움이 탄생한 것이다.

저 여성은 무지의 소치이긴 하나 선의에서 비롯된
좋은 일을 하느라 낮 시간을 낭비하였고,
밤에는 늘 논쟁에 열을 올리다보니

결국 목소리가 날카로운 중성 소리로 변해버렸다.
사냥개를 데리고 말을 달리며 토끼사냥 하던 시절,
젊고 아름다웠던 그때 그녀의 목소리보다
더 아름다운 목소리가 있었던가?
이 사람은 학교를 운영하며
날개 달린 말을 타고 다녔지.
그의 동료이자 친구였던 또 한 분
그 분도 그의 진영에 가담했다.
그는 대단히 민감하면서 대담하고
또 부드러운 성품을 타고났기에
명성을 얻을 수 있었으리라.
그리고 이 사람, 나는 그를
술주정뱅이이자 허풍선이라 생각했었지.
내가 소중히 여기는 몇몇 분들에게
해서는 안 될 몹쓸 짓을 했지만
이 노래에서 그를 거론하노라.
하찮은 희극에서 그 역시 자기 역할을 그만두고,
자기 차례가 되자 완전히 새 사람으로 변신하여,
엄청난 아름다움으로 태어났다네.

한 가지 목표에만 얽매인 마음은
여름과 겨울을 가리지 않고
어느 돌에 홀린 것과 같아서
활기찬 시냇물의 흐름을 방해하지.
길 따라 걸어가는 말과 기수들,
이 구름에서 흩어지는 저 구름으로

황망히 날아다니는 새들,
그것들 모두가 시시각각 모습을 바꾸네.
흐르는 물에 비친 구름의 그림자도
시시각각 변화에 변화를 거듭하고,
찰랑이는 물 위를 스치는 말발굽,
어떤 말은 사방으로 물을 튀기고,
장다리 물오리가 자멱질 하고,
숫놈의 구애 소리에 암놈이 화답하고,
순간순간 살아 움직이는 모든 사물들 한가운데
돌이 하나 놓여 있네.

너무나 오랜 세월 참고 희생하다 보면
마음이 돌로 변화될 수도 있으리.
아, 언제쯤이면 만족할 수 있을까?
그것은 하늘의 몫, 우리의 몫은
한 사람 한 사람 그 이름을 읊조리는 것.
한때 야성으로 들끓던 아이의 사지에
마침내 깨어날 줄 모르는 잠이 찾아오자
어머니가 그 아이 이름을 되뇌이듯이.
그들의 죽음은 해거름에 불과한 것일까?
아니지, 단순한 밤이 아니라 죽음이지.
오고간 모든 말과 행동에 대해
영국이 약속을 지킨다면,
결국 그들의 죽음은 불필요한 죽음이었던가?
우리는 그들의 꿈을 안다.
그들은 꿈을 간직하고 있었고

그래서 죽었음을 아는 것으로 족하다.
지나친 사랑이 그들의 마음을 혼미케 하여
죽음으로 내몰았다면?
나는 시로 쓰노라 —
맥도나와 맥브라이드, 커놀리와 피어스는
지금도, 다가오는 시대에도
초록 휘장이 드리우는 곳이면 어디에서나
완전히, 철저하게 변하여,
엄청난 아름다움으로 다시 태어나리라.

76. 열여섯 영령들

열여섯 명의 사나이들이 총살당하기 전에
아, 우리가 허심탄회하게 얘기만 나누었어도.
하지만 들끓는 솥을 휘젓기 위해
저 죽은 이들이 저기를 배회하고 있을 때,
주고받음에 대하여,
해야 할 일과 해서는 안 될 일에 대하여,
누가 이야기 할 수 있었겠나?

독일이 패망할 때까지는
소요를 일으켜선 안 된다고 당신은 말하지.
하지만 피어스의 귀가 멀고 말문마저 닫은 마당에
그 문제에 대해 왈가왈부할 수 있을 이 누구인가?

그런 주장을 펴는 이들의 논리가
맥도나의 예쁜 엄지손가락 무게를 감당할 수 있을까?

새롭게 발굴한 동료들에게만,
에드워드경과 울프 톤에게만 귀 기울이는 마당에,
뼈와 뼈를 맞대고 대화를 나누는 그들이
당신 말에 귀 기울이고,
우리의 주고받음 따위에 관심을 있을 것이란 꿈에 젖다니.

77. 장미나무

"아, 사람들은 말을 너무 가볍게 하지,"
피어스가 커놀리에게 말했다,
"아마도 정치적인 말 한 마디가
우리 장미나무를 시들게 했을 거야.
아니면 험한 바다를 가로질러 불어오는
저 바람 탓일지도 모르지."

"물만 주면 될 거야,"
제임스 커놀리가 대답했다,
"그러면 푸른 싹이 다시 돋아나
사방으로 가지를 펼치고
꽃잎을 흔들어대며
정원의 아름다움을 뽐내겠지."

"하지만 어디서 물을 끌어오지?"
피어스가 커놀리에게 말했다,
"모든 샘이 말라버렸으니 말이야.
아, 너무나 분명한 사실은
장미나무를 잘 자라게 하려면
우리의 붉은 피가 요구된다는 점이지."

78. 어느 정치범에 대하여

어렸을 적부터 참을성이라고는 없는 그녀였지만
이제는 참는 데 이력이 났는지,
회색 갈매기가, 무서워하는 기색도 없이,
그녀 감방으로 날아 들어와 사뿐히 앉고는
만지는 것도 마다 않고 빵부스러기를 받아먹누나.

외로운 새의 날개를 어루만지며 그녀는
지나간 세월을 마음속에 그려볼까?
이념적인 과격한 인간이 되기 이전의,
가슴이 민중의 적개심으로 채워지기 이전의,
더러운 시궁창 물 들이키며 눈이 멀어버린
눈먼 이들의 지도자 되기 이전의 세월을?

오래 전에 그녀가 불벤산 기슭을 지나
모임이 있는 곳으로 말을 달릴 때,

초연한 젊은이의 야성으로 들끓는,
전원의 아름다움을 간직했던 그녀는
바위틈에서 태어나고 자란, 파도 타는 새처럼
너무나 청순하고 부드러워 보였네.

파도 타는,
혹은 공중에서 균형을 유지하는 새 마냥,
처음으로 보금자리를 박차고 날아올라
높은 바위에 걸터앉아 구름 낀 하늘을 바라보고,
폭풍에 휘몰아치는 가슴 아래에선
텅 빈 바다가 넘실대며 고함을 질러대었네.

79. 재림(再臨)

점점 넓어지는 소용돌이를 타고 선회하다가
결국 매는 주인이 부르는 소리를 못 듣게 되었다.
모든 것이 어긋나고, 중심이 흔들린다.
오로지 무질서만이 온 세상을 뒤덮고,
피로 흐려진 조류가 넘실대는 가운데
천지사방에 순수의 의식이 익사한다.
최상의 인간들은 확신을 상실한 데 반하여
최악의 인간들만이 강렬한 열정으로 충만해 있다.

분명히 모종의 계시가 임박해 있다.

분명히 '재림'이 임박해 있다.
'재림'! 이 말이 입 밖으로 새어나오자마자
'세계령'에서 비롯된 거대한 이미지가 내 눈을 괴롭힌다.
사막의 모래밭 어디에선가
사자 몸뚱아리와 사람 머리를 한 어떤 존재가,
태양처럼 텅 비고 무자비한 눈을 가진 어떤 존재가,
허벅지를 느릿느릿 움직이며 다가오고, 그 주변에는
적개심에 불타는 사막 새들의 그림자가 정신없이 맴돈다.
다시 어둠이 내린다. 이천 년 동안 지속된 돌 같은 잠이
흔들리는 요람 때문에 악몽을 꾸고 있음이 분명하다.
그렇다면 어떤 흉악한 짐승이, 마침내 태어날 시간이 되어,
베들레헴을 향해 어기적거리며 기어가고 있는 걸까?

80. 내 딸을 위한 기도

밖에는 또다시 폭풍이 울부짖고,
집 안에선 내 젖먹이 아이가
요람씌우개와 이불에 감싸여 잠들어 있네.
대서양에서 태동하여
건초가리도 지붕도 뒤엎어버리는 저 바람,
막을 수 있는 장애물이라고는
그레고리의 숲과 민둥산 하나밖에 없네.
마음속에 둥지를 튼 크나큰 우울 때문에
나는 한 시간 동안 서성이며 기도드렸네.

이 아이를 위해 기도하며 서성이는 동안에
바닷바람은 비명을 지르네,
탑 위로, 아치형 다리 아래로,
넘실대는 시냇물 위로 드리운 느릅나무들 사이에서.
그 소리 들으며 나는,
다가오는 세월이 광란의 북소리에 맞추어 춤을 추면서
바다의 살인적인 순수를 지나 여기까지 왔다고 상상하며,
격앙된 환각상태 속으로 빨려들었네.

저 아이에게 아름다움을 허락하시되
낯선 사람의 눈을 현혹하거나 거울 앞에서 돋보이는
그런 아름다움이 아니기를 기원하나이다.
그런 여성은 아름다움 자체를 목표로 하기에
예쁘게 치장하는 데에만 전념하는 나머지
다정다감한 천성도, 올바른 선택으로 이끄는 친화력도
잃어버리기 십상이어서 친구 사귀기가 쉽지 않습니다.

헬렌은 왕비로 선택된 뒤에
인생이 너무나 무미건조하게 느껴져
바보남편과 심하게 다투곤 했지요.
그런가 하면, 바다포말에서 솟아오른 저 위대한 여왕은
누가 애비 없는 자식 아니랄까봐 뭐든지 게 제멋대로여서
결국은 절름발이 대장장이를 남편으로 선택하였지요.
훌륭한 자질을 갖춘 여성은
고기를 먹을 때 흔히 맛이 간 샐러드를 곁들이기에
풍요의 뿔이 망가지게 마련이지요.

무엇보다도
예의범절이 내 아이에게 내면화되기를 바라나이다.
사람 마음이 크나큰 선물이 되는 것은
지나치게 아름답지 않은 그런 사람의 마음을 사로잡을 때입니다.
하지만 바로 그 매혹적인 아름다움 덕분에
미인을 위해 바보노릇 한 이들이 현명해지기도 하지요.
그래서 발광하며 사랑하는
또 자신이 사랑받는다고 생각하는
그런 가련한 인간들이
즐거운 친절로부터 눈을 뗄 수 없는 것이지요.

내 아이가 호젓한 곳에서 자란 무성한 나무 되어,
생각은 방울새 같고, 웅혼한 가락을 맛보는 경우 말고는
사상이란 나뭇잎을 탐하지도 말 것이며,
뒤쫓는 사랑놀이도 재미로 하고,
말다툼도 재미로만 하기를. 아, 내 아이가
소중하고 영속적인 한 장소에 뿌리 내린
초록 월계수와도 같은 삶을 살아갈 수만 있다면.

요즘 들어 내 마음이 메말라버린 것은
사랑하는 이들의 마음이, 소중한 이들의 아름다움이
무성하게 자라지 않은 탓일까? 하지만 나는 알지,
증오로 목이 막히는 것이야말로 최악의 상태임을.
증오심이 마음속에 둥지를 틀지만 않는다면
바람의 공격과 타작이 아무리 극심하더라도
방울새를 나뭇잎에서 뜯어낼 수는 없으리.

지성에서 비롯된 증오심이 가장 나쁜 것이니,
내 아이에게 식견이란 저주받아 마땅한 것으로 비쳐지기를.
풍요의 뿔에서 태어난 가장 아름다운 여인조차도
식견 가득한 마음 때문에 그 뿔과 함께
심성이 고요한 이들이 높이 사는 훌륭한 것들 모두를
성난 바람 가득한 낡은 풀무와 바꾸어 버리지 않았던가?

증오의 감정을 모두 쓸어낼 때
영혼은 본연의 순수를 회복하여,
스스로 기뻐하고, 스스로 충족되고,
스스로 두려워하는 가운데,
부드러운 의지는 곧 천국의 의지임을 알게 되리니,
그러면, 모든 사람들이 얼굴 찌푸리고,
바람이 사방에서 울부짖고,
모든 풀무들이 폭발하더라도,
내 아이는 여전히 행복할 수 있으리.

신랑이 이 아이를
모든 일이 관례대로 예식에 따라 행해지는
그런 집으로 데려가기를.
오만과 증오는
시장바닥에서 거래되는 상품인 것을.
관례와 예식을 통하지 않고 어떻게
순수와 아름다움이 싹틀 수 있겠나이까?
예식은 풍요의 뿔을 위해 지어진 이름이고,
관례는 무성하게 가지 뻗은 월계수를 위한 이름이지요.

81. 투르 발릴리 초석글(礎石文)

나, 시인 윌리엄 예이츠는
오래된 물방앗간의 판자와 쪽빛 슬레이트
그리고 고트 대장간에서 벼린 물건들을 가져다
아내 조지를 위해 이 탑을 복원하노니,
모든 것이 또다시 폐허가 되더라도
이 글자들은 남아 있기를!

『탑』(1928)

82. 비잔티움으로의 항해

저것은 노인들을 위한 나라가 아니다.
젊은이들은 서로 팔짱을 끼고, 새들은 나무에서
— 저 죽기 마련인 존재들은 — 노래 부르고,
연어폭포, 고등어떼 우글거리는 바다,
물고기, 짐승, 새들 모두가 여름 내내
잉태하고, 태어나고, 죽는 것들을 기리네.
저 관능의 음악에 사로잡혀 모든 존재들은
늙을 줄 모르는 예지의 기념비를 소홀히 하네.

나이든 노인은 그저 보잘 것 없는 존재일 뿐,
영혼이 손뼉 치며 노래하지 않는다면,
육신이 찢어질 때마다 더 크게 노래하지 않는다면,
그리고 영혼의 장대한 기념비를 배우고 익히는
노래하는 학교가 없다면,
막대기에 걸쳐놓은 찢어진 옷에 불과할 뿐.
그래서 나는 배를 타고 바다건너
성스런 도시 비잔티움으로 왔노라.

마치 황금 모자이크 벽에서인 양

하느님의 성스런 불길 속에 서 있는 현인들이시여,
회오리바람처럼 맴돌며, 성스런 불길에서 나와,
저의 영혼의 노래스승 되어 주소서.
저의 심장을 태워 없애소서. 욕망으로 병들고
죽어가는 동물에 억매인 저의 영혼은
어찌할 바를 모르나이다. 그러니 저를 거두소서,
당신이 거하는 저 영원의 예술세계로.

한번 자연으로부터 벗어나면 다시는 결코
내 육신의 형상을 자연물에서 취하지 않으리.
대신에 졸음 겨운 황제를 깨어있게 하기 위해
그리스 공예가들이 벼른 금과 금박으로 만든
그런 형상을 취하리라.
아니면 황금 나뭇가지 위에 놓여져
비잔티움의 귀족과 귀부인들에게
과거와 현재와 미래에 관한 노래를 들려주리라.

83. 탑

I
이 황당한 내 처지를 어찌할까나 —
오, 가슴이여, 오 괴로운 내 가슴이여 —
이 우스꽝스런 모습, 개꼬리에 매달리듯
나에게 매달려 있는 이 늙어빠진 나이를?

나의 상상력이 지금보다 더
흥분되고, 열정적이고, 환상적인 적도,
눈과 귀가 불가능을 이겨낼 수 있다고
기대해 본 적도 없다 —
낚싯대와 하찮은 지렁이를 들고
불벤산 등성이를 기어 올라가
여름날을 즐겁게 보내던 소년시절도
지금과 같지 않았다.
뮤즈보고 보따리 싸서 가라 하고,
상상력과 눈과 귀가 논쟁을 벌이게 하여
추상적인 문제들에 대한 만족스런 해답을 얻을 때까지
플라톤과 플로티누스를 친구로 삼아야 할까 보다.
그렇지 않을 진대,
개꼬리에 달린 찌그러진 냄비와도 같은 것에게
놀림감이 되기 십상이니.

II

나는 성루(城壘)를 거닐며 저택의 경내를,
또는 나무가 검댕이 묻은 손가락 마냥
땅에서 솟아오른 곳을 내려다보며,
하루의 기우는 햇살 아래로 상상의 나래 펼쳐,
폐허나 고목들로부터
이미지와 추억들을 불러낸다,
그것들 모두에게 물어보고 싶은 것들이 있기 때문이다.

저 산등성이 너머에 프렌치 부인이 살았는데,

언젠가 은촛대와 벽촛대에 불이 모두 켜져
검은 마호가니 식탁과 포도주가 훤히 드러났을 때,
대단히 존경받는 그 귀부인의 소원 하나하나를
정확하게 예측할 수 있다고 자부하는 한 하인이
정원가위를 들고 달려가 불손한 농부의 귀를 잘라
조그만 접시에 담고는 보자기를 씌워 가져온 적이 있다.

또 내가 어렸을 적에 어떤 이들은 여전히 기억하고 있었다,
그 돌 많은 장소 어디엔가 살았던 한 시골소녀가
노래의 주인공이 될 정도로 인기가 있었음을.
사람들은 그녀의 화사한 얼굴빛을 찬양하는가 하면,
그녀가 저자거리를 걸어 다닐 때면
농부들이 북새통을 이루었음을 상기하면서
찬양에 더욱 열을 올렸다.
그 노래는 그토록 엄청난 영광을 그녀에게 부여했던 것이다.

또 어떤 이들은, 그 노래 때문에
또는 그녀를 위해 스무 번이나 축배를 든 나머지
감정이 극도로 고조되어, 탁자에서 벌떡 일어나
자신들이 상상하는 것을 직접 확인해 보아야겠다고 선언했다.
그러나 그들은 눈부신 달빛을 단조로운 햇빛으로 착각했고 —
음악이 그들의 마음을 흩트려 놓은 것이다 —
그래서 한 남자는 깊은 클론 늪에 빠져 죽기까지 했다.

이상하게 들리겠지만, 그 노래를 지은 이는 맹인이었다.
그러나 생각해 보면 이상할 것도 없지.

비극은 맹인이던 호머로부터 시작되었고,
헬렌은 활기 넘치는 모든 이들의 마음을 저버리지 않았던가.
아, 햇빛과 달빛이
한줄기 뒤엉킨 빛으로 보일 수만 있다면.
승리자가 되려면 나 역시
사람들을 미치광이로 만들어야 하기에.

나 자신도 한라한을 만들어
술 취한 그를 또는 멀쩡한 그를 새벽녘 내내
이웃 농가에서 어디로 나돌아 다니게 하였지.
그러자 그는 어떤 노인의 마술에 걸려들어
비틀거리고, 넘어지고, 이리저리 더듬다가
품삯으로 얻은 건 오직 부서진 무릎과
욕망의 끔찍스런 광휘가 전부였다네.
그 모든 걸 나는 이십 년 전에 생각해 내었지.

활달한 친구들이 낡아빠진 헛간에서 카드를 섞고 있었지.
그 늙은 악당 차례가 되어
엄지손가락 밑의 카드에 슬쩍 마술을 걸자
한 장을 제외한 나머지 카드 모두가
카드 모습은 온데간데없이 사냥개로 변했고,
나머지 한 장은 토끼로 변했지.
그러자 한라한은 눈알을 빙빙 돌리며 벌떡 일어나
짖어대는 사냥개들의 뒤를 따라 갔다네 —

어디로 따라갔는지 생각이 나질 않네 — 하지만 됐어!

그런데 유독 한 사람이 잊혀지지 않는구나,
너무나 괴로운 나머지, 사랑도 음악도,
적의 잘린 귀도 즐겁게 해 줄 수 없었던 사람이.
이제는 너무나 전설적인 인물이 되어
언제 그가 참혹한 생을 마감했는지,
얘기해 줄 이웃이라고는 남아있지 않네.
이 저택의 파산한 옛 주인인 그에 대하여.

이 저택이 폐허가 되기 전에, 몇 세기 동안,
무릎에 십자각반을 차거나 쇠구두를 신은
거친 무사들이 좁은 계단을 오르내렸지.
그리고 또 어떤 무사들의 경우에는,
대기억 속에 저장되어 있던 그들의 이미지가
시끌벅적 가쁜 숨 몰아쉬며 거기서 나와
커다란 나무주사위를 방바닥에 내던지며
잠든 이의 휴식을 방해하곤 했지.

모든 이들에게 질문하고 싶으니, 어서 나오라.
늙고 가난하여 말도 제대로 타고 다니지 못한 친구도,
여기저기 떠돌아다니던 눈 먼 미의 사제도,
버려진 들판으로 마술사가 쫓아낸 붉은 머리 한라한도,
훌륭한 귀를 선물로 받은 프렌치 부인도,
짓궂은 시신들이 시골아가씨를 선택하자
늪의 진흙탕 속에 빠져 죽은 친구도.

남자건 여자건, 부자건 가난뱅이건,

이 성벽 위를 걸었거나, 이 문을 지나간 모든 노인들도,
공공연히 또는 은밀하게, 나처럼 노령을 원수처럼 생각했던가?
떠나가지 못해 안달하는 저 모든 망령들의 눈에서
이미 나는 해답을 발견하였네.
그렇다면 가라. 그러나 한라한 만은 남겨두라,
나는 그의 강력한 기억력을 필요로 하기에.

바람결에 새 사랑 싣고 다닌 늙은 호색한이여,
사려 깊은 그대 마음의 문을 열고
무덤 속에서 발견한 모든 것들을 털어놓으라.
마음을 녹이는 부드러운 눈길이나 손길,
한숨의 미끼에 걸려들어,
미리 예견할 수도 없고, 앞뒤 가리지도 않고,
타인의 미로 속으로 뛰어드는 그 모든 돌진을
그대는 하나하나 셈하여 보았을 것이기에.

상상력은 어느 쪽에 더 많이 머무는가?
마음을 얻은 여자에게? 아니면 얻지 못한 여자에게?
마을을 얻은 여자에게 더 많이 머문다면 인정하라,
자존심이나 비겁함, 지나치게 섬세한 어떤 생각,
또는 한때 양심이라 부른 적이 있는 어떤 것을 핑계 삼아,
그 거대한 미로로부터 고개 돌려 사랑을 외면했음을.
그리고 또 인정하라, 추억이 되살아날 때면
태양은 일식이 되고 낮은 캄캄해졌음도.

III

이제 유서를 써야할 때가 되었다.
나는 마음은 올곧은 사람들을 선택한다,
물이 샘솟는 곳까지
시내를 거슬러 올라가
물이 듣는 바위 옆에서
새벽녘에 낚싯줄 드리우는
그런 사람들을. 나는 선언하노니,
그런 이들이 나의 긍지를 계승하리니,
대의명분에도 국가에도 예속되지도 않는
그런 이들의 긍지를.
침 뱉음 당하는 노예에게도 아닌,
침 뱉은 폭군에게도 아닌,
자유롭게 거절하고, 아낌없이 주는
버크의 국민들, 그라탄의 국민들이 —
햇살이 부서져 내릴 때
아침의 긍지와도 같은 긍지를,
혹은 전설적인 풍요의 뿔의 긍지,
혹은 모든 시내가 메말랐을 때
갑자기 퍼붓는 소나기의 긍지,
혹은 백조가
사그러드는 미명에다 눈을 고정시킨 채
일렁이는 물결 따라
강의 끝자락까지 둥둥 떠내려가
마지막 노래 부르는
바로 그 순간의 긍지를.

그리고 나의 믿음을 공표하노라.
나는 플로티누스의 사상을 비웃고
플라톤을 면전에서 비판하노니,
인간이 쓰라린 영혼으로부터
자물쇠며 개머리판이며 총열이며,
유기적 전체를 만들기까지는,
그렇지, 해와 달과 별 모두를,
그리고, 그에 덧붙여,
죽은 뒤에, 다시 일어나,
달의 궤도를 넘어선 낙원을
꿈꾸고 창조하기까지는,
삶과 죽음이란 존재하지 않을 것이기에.
나는 평화를 준비해 왔다,
이탈리아의 학문과 예술,
긍지에 찬 그리스 석조물들,
시인이 상상하는 것들,
사랑의 추억들,
여인들이 건낸 말들에 대한 추억,
인간이 만들어내는 초인적인,
거울과도 같은 꿈,
그 꿈의 재료가 되는 모든 것들을 통하여.

그것은 저기 성루의 총구멍에서
갈가마귀들이 재잘대고 소리 지르며,
나뭇가지들을 층층이 떨어뜨리는 것과도 같다.
나뭇가지가 충분히 쌓이면,

엄마새는 움푹한 꼭대기에 앉아
야생의 둥지에 온기를 불어넣으리라.

나는 믿음과 긍지 모두를
산허리를 기어오르는
마음이 올곧은 젊은이들에게 남겨 두노라,
그들이 새벽녘에 눈부신 햇살 받으며
낚싯줄 드리울 수 있도록.
본성이 그러한 나는
이 글쓰는 일로 인하여
마침내 몸도 마음도 망가졌네.

이제 나는 나의 영혼을 만들어
죽음에 대비해야겠다.
학문의 전당에서 나의 영혼에게
배움을 강요해야겠다.
육체의 부서짐, 쇠잔한 피의 흐름,
성마른 정신착란, 쇠약해진 기력,
아니 그보다 더한 불행 —
친구들의 죽음, 또는 나를 숨죽이게 했던
눈부신 눈을 가진 이들의 죽음 —
그 모두가 다만
지평선 흐려질 때 하늘에 빗긴
한조각 구름인 듯,
혹은 깊어가는 해거름 속
까막새의 졸리운 울음소리로 비쳐지기를.

84. 내전기의 사색

I. 조상들의 저택

어떤 부자의 조경산(造景山)에 나뭇잎이 살랑이고,
꽃피는 잔디정원엔 생명이 넘치네.
야심 찬 고통의 흔적이라고는 찾아볼 길 없고,
생명이 비 오듯 쏟아져 내려 분수대 흘러넘친다.
타인의 손짓이나 부름에 따라 기계적인
또는 비굴한 모양 취하는 일 없이,
자신의 의지대로 다채로운 모양 취하려는 듯
더 많이 내릴수록 더 높이 아득하게 치솟아 오르네.

단지 꿈일 뿐, 단지 꿈일 뿐! 하지만 호머는 노래하지 않았으리,
반짝이는 풍요의 물줄기는 생명의 환희에서 비롯된다는 사실을,
그것은 꿈을 넘어선 진실임을 발견하지 못했더라면.
비록 지금은, 부자들의 영광을 그림자처럼 비추는 상징은
분수가 아니라 넘실대는 바닷가 흐릿한 어둠속에 내던져진
경이롭고 텅 빈 바다고동인 듯 여겨지기도 하지만.

어떤 격렬하고 매서운 사내가, 어떤 강력한 사내가
건축가와 예술가를 불러들였지,
모든 이들이 밤낮으로 갈망하는 감미로움을,
어느 누구도 경험해 보지 못한 부드러움을,
격렬하고 매서운 그들로 하여금 돌로 곧추 세우게 하기 위하여.

하지만 주인이 묻히고 나면 생쥐들은 나돌아 다닐 수 있을 테고,
어쩌면 그 집 종손도,
청동 대리석 그 모든 조형물들에도 불구하고,
단지 쥐새끼 같은 인간으로 전락할지도 모르지.

공작새가 날렵한 발로 천천히 걸어 다니는
고풍 어린 테라스와 정원들, 무심한 정원신들에게
유골항아리 주노조각상이 펼쳐 보이는 그 모든 것들,
'사색'이 실내화를 신고 한가로이 돌아다니고,
어린 시절 모든 감각을 싱싱하고 아늑하게 일깨웠던
평평한 잔디밭과 자갈 깔린 길들,
아, 이 모든 것들이 우리의 위대함과 함께
폭력의 표상이라면 어찌해야 하나?

영광이 담긴 방패 문양 문들,
격조 높은 시대에 디자인한 건물들,
널따란 방, 선조들의 초상화가 걸린 긴 주랑들,
윤기 나는 바닥 위에서의 서성임,
더욱더 웅장하게 보이기 위해, 또는 축복해 주려고,
가장 위대한 인간들조차도 안간힘을 썼던 이 모든 것들이
우리의 영광과 함께 고통의 표상이면 어찌해야 하나?

II. 나의 집

오래된 다리, 그보다 더 오래된 탑,

탑에 착 달라붙어 탑의 보호를 받는 농가,
일 에이커 너비의 돌투성이 땅,
상징적인 장미는 거기에서도 꽃봉오리를 터트릴 수 있다네.
주름투성이 늙은 느릅나무들,
수없이 많은 늙은 가시나무들,
비 듣는 소리, 또는 살랑대는 바람결,
장다리 물떼새는
여남은 마리 소들의 첨벙이는 물소리에 깜짝 놀라
시내를 가로질러 오던 길 되돌아가네.

나선형 계단, 활처럼 휜 아치형 돌방,
회색 돌 벽난로의 열린 아궁이,
촛불 한 자루와 펼쳐진 책장.
〈사색적인 인간〉의 플라톤주의자는
이와 비슷한 방 어디에선가
다이몬적 열광에 사로잡힌 이가 상상했던 것 모두를
그림자의 형태로나마 보여주려 안간힘을 썼지.
읍내로 장보러 갔다가 밤늦은 시각에 돌아오는 이들은
한밤중, 촛불이 가물거리는 광경을 본 적이 있으리라.

두 사람이 여기에 터를 닦았다.
어떤 전사가 이십여 명의 기마병을 모아
이 격변의 장소에서 한평생을 보냈지.
오랜 전쟁과 한밤중의 갑작스런 기습공격들,
줄어드는 기병대도 그도
잊고 잊혀진 표류자들인 듯.

그리고 이제 나도,
내 뒤에 오는 육체의 후손들이,
외로운 마음 드높이기 위하여,
적절한 역경의 표상들을 발견할 수 있도록.

III. 내 탁자

육중한 두 다리, 그 위에 널판 하나,
그 위에는 사토의 선물, 변치 않은 검이
펜과 종이 옆에 놓여 있네,
나의 하루하루를 절망에서 건져내어
도덕으로 무장시킬 수 있도록 하기 위하여.
수놓인 옷 한 조각이 나무칼집을 감싸고,
그 검을 벼를 때 초서는 아직 태어나지도 않았지.
달처럼 흰, 은은한 빛 발하는 이 검은
사토의 저택에 오백 년 동안 놓여 있었다.
하지만 변화가 없다면
저 하늘의 달인들 존재할 수 있으랴.
오로지 고통 받는 마음만이
불변의 예술품을 구상할 수 있다네.
학식 있는 사람들은 촉구하지,
그림이건 도자기이건
경이로운 예술품이 제작될 때면
언제 어디서나 그 예술품이
아버지로부터 아들에게로 전수되고

몇 세기에 걸쳐 전해 내려오는 동안에
검처럼 변치 않을 듯이 보여야 한다고.
영혼의 아름다움을 가장 숭배하기에
사람도 그들이 하는 일도
영혼의 변치 않는 모습에 도달했다네.
심지어는 가장 풍요로운 계승자조차도,
열등한 예술을 사랑하는 자는 어느 누구도
천국문을 통과할 수 없음을 인식하고는,
그토록 고통스런 마음을 간직하였지.
명주옷과 품위 있는 걸음걸이에 대한
시골사람들의 찬사에 아랑곳 않고,
깨어있는 마음을 잃지 않았지.
마치 주노의 공작새가 비명 지르는 것 같았다네.

IV. 내 후손들

선친들에게서 활기 넘치는 마음 물려받았기에
나는 꿈을 일구며 그처럼 활기찬 마음의
사내아이와 여자아이를 내 뒤에 남겨두어야겠지.
하지만 인생은 바람결에 향기 날리는 일도
아침 햇살에 영광 펼치는 일도 좀처럼 없을 듯하고,
대신에 찢겨진 꽃잎이 화단을 더럽히고,
그 뒤에는 오직 진부한 초록색이 전부일 듯.

내 후손들이,

늘 있게 마련인 영혼의 일탈로 인해,
부산한 시간과의 지나친 접촉 때문에,
놀이에 너무나 깊이 빠져든 나머지,
또는 바보와의 결혼으로 인하여,
꽃을 상실하면 어쩌나?
그러면 이 힘겨운 계단과 이 삭막한 탑이
지붕 없는 폐허가 되어
올빼미가 부서진 석조건물 틈에 깃을 치고
황량한 하늘 향해 황량한 외침 쏘아 올리기를.

인간을 창조한 '최초의 동인'은
올빼미들조차도 원을 그리며 날게 만들었지.
대단한 성공을 거두었고 자부하는 나는
사랑과 우정만으로 충분하다고 생각하여
나이 든 이웃의 우정을 위해 이 집을 선택하고
한 여자의 사랑을 위해 수리하고 장식하였네.
앞으로 흥망이 주마등처럼 펼쳐진다 해도
이 돌들은 남아 그들과 나의 기념비가 되리라.

V. 대문 앞 도로

붙임성 있는 비정규군,
우람한 체격의 폴스타프 같은 사내가
내전에 관해 농지꺼리를 하며 다가오네,
마치 총 맞아 죽는 것이

태양 아래서 가장 멋진 연기라도 되는 양.

갈색 제복 차림의 장교와 그의 부하들이
— 절반만이 군복을 입고 있네 —
내 집 문 앞에 서 있고,
나는 그들에게 불평을 늘어놓는다,
우중충한 날씨와 우박과 비에 대하여,
폭풍에 부러진 배나무에 대하여.

내 마음 속에 깃든 시샘을 지우려고
엄마 쇠물닭이 시내를 헤엄쳐 끌고 가는
털 달린 검은 점 새끼들의 수를 헤아리다가
꿈결 속 차가운 눈을 맞으며
내 방을 향해 걸어간다네,

VI. 창가 찌르레기의 보금자리

벌떼가 허물어져가는 석조건물 틈바구니에 깃을 친다.
엄마새는 새끼들을 위해 벌레와 파리를 잡아오고,
나의 탑 벽에 틈새가 벌어지기 시작한다. 오 꿀벌들아,
어서와 찌르레기의 텅 빈 집에다 깃을 치려마.

우리는 고립되고, 우리의 불확실성엔
자물쇠가 굳게 채워져 있다. 어디에선가
어떤 사내가 살해되고, 또 집이 불탔다고들 하지만,

명확한 사실은 알 길이 없다.
어서 와 찌르레기의 텅 빈 집에 깃을 치려마.

돌이나 나무로 만든 바리케이드,
열나흘 여 동안 지속된 내전,
지난밤 그들은 길 아래로 굴려 보냈지,
피투성이로 죽은 젊은 병사의 시체를.
어서와 찌르레기의 텅 빈 집에 깃을 치려마.

우리는 우리의 가슴에다 환상의 먹이를 주어 왔고,
시장바닥에서 굴러먹다 보니 짐승처럼 되어 버렸다.
그래서 사랑보다는 적의에서
더 많은 실체를 발견하는 것이다. 오 꿀벌들아,
어서 와 찌르레기의 텅 빈 집에 깃을 치려마.

VII. 증오와 충만과 다가오는 공허의 환영들

나는 탑 꼭대기로 올라가 부서진 돌에 몸을 기댄다.
흩날리는 눈과도 같은 안개가 달빛 같지 않은,
동양에서 온 눈부신 검처럼 변할 것 같아 보이지 않는 달빛 아래서,
계곡, 강, 느릅나무를 비롯한 온 천지를 휩쓸고 있다.
한바탕 부는 바람에 실려
가물거리는 저 희부연 안개 조각들이 휩쓸고 지나간다.
광기가 마음을 격하게 하고, 환상이 마음을 어지럽히는 가운데,
괴물 같은 친숙한 이미지들이 심안을 향해 헤엄쳐 다가온다.

"살인자들에게 복수를," 외침이 진동한다,
"자끄 몰레이를 위하여 복수를."
구름처럼 엷은 천조각, 혹는 레이스를 걸쳐 입은,
광란에 내몰린, 광란으로 고통받는, 광란에 굶주린 무리들이,
서로를 세차게 밀고 당기는 기사단의 무리들이,
팔이나 얼굴을 물어뜯으며, 허공을 향해 곤두박질친다.
나는, 그 모든 어처구니없는 격동으로 정신이 혼미해진 나머지,
자끄 몰레이를 살해한 자들에 대한 복수를 외칠 뻔 했다.

길고, 섬세하고, 날씬한 다리들, 청록색 눈망울들,
마계의 유니콘이 요조숙녀들을 등에 실어 나르네.
아가씨들은 생각에 잠겨 눈을 감는다.
그들의 눈을 감기는 것은
바빌론 예언서에 기록된 예언들이 아니다.
그들의 마음은 갈망조차도 갈망의 과잉으로 인해 익사하는
그런 연못과도 같은 것일 뿐.
그들 가슴이 달콤함으로, 육체가 사랑스러움으로 넘쳐날 때면
고요와 정적만 감돌 뿐.

구름처럼 창백한 유니콘들, 청록색 눈망울들,
반쯤 잠긴 떨리는 눈꺼풀들, 구름 조각 혹은 레이스 조각들,
혹은 분노로 불을 밝힌 눈들, 분노로 수척해진 팔들,
이 모두가 무심한 군중들로 대치된다, 청동 매들로 대치된다.
자신을 즐겁게 하는 환상도, 다가올 일들에 대한 증오도,
사라져버린 것들에 대한 연민도 내비치는 일 없이,
오로지 마수(魔手)처럼 움켜쥔 손, 자기만족만을 탐하는 눈,

달을 지워버린 수많은 새들의 떠들썩한 날갯짓만 남아있을 뿐.

나는 돌아서서 문을 닫고는 계단에 서서 생각에 잠긴다.
다른 이들이 이해하고 또 공유하는 가치를
나는 몇 번이나 증명해 보여줄 수 있었던가?
그러나 아! 야심 찬 내 가슴이여, 그런 증명이
몇몇 친구들과 편해진 양심을 이끌어내었다 한들,
그것은 그만큼 더 우리를 갈망으로 애타게 하기 마련인 것을.
추상적 황홀, 절반밖에 이해되지 않는 다이몬적 이미지들의 지혜,
이것이 한때 자라나는 소년에게 만족을 주었듯이
노쇠해가는 나에게도 위안이 되기를!

85. 1919년

I
평범한 사물들을 이리저리 내동댕이치는 달,
그 달의 횡포로부터 보호되어 온 많은 것들,
뭇사람들에게는 정말로 기적으로 여겨졌던
사랑스런 것들 모두가 사라져 버렸네.
저기 청동장식물과 돌장식물들 사이에
올리브나무로 만든 옛 이미지 하나 서 있었지 —
피디아스의 유명한 상아조각상들도
황금메뚜기와 활금꿀벌들도 모두 다 사라졌네.
젊었을 적에는 우리에게도 예쁜 장난감이 있었지.

비난이나 칭찬, 뇌물이나 위협 따위에 아랑곳 않는 법칙이.
과거의 잘못이, 마치 태양열에 노출된 양초 마냥,
녹아내리게 하는 관례들이.
공론이 그토록 오랫동안 성숙해 왔기에
우리는 그 공론이 영원히 지속되리라고 생각하였지.
악독한 자들은 모두 죽어 없어졌다고 생각하다니,
아, 우리는 참으로 달콤한 환상에 젖어있었네.

이빨이 모두 빠졌고, 옛 솜씨를 익히는 사람도 없다.
거창한 군대는 단지 과시용으로 존재할 뿐.
대포를 녹여 쟁기로 만들지 않았다 한들 무슨 상관이랴?
왕과 의회의 생각으로는, 포탄을 어느 정도 터뜨리지 않으면,
트럼펫 연주자들이 트럼펫은 요란하게 불어대겠지만
권위가 서지 않을 것이며, 경비병이 탄 졸고 있는 군마들도
뒷발로 벌떡 일어서 발을 구르지도 않으리라.

지금은 하루하루가 용을 탄 형국, 악몽이 잠을 타고 질주하네.
술 취한 병사는, 집에서 살해당한 어머니가
피투성이로 나딩구는 것을 보고도 못 본 채,
그러고도 처벌을 모면할 수 있다네.
우리가 우리의 생각을 체계화하여
세상을 하나의 법칙 하에 두기 이전에도 그랬듯이,
밤은 두려움으로 땀을 흘린다.
우리는 구멍 속에서 아귀다툼하는 한낱 족제비들일 뿐.
징후를 읽을 수 있고 또 천박한 지성이 만들어내는
기만적인 마취제 속으로 잠겨들지도 않는 이,

건강이든, 부(富)든, 마음의 평화든, 이것들이
지성이 또는 손이 할 수 있는 최상의 작업에 소비된다 해도
어느 것 하나 유지될 수 없을 뿐더러
강력한 기념비로 남을 명예란 존재하지 않음을 아는 이,
그런 이들에게 남겨진 위안이라고는 오직 하나, 모든 승리는
유령과도 같은 그의 고적(孤寂) 위에서 부서지리라.

하지만 모종의 위안을 찾을 수는 없는 걸까?
인간은 사랑하고 또 사라지는 것을 사랑한다는 것 말고
더 무슨 할 말이 있겠나? 그렇게 생각한다 한들,
나라 전체를 통 털어 어느 누구도 인정하려 들지 않았지,
아크로폴리스의 저 다리토막을 불태우거나
유명한 상아골동품들을 산산조각내거나
메뚜기나 꿀벌 모양의 골동품을 밀거래하는
방화범 또는 고집불통이 있게 마련임을.

II

로이 풀러의 중국 춤꾼들이 거미줄 모양의 눈부신 그물망을,
떠도는 천 리본을 잦았을 때의 광경이란 마치
공중을 나는 용이 춤꾼들 가운데로 떨어져 그들을 휘감는 듯,
또는 미친 듯이 날뛰며 그들을 채가는 것 같았지.
그렇게 플라톤적인 해는
새 정반(正反)을 내치고,
대신에 옛 정반을 맞아들이네.
그들 모두가 춤꾼들이며, 그들의 발놀림은
야만적인 징소리에 맞춰 이루어지네.

III

도덕가나 신화적인 시인들은
고적한 영혼을 백조에 비유하곤 하지.
나는 그것으로 만족한다네,
생명의 짧은 미명(微明)이 사라지기 전에
거울과도 같은 흔들리는 물이 백조를,
백조의 현재 이미지를 보여준다면
그것으로 만족한다네,
비상하려고 날개를 반쯤 펼치고,
장난삼아, 또는 다가오는 밤의
저 요란한 바람결을 타려고,
긍지에 찬 가슴 활짝 편 백조의 이미지를.
자신만의 은밀한 사색에 잠기는 이는
그가 예술 또는 정치의 영역에서 만들어 놓은
미로 속에서 길을 잃는다.
몇몇 플라톤주의자들이 주장하는 바에 따르면,
육신과 본업을 벗어던져야 하는 상태가 되면
옛 습관이 더욱더 완강히 달라붙게 되며,
우리의 업적이 호흡과 함께 사라질 수밖에 없다면,
승리는 우리의 고적(孤寂)을 훼손하기 마련이기에,
그것은 행복한 죽음이라는 것이다.

백조가 황량한 하늘로 치솟아 오르네.
저 이미지는 야성을, 모든 걸 마무리 짓는,
내 힘겨운 삶이 상상했던 모든 것을,
심지어는 반밖에 상상하지 못했던,

반밖에 쓰지 못했던 페이지조차도 마무리 지을
그런 열정을 가져다 줄 수 있지.
하지만 아, 우리는 꿈에 젖어 있었네,
인간을 괴롭히는 모든 불의는
교정될 수 있다는 꿈에.
그러나 겨울바람이 부는 지금 생각해 보면
꿈에 젖어있던 시절 우리 머리는 금이 가 있었네.

IV
칠 년 전 우리는
명예와 진리에 대해 얘기를 나누었으나,
지금은 우리가 족제비의 뒤틀림, 족제비의 이빨만 보여도
즐거운 나머지 비명을 지르네.

V
모종의 기념비를 남기기 위해
그토록 무거운 짐 마음에 지우고
밤늦게까지 그토록 열심히 일하며
평준화 바람 따위는 생각지 않았던
위대한 이들을 우리 함께 조롱하자.

자 우리 함께 현명한 이들을 조롱하자.
그들의 고통스런 노안을 고정시키는
저 모든 달력들이 있었음에도,
그들은 계절이 바뀌는 이치를 깨닫지 못하고,
지금은 태양을 멍하니 쳐다볼 뿐이라네.

선은 즐거울 것이란 망상을 지녔던 선한 이들을,
그리고 고적(孤寂)에 넌더리가 난 나머지
축일을 공표할지도 모를
선한 이들을 우리 함께 조롱하자.
바람이 비명을 지르는데 — 그들은 어디에 있나?

그러고 나서 조롱하는 이들을 조종하라,
저 사나운 폭풍을 차단하기 위해
선한 또는 현명한 또는 위대한 이들에게
도움의 손길 하나 건네지 않을, 조롱하는 이들을,
우리는 조롱을 사고파는 자들이기에.

VI
길 위에 폭력이 널려있네, 말들의 폭력이.
소수일망정 몇몇 말에는 잘 생긴 기수들이 달려 있고,
날렵하고 민감한 귀 또는 출렁이는 갈기엔 꽃장식 달려 있네.
하지만 계속해서 코스를 도느라 너무 지친 나머지
마침내 둥근 원이 무너지면서 모든 말들이 사라지고,
대신에 악의 세력이 물밀 듯이 몰려오네.
헤롯디아스의 딸들이 다시 돌아왔다네,
갑자기 먼지바람이 일고, 이어서
우레 같은 발자국소리, 난폭한 이미지들이 난무하는 가운데,
그들의 목표는 바람의 미로 속에 존재한다네.
그러다 어떤 미친 손이 어느 딸에게 손이라도 뻗치면,
그들 모두가 눈이 멀었기에,
바람 부는 방향 따라, 육감적인 외침소리,

또는 분노에 찬 외침소리 내지르며 고개 돌리네.
그러나 이제 바람이 멎고, 먼지가 가라앉는다.
그 먼지 위로 저기 과거가 깃을 치누나!
밀집처럼 창백하고 희멀건 머리칼의 그늘 아래
아무런 생각도 없는 커다란 눈망울의 과거,
저 주제넘은 악마 로버트 아티슨이란 자가.
그에게 상사병이 난 카이틀러 여사는
청동으로 빚은 숫공작의 깃털들을,
그녀가 소유한 수탉들의 붉은 볏들을 가져다주었네.

86. 연극에 나오는 노래가사 두 편

I

나는 보았다, 눈을 부릅뜬 처녀가
성스런 디오니소스의 시체 옆에 서서
그의 옆구리에서 심장을 찢어내어
그 심장을 자기 손에 얹고는,
팔딱거리는 심장을 들고 가는 광경을.
그러자 뮤즈들 모두가
위대한 봄을 노래하였네,
신의 죽음은 단지 연극일 뿐이라는 듯.
또 다른 트로이가 떠올랐다 지고,
또 다른 왕가가 까마귀들을 먹여 살리고,
또 다른 아르고의 채색된 뱃머리가

부서지는 물보라에 장단 맞추어
예나 다름없이 질주하겠지.
하느님이 사나운 처녀와 그녀의 별을
엄청난 신비의 어둠에서 불러내자
로마제국은 겁에 질린 나머지
전쟁과 평화의 고삐를 떨어트렸네.

II
인간의 암울한 생각을 측은히 여겨
그 방을 거닐다가 거기에서 그는
갈릴리 격변을 잉태했네.
바빌론의 별빛은
놀라운, 무정형의 어둠을 불러들였지.
그리스도가 살해되었을 때 그 피 냄새는
플라톤적 관용 모두를,
그리고 도리아적 기율 모두를
공허한 것으로 만들었네.
인간이 소중히 여기는 모든 것들은
한순간 또는 하루 동안만 유지된다네.
사랑의 기쁨은 사랑을 앗아가고,
화가의 붓은 화가의 꿈을 태우고,
전령의 외침, 병사의 행군은
그의 영광 그의 힘을 소진시키지.
밤에 타오르는 모든 불길은
가슴에서 샘솟는 진을 태우는 것을.

87. 단편적인 시상들

I

로크는 기절하여 나자빠지고,
정원신은 죽었다.
하느님은 로크의 옆구리에서
방적기를 꺼냈다.

II

그 진리를 어디서 얻었냐고?
영매의 입에서,
그것은 무에서 비롯되었고,
숲의 옥토에서,
니네베의 왕관들이 놓여 있는 곳
깜깜한 밤이 깃든 곳에서.

88. 레다와 백조

갑작스런 쇄도. 거대한 날개가
비틀거리는 소녀 위에서 아직도 퍼덕이고,
검은 물갈퀴가 그녀의 허벅지를 애무하고,
부리로 목을 깨물고, 맥 풀린 가슴을
자기 가슴에 꽉 껴안는다.

겁에 질려 아득해진 손가락들이
어떻게 맥 풀린 허벅지로부터
깃털 달린 그 영광 밀쳐낼 수 있었겠나?
하얀 존재의 급습에 내맡겨진 몸이
어떻게 이상야릇한 심장 박동을 느끼지 않을 수 있으랴?

옆구리의 떨림을 통해 그 새는 레다의 몸속에
부서진 성벽, 불타는 지붕과 탑,
그리고 죽은 아가멤논의 씨앗을 뿌린다.
그렇게 사로잡혀 있을 때,
창공의 야수와도 같은 그 피의 족속에 압도되어 있을 때,
무심한 부리가 그녀를 내려놓기도 전에
그의 힘과 함께 그의 예지도 그녀에게 흘러 들어간 걸까?

89. 학교 어린이들 사이에서

I

나는 질문을 던지며 긴 교실 걸어 다니고, 흰 수녀모를 쓴 나이 든 수녀가 친절하게 대답한다. 어린이들은 셈과 노래를 배우고, 독본과 역사책을 읽고 익히며, 재단과 바느질도 배우고, 또 여러 최첨단 기술도 배운다고 한다 — 어린이들은 잠시 의아한 눈길을 보낸다, 예순 살 가량 되어 보이는 미소 짓는 늙은 공인에게.

II

나는 꿈결 속으로 빠져든다, 잦아드는 불 위에 허리 굽힌, 레다의 분신과도 같은 육체며, 가혹한 책망과 관련하여 그녀가 들려준 얘기며, 유치한 날들을 비극으로 바꾸어 놓은 하찮은 사건 등을 생각하면서 — 그녀가 얘기를 들려줄 때 우리 마음은 젊음의 공감에 의해 하나의 구체(球體)로 녹아드는 듯, 혹은, 플라톤의 비유를 뒤집어 말하자면, 계란껍질 속의 흰자위와 노른자위로 뒤섞였네.

III

슬픔이 북받치고 광란에 빠져들던 일을 생각하며 이 아이 저 아이를 바라보고 있노라니, 저 나이에 그녀도 저렇게 서 있었는지 — 심지어는 백조의 딸들조차도 어느 정도는 뭇 물새들의 성질을 유산으로 물려받기 마련이기에 — 뺨이나 머리 색깔이 저러했는지 의아한 생각이 드는구나. 바로 그때 내 가슴이 걷잡을 수 없이 고동치더니, 내 앞에 그녀가 발랄한 어린이의 모습으로 서 있네.

IV

그녀의 현재 모습이 내 눈 앞에 어른거리네 — 십오 세기 거장의 손길이 그런 모습을 제작했던가, 바람을 들이마신 듯, 고기 대신에 그림자를 먹은 듯, 홀쭉한 뺨의 그녀 모습을? 나 비록 레다의 족속은 아니지만 한때는 나도 예쁜 깃털 달고 있었지 — 그만두자, 미소 짓는 모든 이들에게 미소 짓는, 늙은 허수아비와도 같은 편안한 존재임을 보여주는 것으로 족하리.

V

어느 젊은 엄마가 생성의 꿀에서 생겨난 어린 것을 — 전생의 기억이나 약

효에 따라 잠도 자고, 소리도 지르고, 도망치려 버둥대기도 하는 — 그 어린 것을 무릎 위에 올려놓고, 육십여 년의 겨울이 자기 아들의 머리 위에 하얗게 내려앉은 모습을 상상이나 할 것이며, 출산의 고통이나 미래의 불확실성에 대한 보상으로 받아들일 수 있겠나?

VI

플라톤은 자연을 사물의 원형적 패러다임 위에서 노니는 한낮 물보라 정도로 생각했고, 한층 더 견실했던 아리스토텔레스는 왕중왕의 엉덩이에다 매질을 가했지. 저 유명한 황금넓적다리의 피타고라스는 수금(竪琴)의 활과 줄에 손가락을 갖다 대어, 무심한 무즈들 조차도 귀 기울이던 별들의 음악을 연주하였지. 그 모두가 새를 쫓기 위해 막대기에 걸쳐놓은 낡은 옷 신세일 뿐.

VII

수녀도 엄마도 이미지를 숭배한다, 하지만 촛불이 비추는 이미지들은 엄마의 환상을 일깨우는 이미지들과 동일하지 않고, 대신에 그것들은 대리석상 혹은 청동상의 안정을 간직한다. 하지만 그러한 이미지들 역시 가슴이 미어지게 한다 — 아, 열정 또는 경건 또는 애정에서 비롯된, 그 모든 천상의 영광을 상징하는 존재들이여 — 아, 스스로 태어나 인간의 시도를 비웃는 존재들이여.

VIII

육체가 영혼을 즐겁게 하기 위해 멍드는 일 없고, 아름다움이 절망에서 태어나지도 않거니와, 흐린 눈의 지혜가 한밤중의 기름에서 비롯되지도 않는, 바로 그런 곳에서 노동은 꽃 피우고 춤을 춘다. 오, 밤나무여, 깊이 뿌리내려 꽃 피우는 존재여, 너는 잎이냐, 꽃이냐, 줄기냐? 오, 음악에 몸을 실은 육체여, 오 빛나는 시선이여, 어떻게 우리가 춤과 춤꾼을 구별할 수 있겠나?

90. 첫사랑

그녀는 미(美)의 여신의 살인적인 품에 안겨 항해하는 달처럼 자라났건만, 잠시 속세를 오가며 홍조 띤 얼굴로 나의 앞길을 막아섰지. 그래서 나는 그녀의 몸속에도 살과 피가 뒤섞인 심장이 있다고 생각하였네.

그러나 그녀 가슴을 더듬어보니 그 심장이 얼마나 찬지, 그 심장이 돌심장임을 알게 되었고, 그래서 온갖 정성을 다 쏟아 부었지. 하지만 아! 모두가 부질없는 짓이었다네. 달과 함께 여행하는 연인 치고 광기에 사로잡히지 않을 사람이 과연 있을까?

그녀가 미소 짓자 그 미소는 날 변화시켜 바보얼간이로 만들었지.
그래서 나는 달이 지고 난 뒤에 하늘을 맴도는 별들보다도 더 허전한 마음 달래며 여기 저기 떠돌아 다녔네.

91. 봄과 여름

우리는 늙은 가시나무 아래 앉아 처음 햇빛을 본 이래 말하고 행한 모든 일들을 이야기하며 밤을 지샜지. 화제가 성장에 관한 것에 이르자 우리는 영혼을 완전한 것으로 만들기 위해 우리 영혼을 반으로 쪼개어 하나를 상대방의 팔에 안겨주었음을 알았네.
그때 피터가 오만상을 찌푸렸다. 그와 그녀가 바로 그 나무 아래서 나누었던 어린 시절을 생각나게 했기 때문이다. 우리가 여름 내내 여름을 만끽하고, 그녀는 온통 봄이었던 시절, 아, 생명이 폭발하고, 꽃은 만발했었네!

92. 노인의 비밀

젊은 여성들의 비밀을 알고 있던 나였기에, 이제는 나이든 여성들의 비밀도 안다네. 피가 용솟음칠 때는 생각지도 못했던 것을 매지가 나에게 들려주고, 한때는 사랑하는 사람을 익사하게 했던 것이 이제는 흘러간 옛 노래처럼 들리네.

매저리를 매지처럼 넘어뜨리면 그녀는 중치 막혀 말문을 닫고, 우리 셋은 고적을 벗 삼는다.
요즘 살아있는 사람치고 우리가 알고 있는 얘기를 아는 사람도 우리가 하는 말을 하는 사람도 없다.

세상 떠난 친구들 가운데 누구누구는 어떻게 뭇 여성들을 그토록 즐겁게 했지? 어느 한 쌍은 여러 해 사랑했던 데 반해, 어느 한 쌍은 일 년밖에 못 간 건 누구 탓이지? 지푸라기 잠자리의 이야기들, 또는 오리털 침대의 이야기들.

93. 〈콜로누스의 오이디푸스〉에서

신이 주신 생명으로 만족하고
더 긴 수명 구하지 말라.
여행에 지친 늙은이여,
젊었을 적 즐거움에 젖어들지도 말라.
모든 갈망이 허망해질 때
즐거움은 죽음을 향한 갈망으로 바뀌는 것을.

추억이 그토록 애지중지하는 바로 그 즐거움으로부터 죽음, 절망, 가족의 분열 등 복잡다단한 인간사들이 생겨나지, 저 떠도는 거지도 신이 미워하는 이 아이들도 알고 있듯이.

메아리치는 긴 거리엔 깔깔대는 춤꾼들이 모여들고, 요란한 노랫소리 횃불 밝힌 주랑 지나 신부가 신방으로 들어가네. 길고 짧은 인생살이 종결짓는 말 없는 입맞춤이여!

태어나지 않는 것이 최선이라고 옛 시인들은 말하지, 생명의 숨결 들이마시지 않고, 낮의 눈 들여다보지 않는 것이. 차선은 즐거운 밤 보낸 뒤 재빨리 고개 돌려버리는 것.

94. 연옥 영혼들을 위한 밤

자정이 되자,
크라이스트 처치의 대종과 함께
작은 종들이 일제히 울리기 시작하고,
테이블 위에 놓인 걸쭉한 잔에는
머스캣 포도주 거품이 찰랑이네.
지금은 연옥영혼들을 위한 밤.
혼령이 곧 찾아오겠지.
그의 감성은 죽음으로 예민해지고
그토록 정교하게 다듬어져 있기에,
거친 미각을 충족시키려고
포도주를 벌컥벌컥 들이키는 우리와는 달리,
그에겐 포도 숨결 음미할 권리가 있네.

내겐 어떤 마음의 상태가 요구된다네, 세계 전역에서 대포소리 요란할 때, 미라가 미라포에 감싸이듯, 사색하는 마음에 감싸여 정지할 수 있는 마음이. 난 놀라운 걸 알고 있지, 비록 냉정한 사람의 귀에다 들려줄 말은 아니지만, 살아 있는 이들 말고는 어느 누구도 비웃지 않을 놀라운 것을. 그걸 듣는 이들은 모두가 한 시간은 족히 웃고 울리라.

호튼 1세를 나는 불러내노라. 그는 이상야릇한 생각을 사랑하여 플라톤적 사랑이라 일컫는 저 극단적 긍지를 경험했던지라 열정이 너무나 고조된 나머지 사랑하는 님이 죽자 그 무엇도 그에게 사랑을 잠재울 환각제가 될 수 없었지. 말이란 한낱 낭비되는 숨결일 뿐. 그에겐 소중한 희망이 하나 있었네. 그 해 또는 다음 해의 험악한 겨울은 죽음일 수도 있으리란 희망이.

그녀 생각과 하느님 생각이 너무나 잘 뒤섞여 있어 그가 어느 쪽을 더 소중하게 여겼는지는 알 수가 없네. 하지만 그의 심안(心眼)이 위로 향할 때면, 그것은 단 하나의 유일한 이미지를 겨냥했다네. 다소 친근감이 드는 그 망령은, 신성으로 너무나 격해진 나머지, 성경이 우리에게 약속한대로 기적처럼 보이는 넓은 집 전체를 환하게 밝혀, 어항에서 금붕어가 헤엄쳐 다니는 것 같았네.

다음으로 나는 플로렌스 에머리를 불러내노라. 그녀는 얼굴에 첫 주름들이 생기자 그것이 아름다움의 표상으로 숭배되는 것을 보고, 미래 시대에는 아름다움이 축소되고, 대신에 평범은 배가될 것임을 알고는, 이웃도 친구도 없는 곳, 검둥이들 속에서, 학생들에게 가르치기로 마음먹었지. 그래서 세인들의 눈에 띄지 않은 곳에서, 남이 눈치 채지 못한 목적을 위해 궂은 세월 보내었다네.

그 목적 앞에서 그녀는 학식 있는 인도인이 비유 언어로 들려준 영혼의 여행에 관한 이야기를 통해 뒤엉킨 실타래 풀어나갔다. 영혼은 달의 영역을 휘몰아쳐 다니다가 급기야는 태양 속으로 곤두박질치고, 거기서 '우연'과 '선택'이란 실체로 거침없이 빠른 상태를 유지하면서 부서진 장난감들을 까맣게 잊고 있다가 마침내 그 자체의 즐거움 속으로 떨어진다는 것이었다.

어어서 맥그리거 마더스를 무덤에서 불러내노라. 비록 최근 들어서는 소원해졌으나, 힘들었던 청년기에 우리는 친구였다. 그는 반은 광인, 반은 무뢰한으로 여겨졌고, 나는 그런 생각을 그에게 말했지만 우리의 우정은 변함이 없었다. 그리고 마음이 변한 듯이 보인들 무슨 상관이며, 마음과 더불어 우정도 변한 듯이 보인들 무슨 상관이랴. 그가 베푼 관대한 일들과 관련된 생각들이 자연스럽게 나의 마음에 떠오르고 눈이 멀었던 데 대해서도 절반은 만족하고 있는데!

처음 시작할 때 그는 인내심도 많았고 거친 용기도 충분히 갖추고 있었지만, 외로움으로 인하여 결국 정신이 돌아버렸다. 알려지지 않은 것에 대한 명상을 거듭하다보니, 인간적인 교류가 점점 줄어들게 되었고, 게다가 그것은 보상이 주어지거나 칭찬받는 일도 아니었다. 그러나 그는, "술잔을 두고 니 잔이니 내 잔이니 따지는 것에 대해서", 주인에게 이의를 제기하곤 했다. 혼령숭배자였던 그였기에 혼령이 된 지금 그는 더욱더 거들먹거리겠지.

하지만 이름이란 부질없는 것, 그게 누군들 무슨 상관이랴, 그의 감성이 그토록 예민해지고, 그래서 머스캣 포도주 향기가 그의 예민한 미각에 황홀을 가져다줄 수 있는데, 살아있는 자들이 포도주 한 병을 다 들이킨다 한들 결코 맛볼 수 없을 황홀을. 살아있는 자들이 비웃는, 미라의 진리를 나는 냉정한 이의 귀에는 들려주지 않을 생각이다. 듣는 이들 모두가 한 시간여 동안 깔깔대며 흐느낄지도 모를 일이기에.

명상이 생각의 모든 부분들을 조절하는 가운데
이런 생각 — 이런 생각을 단단히 움켜쥐고 있기에,
내 시선 가로막을 것 아무데도 없네.
세인들의 악의가 난무하는 가운데
나의 시선은 내달린다네,
저주받은 이들이 가슴 내던지며 울부짖는 곳,
복된 이들이 춤추는 곳으로.
이런 생각에 휘감긴 나는 다른 아무것도 아랑곳 않지,
미라가 아마포에 휘감기듯 마음의 서성임에 휘감겨.

『나선계단』(1933)

95. 에바 고어-부스와 콘 마키에비츠를 생각하며

리사델의 저녁 불빛,
커다란 창문들이 남쪽을 향해 열려 있고,
실크 기모노 차림의 아리따운 두 아가씨,
하나는 가젤사슴.
하지만 사나운 가을바람은
여름의 꽃무더기에서 꽃을 잘라낸다네.
언니는 사형언도를 받은 뒤
사면되었으나,
무식한 사람들 틈에 끼어 음모를 꾸미며
외로운 세월을 하릴없이 보내네.
동생은 무얼 꿈꾸고 있을까 —
어떤 막연한 유토피아를? —
늙고 시들어 뼈만 앙상한 지금,
그녀는 그런 정치의 표상인 듯 여겨지네.
여러 차례 나는 생각하였지,
어느 아가씨든 한 분을 찾아내어,
조지왕조풍의
그 오래된 저택에 대해 얘기도 나누고,
마음속 그림도 교환하고,

젊은 시절 그 테이블 앞에서
실크 기모노 차림의,
하나는 가젤사슴,
아리따운 두 아가씨와 나눈
대화도 회상해 보려는 생각을.

그림자와도 같은 존재들이여,
이제 그대들은 모든 걸 알게 되었지,
이 세상 옳고 그름과의 싸움이
얼마나 어리석은 짓인지를.
순수하고 아름다운 여성들에게
적이란 오직 시간뿐인 것을.
그러니 일어나 내게 요구하라,
시간에 불이 붙을 때까지
성냥을 긋고 또 그으라고.
불길이 치솟거든 달려가
모든 현인들에게 알려라,
우리는 거대한 전망대를 세웠고
그들은 우리에게 유죄를 선고했음을.
그러니 내게 요구하라,
성냥을 그어 불사르라고.

96. 상징들

폭풍에 얻어맞은 옛 시계탑,
눈 먼 은둔자가 종을 울려 시간을 알리네.
떠도는 바보가 아직도 지니고 다니는
모든 걸 파괴하는 예리한 칼.
칼 위엔 금실로 수놓인 비단 칼집,
미인과 바보의 동침을 말함인가?

97. 자아와 영혼의 대화

I

영혼: 오래된 나선계단으로 나 그대를 불러내노라.
그대 마음을 가파른 계단에다 온전히 고정시켜라,
부서진 성벽포대에다,
숨소리라곤 없는 별이 빛나는 창공에,
숨겨진 극점을 알려주는 별자리에.
떠도는 생각의 갈피 하나하나를
모든 생각이 끝나는 그 곳에 고정시켜라.
영혼과 어둠을 구별할 수 있는 이 누구인가?

자아: 내 무릎 위에 놓인 이 성화된 검은
사토의 선물인 오래된 검,
예나 다름없이 날이 시퍼렇고,

면도날처럼 여전히 예리하고,
몇 세기가 지난 지금도 흠 하나 없이
거울처럼 투명하다.
실크 천에다 꽃이 수놓인 낡은 가두리장식은
어느 궁중 여인의 옷 잘라내어
나무 칼집에 감아 단단히 동여맨 것으로,
헤어졌으나, 보호하는데 아무런 문제가 없고,
색이 바랬으나 장식으로 여전히 유효하다네.

영혼: 한창때를 지난 사람의 상상력이
도대체 무엇 때문에
사랑과 전쟁의 표상들을 기억해야 하나?
태초의 밤에 대하여 사색하게나, —
상상력이 대지를 비웃고
지성이 이것에서 저것으로 또 다른 것으로
떠도는 것을 비웃을 수만 있다면, —
탄생과 죽음의 죄에서 구원해줄 수 있는 밤에 대하여.

자아: 검장(劍匠) 가문의 3대, 몬테시기가
오백 년 전에 이 검을 만들었지.
검을 감싼 천에는 무슨 문양인진 몰라도 —
심장처럼 붉은 자색의 —
가두리 꽃장식 수 놓여 있고,
이 모든 걸 나는
밤의 표상인 탑에 맞서는
낮의 표상으로 설정하고는

무사의 권리로서 요구하듯 요구하네,
한 번 더 죄 저지를 수 있는 특권을.

영혼: 그곳에는 풍요로움이 흘러넘쳐
마음의 수반으로 떨어져 내리지.
지성은 '존재'와 '당위'를,
또는 '앎의 주체'와 '앎의 대상'을 구별할 수 없기에,
인간은 귀 먹고 말문 막히고 눈도 멀게 되지.
말하자면, 천국으로 올라가는 셈이지.
죽은 자만이 용서받을 수 있다네.
하지만 그런 생각을 하면 혀가 돌처럼 굳어지네.

II

자아: 살아있는 인간은 눈이 멀어
인생의 술잔을 다 비우게 마련이지.
시궁창물이 더러운들 무슨 상관이랴?
인생을 다시 한 번 산다 한들 무슨 상관이랴?
저 성장의 고통에 시달린다 한들,
소년시절의 부끄러운 행동,
소년이 어른이 될 때 느끼는 중압감,
자신의 꼴사나운 언행과 대면할 때의
미성숙한 자가 치러야 하는 고통에?

어른이 되어 자기 적들에게 시달린들? —
악의에 찬 눈들이 거울처럼 그의 눈에다 내던지는
저 일그러진 모습을 그가 어떻게 피할 수 있으랴?

마침내 그는 그 모습을 자기 모습이라고 생각하겠지.
그리고 도망쳐 본들 무슨 소용이랴,
그가 명예를 추구하는 나머지
살을 에는 겨울삭풍 속에 떨고 있다면?

나는 기꺼이 내 인생 전체를 다시 한 번 살 용의가 있다.
그것이 눈 먼 자의 시궁창 개구리알 속으로의 처박힘이고,
눈 먼 이가 눈 먼 이를 타작하는 삶이라 할지라도.
또는 영혼의 종자가 다른, 긍지에 찬 여성을 사랑할 때
남자가 행하거나 겪게 마련인 우매한 말과 행동,
가장 비옥한 시궁창 속으로 내던져진다 하더라도.

나는 생각과 행동 하나하나를 근원까지 따라 내려가,
운명을 저울질하고, 내 운명을 감수할 용의가 있다!
그리하여 회한을 떨쳐버릴 때
달콤한 감정이 물밀듯이 가슴 속으로 흘러들어와
우리는 깔깔대며 노래 부르겠지,
만물이 우리를 축복하고
우리가 바라보는 것들 모두가 축복받는 가운데.

98. 피와 달

I
이곳에 축복이 있을 진저,

이 탑에 더 많은 축복이.
어떤 잔혹한, 고압적인 권력이
이 탑을 공표하고,
이 탑을 지배하는 가운데,
그 종족으로부터,
폭풍에 얻어맞은 이 오두막들로부터
이 성벽들처럼 탑은 솟아올랐다 —
하지만 나는 조롱의 의미로
강력한 표상을 제시했으며,
꼭대기가 반은 죽어있는
시대를 조롱한다는 의미로
나의 상징을 노래하련다.

II

알렉산드리아 탑은 봉화탑. 바빌론 탑은 움직이는 하늘의 이미지, 해의 운행과 달의 운행을 기록한 항해일지. 셸리에게도 탑들이 있었고, 언젠가 그는 그 탑들을 사색의 제왕적 권력 기관이라 불렀지.

나는 선언하노라, 이 탑이 나의 상징임을. 나는 선언하노라, 구불구불 선회하며 돌아가는 이 디딤돌바퀴와도 같은 계단이 내 조상들의 계단임을, 골드스미스와 사제장, 버클리와 버크가 여기에 머물다 갔음을.

스위프트는 피에 젖은 가슴속 심장이 그를 인간에게로 끌어내렸기에, 눈먼 예언적 광기에 사로잡혀 가슴을 쳤고, 골드스미스는 의도적으로 자기 마음의 꿀단지를 빨았고,

머리가 한층 더 도도했던 버크는 국가란 하나의 나무임을, 이 정복할 수 없는 새들의 미로는, 오랜 세월, 수리적 평등에다 죽은 잎사귀들만 내던졌음을 증명해 보였다.

그리고 하느님의 소명을 받은 버클리는 모든 현상은 하나의 꿈임을, 실용적인, 터무니없는 바보 같은 이 세상, 그토록 견고해 보이는 밭고랑도, 우리 마음이 사색의 근거를 바꾸기만 하면 순식간에 사라지게 될 것임을 증명했다.

'야만적 적개심'과 노동자의 고용, 우리 씨족과 국가에 그 자체의 웅대한 욕망을 부여하는 힘, 하느님이 아닌 모든 것은 지성적 불길에 소진되겠지.

III

구름에 가리지 않은 순결한 달은
화살 같은 빛줄기를 바닥으로 쏘아 내린다.
칠백 년이 지났건만 달은,
순수의 의식에 바쳐진 피의 얼룩 하나 묻지 않은 채,
지금도 여전히 순결을 간직하고 있다.
얼마 되지 않은 음식을 배급받기 위해,
또는 맹목적인 두려움 때문에,
또는 추상적 적개심에 사로잡힌 나머지,
병사, 암살자, 형집행인이,
저기, 피로 흠뻑 젖은 땅 위에서, 피 흘렸지만,
저기에 단 하나의 오점도 남길 수 없었다.
하물며 조상들이 밟고 다닌 계단에 피 냄새라니!

피 한 방울 흘려본 적 없는 우리는 저기에 모여
달을 향한 광란에 취해 소란이라도 피워야 하리.

IV
먼지 낀 번쩍이는 유리창,
거기에 붙어있는 별갑나비들, 공작나비들.
그것들은 유리창에 비친 밤하늘,
휘영청 달 밝은 밤하늘에 붙어있는 듯하다.
밤나방이 한 쌍이 날갯짓하네.
모든 현대국가들은 이 탑처럼 꼭대기가 반은 죽어있는 걸까?
내가 어떤 말을 하든 무슨 상관이랴.
지혜는 사자들의 재산,
삶과 공존할 수 없는 그 무엇인 것을.
그리고, 피로 얼룩진 모든 것들이 그렇듯,
권력은 산자들의 몫이다.
하지만 달이 구름 밖으로 영광스런 모습 드러낼 때,
어떤 얼룩도 달의 얼굴을 더럽힐 수는 없다.

99. 죽음

희망도 두려움도
죽어가는 동물에겐 따라다니지 않으리.
하지만 인간은 종말을 기다리지,
두려워하고 모든 걸 기대하면서.

인간은 여러 번 죽었다가도
여러 번 다시 살아났다.
자부심 넘치는 위대한 인간은
무자비한 인간들과 마주친다 해도
죽음을 뼛속들이 알기에
호흡의 폐기 따위는 아랑곳 않는다—
인간은 죽음을 창조해 왔다.

100. 일곱 현인들

첫　째: 내 증조부님은 그랫턴의 집에서 에드먼드 버크와 담소를 나누었지.
둘　째: 내 증조부님은 한때 선술집에서 올리버 골드스미스와 자리를 같이 했어.
셋　째: 내 증조부님의 부친께서는 클로인 주교님과 커피를 마시며, 음악을 화제로 얘기를 나눴다더군.
넷　째: 내 선친께서는 스텔라를 한번 본적이 있다고 하지.
다섯째: 우리의 사상은 어디서 비롯되었지?
여섯째: 그야 휘그주의를 증오했던 네 분의 위대한 정신에서.
다섯째: 버크도 휘그였지?
여섯째: 그들이 의식했건 의식하지 않았건, 골드스미스와 버크, 스위프트와 클로인 주교 모두가 휘그주의를 증오했지. 그런데 휘그주의란 무엇인가? 성인의 눈으로도 주정뱅이의 눈으로도 세상 볼 줄 모르는, 모든 걸 평준화하고, 악취를 풍겨대면서, 합리적입네 하는 쫌쌍들.

일곱째: 지금은 온통 휘그주의자들 천지지, 하지만 우리 늙은이들은 그런 세상에 대항하기 위해 모인 것 아닌가.

첫 째: 아메리카대륙의 식민지들, 아일랜드, 프랑스령, 그리고 인도가 침탈당했고, 버크의 위대한 음악은 거기에 항거하는 음악이었지.

둘 째: 올리버 골드스미스는 자기가 본 것을 노래했지, 거지들로 가득한 도로들, 들판의 소 떼들, 하지만 피로 얼룩진 토끼풀은 보지 못했지, 그 들판이 그것들에 맞서 키운 복수의 풀을.

넷 째: 스위프트의 무덤에는 토끼풀이 자라지 않아.

셋 째: 클로인에서 들려오는, 갈대의 살랑거림 마냥 부드러운, 어떤 목소리가 볼륨을 더해 가는데, 지금은 벼락 치는 천둥소리로 들리는군.

여섯째: 그 네 분은 어느 학파에 속하지?

일곱째: 어린이들이 흉내 내듯, 그들은 자신들이 들은 걸 흉내 내며 길을 걸어 다녔지. 지혜란 '거지주의'에서 비롯된다는 걸 그들은 알고 있었단 말이야.

101. 1929년, 쿨 장원

나는 제비의 비상을 생각하며 사색에 잠기노라,
나이 지긋한 여성과 그녀의 집에 대하여, —
서녘 하늘 구름은 아직도 은은한 빛 발하고 있지만 —
어둠에 묻혀 보이지 않는 무화과나무와 보리수,
저기 거친 자연 속에 지은,
우리 뒤에 올 학자와 시인들을 위한 건물들,
오랜 세월 단일한 생각으로 짜여진 생각의 가닥들,

저 성벽이 잉태한 춤 같은 영광에 대하여.

하이드는 뮤즈들이 차는 저 고귀한 검을 산문으로 벼르기 전에 저기 머물렀고, 또 한 사람은 수줍음 많은 천성을 타고났지만, 저기서 호방한 산문의 망토를 휘날렸었지. 저 느려터진 사나이, 사색적인 사나이 존 싱, 그리고 저 성미 급한 이들, 쇼 테일러와 휴 레인은 저기서 겸손에 바탕을 둔 긍지를, 잘 정돈된 분위기와 탁월한 친구들을 발견하였네,

그들은 제비처럼 왔다가 제비처럼 갔다. 하지만 한 여성의 강인한 성격은 제비의 초심을 유지시켜 주었다. 그룹을 형성했던 이들 가운데 콤파스 꼭짓점 위를 맴돌았던 대여섯 명은 꿈꾸는 대기에서 확신을 발견하였다. 시간을 가로질러, 시간에 역행하는, 지성으로 충만한 저 달콤한 구절들을.

여행자, 학자, 시인들이여, 여기에 발을 멈추시라.
저 모든 방과 통로들이 사라질 때,
쐐기풀이 볼상사나운 둔덕에서 물결치고
어린 나무들이 부서진 돌 틈에 뿌리 내릴 때,
여기서 잠시 걸음을 멈추고, 잠시 추억을 봉헌하라 —
땅바닥 향해 눈을 내리깔고,
눈부신 태양과 저 모든 관능의 그늘에 등을 돌린 채 —
월계관 쓴 저 여성의 머리에.

102. 1931년, 쿨 장원과 발릴리

우리 집 창턱 아래로 빠른 물살이 흐르고,
아래쪽엔 수달이 위쪽엔 오리들이 노니네.
햇살 받아 반짝이는 물은 일 마일을 달려가다가
'눈 먼' 래프터리의 '포도주' 광 아래로 떨어지고,
땅 속을 달리다 쿨 장원 암반지대에서 솟아올라,
물줄기가 넓어지는가 하더니 호수로 모여들어
이윽고 구멍 속으로 떨어진다고 하네.
물이란 환생한 영혼이 아니던가?

호수 가장자리 숲의 나무들은
겨울 햇빛 받으며 앙상한 가지를 드러내고,
비극 배우의 신발을 끌고 다니는 자연은
요란한 바람소리를 내며 내 기분을 거울처럼 비추었네.
저기 너도밤나무숲 속에서
갑자기 날아오르는 백조의 요란한 날갯짓에
고개 돌려 나뭇가지들 사이로 바라보았네,
넘치는 호수물이 반짝이는 곳을.

저기 저 또 하나의 표상! 저 폭풍 치는 순백색은
하늘이 한군데로 집중된 것처럼 여겨졌지.
영혼처럼 그것은 인간의 시야 속으로 들어왔다가
아침이 되면 사라지고, 그 까닭을 아는 이 하나도 없네.
얼마나 사랑스러운지, 저 순백의 새들은
지식의 오류와 무지의 오류를 바로잡고,

얼마나 고고하고 순수한지, 그래서 아이들은 생각하리라,
저 새를 죽이는 데는 잉크 한 방울만으로도 충분하다고.

마룻바닥 위에 지팡이 소리, 누군가
의자에서 의자로 힘겹게 옮겨 다니는 소리.
유명한 손들이 장정한 소중한 책들,
오래된 대리석 두상들, 여기저기 오래된 그림들.
여기로 여행 온 어른과 아이들 모두가
만족과 기쁨을 발견했던 커다란 방들.
이름과 명성을 갖추지 못한 이 어느 누구도
우매한 언행 일삼던 어느 누구도 지배한 적 없는
이곳의 마지막 계승자.

저택을 지은 이들이 살다가 죽어간 이곳은
한때는 목숨보다 더 소중한 것으로 여겨졌었지.
조상대대로 이어져 내려오는 오래된 나무들,
또는 추억으로 넘쳐나는 정원들은
결혼과 친지와 가족들을 영광되게 하고,
시집오는 신부들의 꿈을 충족시켜 주었지.
하지만 우리는 떠돌이 신세,
유행 혹은 단순히 환상 따라 떠도는 —
그 모든 영광 다 소진되어 버리고 —
천막과 함께 이동하는 어느 가련한 아랍인과도 같이.

우리는 마지막 낭만주의자들 —
우리의 주제는 전통에 바탕을 둔 고결함과 아름다움,

시인들이 '민중의 서'라 이름 붙인 책에 적혀있는 것,
인간의 마음을 복되게 하고 시의 품격을 드높일 수 있는 것.
하지만 이제는 모든 게 변했고, 저 준마엔 기수가 없네.
한때는 호머가 안장 위에 걸터앉아 힘차게 말을 달렸건만,
어둠이 깔리는 물 위 저 백조가 떠도는 곳으로.

103. 선택

인간의 이지력은
삶의 완성과 일의 완성 중에서
어느 하나를 선택해야 하네.
후자를 선택할 경우 인간은
어둠 속에서 격분에 시달리며
천국의 저택을 거부할 수밖에.
그 모든 이야기가 끝이 날 때
새로운 소식이란 무엇인가?
운이 좋건 나쁘건, 힘든 노역은
자취를 남기게 마련이지.
오랜 세월 동안의 당혹스런 일들은
텅 빈 지갑을, 또는
낮 동안의 허영과 밤의 회한을.

104. 모히니 채터지

저는 기도해야 합니까 하고 묻자,
브라만 승려가 대답하기를,
"기도할 필요 없이요,
매일 밤 침대에서 이렇게 말하시오,
'나는 왕이었다네,
나는 노예였다네,
바보, 악당, 깡패, 어느 하나
전생에 안
해본 것 없을 뿐더러,
내 가슴 위에 머리 눕힌 여자가
부지기수였다네' 라고."

모히니 채터지는
격정에 시달리는 한 소년의 마음을 어루만져 주려고
이런 또는 이와 비슷한 말을 하였고,
나는 거기에 논평을 덧붙인다.
"하지만 늙은 연인들은
자신들이 행진하는 검은 대지 너머에
시간이 거부한 모든 걸 갖게 되겠지 —
무덤에 무덤이 쌓이는 건
그들에게 만족을 주기 위함이야 —
인간이 출산에 출산을 거듭하는 것도
그런 연속포격이 우뢰처럼 시간을 앗아가
결국 잉태의 순간과 죽음의 순간이

서로 마주치도록 하기 위함이지,
혹은, 위대한 현인들이 말하듯,
불멸의 발길로 춤추게 하기 위함이지."

105. 비잔티움

정화되지 않은 낮의 이미지들이 물러가고,
황제의 술 취한 병사들도 잠자리에 들었다.
밤의 소란도, 밤거리 취객들의 노랫소리도
대성당 바라소리가 울린 뒤에 사그라지고,
별빛 또는 달빛 반짝이는 둥근 지붕은
인간의 모든 표상들을,
한낱 분규에 지나지 않는 모든 것들을,
인간의 핏줄 속 격정과 오욕을 비웃는다.

내 눈 앞에 어떤 이미지가,
인간 또는 혼령이 떠돈다.
인간이라기보다는 혼령,
혼령이라기보다는 이미지가.
미라포에 감긴 명부(冥府)의 실타래는
휘감긴 인생길을 풀어헤치리.
호흡을 멈춘 메마른 입이
숨 쉬지 않는 이들을 소환하겠지.
나는 이 초인적인 존재를 환영하노라.

그것은 삶 속의 죽음,
죽음 속의 삶이라 부를 수 있는 것.

기적인가, 새인가, 황금세공품인가,
새나 세공품보다 더한 이 기적적인 존재는
별빛 부서지는 황금나뭇가지에 앉아
명부의 수탉처럼 울기도 하고,
또, 달을 보고 격분한 나머지,
변하지 않는 황금의 영광 속에서
속세의 새와 꽃을,
오욕과 피로 얼룩진 저 모든 분규의 표상들을
소리 높여 비웃기도 한다네.

한밤중 황제의 궁전,
그 포장된 도로 위에 불길이 너울거린다.
장작단에서 피어오른 것도,
부싯돌로 붙인 것도 아닌,
폭풍에도 꺼지지 않는,
불길에서 불길로 이어지는 불길.
피에서 태어난 혼령들이 그곳으로 모여들고,
온갖 격정과 분규의 표상들이 그곳을 떠난다,
고통스런 황홀,
춤사위 그리며,
옷소매 하나 그을릴 수 없는
불길의 고통 속으로 사그라든다.

피로 혼탁해진 오욕의 바다,
헤엄치는 돌고래 위에 걸터앉아
혼령들이 줄에 줄을 잇는다!
장인들의 일터가 파도를 부순다,
황제의 금세공 장인들의 일터가!
춤사위 벌어지는 대리석 바닥들이
얼키설키 쓰라린 격정을 부순다,
시시각각 새로운 이미지들을 잉태하는
저 이미지들을,
돌고래에 찢긴, 바라소리에 시달리는
저 출산의 바다를.

106. 출렁이는 마음

I
인간은 극단과 극단 사이에서
자신의 삶을 영위하지.
그러다 어떤 횃불,
혹은 화염과도 같은 숨결이
낮과 밤의 그 모든 이율배반적 모순들을
파괴하게 되지.
육체는 그걸 죽음이라 부르고,
가슴은 그걸 회한(悔恨)이라 부르지.
그러나 그렇게 부르는 게 온당하다면
기쁨이란 무엇인가?

II

저기 한 그루 나무가 서 있네.
그 꼭대기에서 아래로
반은 온통 반짝이는 불길이고
반은 온통 초록 일색의
이슬 맺힌 무성한 잎사귀들.
그리고 반은 반이지만
동시에 전경을 이루고,
반과 반은 서로를 소생시키는 동시에
서로를 불태우지.
저 노려보는 이들의 격분과
눈 먼 무성한 잎사귀들 사이에
아티스 상 걸어놓고 숭배하는 자는
자기가 아는 걸 알지 못할지라도
슬픔도 모른 채 살아가지.

III

수단껏 금과 은을 주워 모으고,
야망을 충족시켜라.
하찮은 나날들에 생기를 불어넣고,
그것들을 햇빛으로 채워라.
하지만 다음의 금언만은 명심하라.
뭇 여성들이 놈팡이에게 푹 빠지면
물려줄 재산 따위에는 관심이 없지.
자식들의 감사와 여인의 사랑,
이 모두를 충분히 보상받은 사내란 없다.

더 이상 레떼의 나뭇잎에 사로잡히지 말고
그대의 죽음을 준비하게. 마흔 번째 겨울이 오면
지성이나 신념이 일구어낸 모든 업적들을,
네 손으로 만들어낸 모든 일들을,
죽음에 비추어 다시 점검하게.
눈 부릅뜨고 껄껄 웃으며 거침없이 무덤으로 향하는
그런 이들에게 어울리지 않는 모든 업적들을
호흡의 낭비라고 부르게.

IV
나의 쉰 번째 해가 다가왔다가 지나가고,
나, 외톨이는,
북적대는 런던 어느 가게에 앉아 있었지.
대리석 탁자 위엔
펼쳐진 책과 빈 잔 하나.

가게와 거리를 물끄러미 바라보고 있을 때
내 몸이 갑자기 달아올랐지.
이십여 분은 족히 되었으리라,
행복감에 흠뻑 젖어든 나머지
축복받은 느낌이었고
모든 걸 축복할 수 있었네.

V
여름 햇살이
구름 낀 하늘 밑

무성한 나뭇잎들을
황금빛으로 물들이거나,
겨울 달빛이
폭풍으로 절묘하게 흩어진
들판을 잠기게 한들,
나는 그걸 바라볼 수가 없네,
책임감이 날 짓누르기에.

여러 해 전에 한 말이나 행동
또는 말하지도 행하지도 않았지만
말이나 행동으로 옮기려 했던 일들이
이제 와 날 짓누르누나.
무언가 회상하지 않고는
단 하루도 지나치는 법이 없다.
아, 소름끼치는 나의 양심,
소름끼치는 허영심이여.

VI
아래로는 강과 들판이 펼쳐져 있고,
새로 벤 건초 내음 들이마시고
쌓인 눈 털어내며
위대한 주공(周公)이 소리지르네,
'모든 것 사라진들 어떠하리요.'

우윳빛 나귀들이 마차 끌고 가는 곳,
그곳에 바빌론 니네베 솟아올랐지.

어떤 정복자가 말고삐 휘어잡고
지친 병사들을 향해 소리지르네,
'모든 것 사라진들 어떠하리요.'
피에 젖은 인간의 심장으로부터
밤과 낮의 나뭇가지들이 솟아오르고,
거기에 번들거리는 달이 걸려있다네.
모든 노래의 의미는 무엇인가?
'모든 것 사라진들 어떠하리요.'

VII

영혼: 실상(實像)을 추구하게, 허상(虛像)을 쫓지 말고.
마음: 뭐라고, 가객(歌客)으로 태어난 내가
　　노래 부를 주제도 없는 가객이 되라는 것인가?
영혼: 이사야의 석탄불, 그 이상 무얼 더 바라겠나?
마음: 불길의 단순함 속에선 말문이 막히지!
영혼: 저 불길을 보게. 저 안에 구원이 걸어간다네.
마음: 호머에게 원죄 말고 무슨 주제가 있었나?

VIII

폰 휘겔, 우리 둘 다 성인들의 기적을 받아들이고 신성을 숭배하기에 닮은 점이 많긴 하네만, 이제 그만 해어져야 하지 않겠나? 테레사 성인의 시체는 기적의 성유에 흠뻑 젖은 채 썩지 않고 무덤에 누워 있지. 거기서 달콤한 향내음 피어오르고, 글자 새겨진 석판에서는 병고침의 기적이 나온다 하지. 옛날 이집트 황제의 창자를 떠내 미라를 만들었던 그 손이 어쩌면 우리 시대 성인의 몸을 영원케 했을지도 모르지. 나는 — 기독교 신자가 되어 무덤에서나 환영받을 일을 신앙으로 선택한다면 마음에 위안이야 되겠지만

— 이미 운명 지워진 역할에 충실해야겠네. 호머가 나의 모범, 기독교 신앙에 물들지 않은 그의 마음이. 사자와 벌집, 성경은 그걸 어떻게 풀이했나? 그러니 폰 휘겔, 그만 가보게, 비록 그대 머리에 축복이 내리더라도.

107. 폭언을 한 데 대한 양심의 가책

바보와 악당에게 고함을 질러대던 나,
결국 그 학파에 이골이 난 나머지
내 역할을 바꾸고 싶었고,
마음 맞는 관객도 발견지만
광적인 마음만은 어쩔 수가 없었다.
내 안에 있는 더 나은 걸 찾아보았다.
훌륭한 매너, 자유분방한 말,
증오를 게임으로 바꾸어도 보았다.
하지만 그런 말과 행동들은
나의 광적인 마음에 와 닿지 않는다.
아일랜드에서 태어난 우리.
엄청난 증오, 비좁은 공간이
처음부터 우리를 불구자로 만들었다.
우리는 어머니 자궁에서
광적인 마음을 타고 나온다.

108. 미친 제인과 주교님

참나무 고사목으로 날 데려다 주오,
자정이 종소리 타고 올 때,
(무덤에서는 모두가 안전하다네.)
죽은 님 잭을 위로하기 위해
그의 머리에다 저주 퍼부을 수 있도록.
그는 멋쟁이란 말은 좀처럼 하지 않았지.
뻣뻣한 사내와 멋쟁이.

그의 금지령이 날품팔이 잭을 추방했을 때
그는 주교님도 아니었고,
(무덤에서는 모두가 안전하다네.)
교구 신부님도 아니었네.
하지만, 옛날 책을 손아귀에 움켜쥐고는,
소리쳤지, 우리는 짐승처럼 살고 있다고.
뻣뻣한 사내와 멋쟁이.

주교님 피부는, 하느님은 알지,
거위 발 마냥 주름투성이라네.
(무덤 속에서는 모두가 안전하다네.)
그리고 그 성스런 검정 옷 속에다
왜가리 등을 감추고 다닐 수는 없지.
하지만 잭은 자작나무처럼 서 있었다네.
뻣뻣한 사내와 멋쟁이.

잭은 나의 처녀성을 가졌고,
지금 참나무 그늘로 나를 오라하네.
(무덤에서는 모두가 안전하다네.)
밤 속을 떠돌아다니는 그는
참나무 아래 은신처를 마련해 두었네.
다른 사람이 나타나면, 나는 침을 뱉는다.
뻣뻣한 사내와 멋쟁이.

109. 미친 제인, 주교님과 얘기를 나누다

길에서 주교님과 마주친 나는
주교님과 많은 얘기 나누었지요.
"이제 너의 가슴은 쪼그라들고,
조만간 너의 핏줄도 말라버릴 거야.
그러니 천국의 저택에 살도록 해요,
돼지우리 같은 곳에서 뒹굴지 말고."

"예쁜 것과 더러운 건 사촌지간 아닌가요?
더러움이 없다면 예쁜 게 있을 수 없지요."
화가 나서 버럭 소리를 질렀지요.
"내 친구들 다 떠나갔지만
그건, 몸을 천하게 굴리면서도
자부심 넘치는 가슴으로 체득한,
무덤도 침대도 부정할 수 없는 진실이야요.

"여자란 사랑에 푹 빠지게 되면
콧대가 높아지고 우쭐해지죠.
하지만 사랑의 신은 자기 저택을
배설의 장소에다 지었네요.
찢어진 적이 없는 건 그 무엇도
완전한 것이 될 수 없기 때문이지요."

110. 그녀의 불안

대지가 옷을 예쁘게 차려입고
돌아오는 봄을 기다리네요.
모든 진실된 사랑이 사라진다 해도
기껏해야 보다 덜한 사랑으로 바뀌겠지요.
내 말이 거짓임을 증명해 보오.

연인들의 몸은 그토록 아름답고
숨결 또한 몹시 거친지라
그들은 늘 만지거나 한숨짓지요.
서로 만질 때마다 사랑은
죽음을 향해 한걸음씩 다가간다오.
내 말이 거짓임을 증명해 보오.

111. 자장가

님이여, 그대가 자는 잠은
포식하고 난 뒤에 찾아오는
그런 깊은 잠이 되시기를.
힘센 패리스가 첫날 새벽에
헬렌의 팔에 안겨
황금 침대에서 잠들었을 때
온 세상 경이로운 일들이
그에게 무슨 의미가 있었나?

님이여, 저 야성의 트리스트람,
그가 잤던 그런 잠에 빠져드시라.
해야 할 일 모두 다 끝마친 뒤에
숫노루와 암사슴 뛰어다니리,
참나무 밤나무 그늘 아래에서
암사슴과 숫노루 뛰어다니리.

에로타스 강변, 풀이 우거진 곳,
그곳에서의 곤한 잠을 자시라.
그때 그곳에서 그 성스런 새는
예정된 자기 의지를 완수하고는
레다의 보호와 보살핌 받으며
그녀의 가랑이에서 떨어져나갔네.

112. 오랜 침묵이 흐른 뒤에

오랜 침묵이 흐른 뒤에 하는 말.
다른 애인들은 모두 떠나갔거나 죽었고
불친절한 램프불빛은 갓 아래 가려져 있고
불친절한 밤에도 커튼이 드리워졌으니
이제 '예술'과 '음악'이란 최상의 주제를
얘기하고 또 얘기함이 옳을 듯하네.
육체의 노쇠는 곧 지혜인 것을.
젊었을 적 우린 서로 사랑했지만
아, 너무나 어리석었네.

113. 델피의 신탁이 플로티노스에 대하여

보라, 위대한 플로티노스가
파도를 헤치며 헤엄치는 광경을.
온후한 라더만토스,
손짓하며 그를 불러보지만,
짜디짠 피가 눈을 가려
황금 족속들 흐릿하게 다가오네.
평평한 풀밭 여기저기에
혹은 숲 속 오솔길 따라
저기엔 플라톤, 미노스 지나가고,
저기엔 위엄 있는 피타고라스,

그 모든 사랑의 합창 울려 퍼지네.

114. 톰이 크루컨 고원에서

크루컨 고원에서 잠이 든 톰은
그의 혼줄 빼놓을 장단에 맞춰
분명 이렇게 노래할 거야.
"윤기 잘잘 흐르는 종마 영원이
시간이란 암말 위에 올라타서는
세상이란 새끼를 잉태했다네."

115. 세상이 만들어지기 전에

내가 속눈썹을 까맣게 칠하고
눈망울을 더 반짝이게 하고
입술을 진한 분홍색으로 칠하고
이 거울 저 거울 바꿔가며
흠잡을 데가 있냐고 묻는 것은
허영심 때문이 아니어요.
나는 세상이 만들어지기 전
그 얼굴을 찾고 있는 거예요.

남자 쳐다볼 때 애인 쳐다보듯 하면서도
쳐다보는 동안 피는 차갑고
마음은 미동도 않은들 무슨 상관이어요?
내가 잔인하다고요?
배신감을 느낀다고요?
나는 다만
세상이 만들어지기 전 내 모습을
사랑해 주기 바라는 것뿐인데.

116. 첫 고백

내 머리칼에 엮인 들장미가
상처 준 것은 아님을 나는 인정하네요.
움찔거리고 떨었던 건
시침떼기 교태부리기 작전이었을 뿐.

나는 진실을 갈망하면서도,
더 낳은 자아가 인정하지 않는다 하여
그것과 떨어져 있을 수는 없네요.
남자의 관심은 내 뼈 속의 열망을
한껏 채워주기 때문이지요.

내가 황도대(黃道帶)로부터 끌어오는
저 눈부신 빛,

내게 고정된 저 의혹의 눈길들은
무얼 의미하나요?
공허한 밤으로 응답한다면
그들은 분명 나를 피할 거예요.

117. 선택 받은 여자의 운명

사랑의 운명은 선택되는 데 있지요.
소용돌이치는 황도대의 노상에서
이미지 하나를 찾는 과정에서
그 정도는 터득했어요.
그가 내 몸에 손을 대는 순간,
서녘하늘 수평선 아래로 떨어지자마자,
혹은 내 젖가슴의 모성적 한밤중에 감싸여
지중해적 휴식을 취하는가 했더니,
북녘으로 떠날 채비를 서둘렀고,
나는 침대에 누워있었지만
그는 서있는 듯이 여겨졌어요.

나는 날이 밝는 데 대한 두려움과 싸워야 했으나
그걸 내 운명으로 선택했지요! 갓 결혼한 신부가
남자와 함께했던 가장 즐거운 일이 뭐냐고 묻는다면
저 정적이 깃든 그곳의 경험을 화제로 삼을 거예요.
그의 가슴 내 가슴인 듯 여겨지고,

둘이서 신비한 물 위를 떠돌던 그 곳에서는 —
어느 박식한 점성술사가 적은 바 있듯이 —
황도대가 청공(青空)으로 변한답니다.

118. 숲 속에서 그녀의 비전

저 무성한 나뭇잎 아래 메마른 나무통인양, 포도주 빛 컴컴한 한밤중 신성한 숲에서, 사내의 사랑을 받기엔 너무 늙은 나는 사내들을 머릿속에 그려보고 격정에 시달리며 서 있었다. 적은 고통으로 큰 고통 덜어줄 수 있으리란 생각에서, 혹은 시든 핏줄에도 피가 흐르는지 알고 싶은 나머지 나는 내 몸을 찢어발겼다, 님의 입술을 연상시키는 모든 것에 내 몸의 포도주를 문지르기 위하여.

그런 다음 나는 손가락을 쳐들어, 포도주 빛 검은 손톱을, 혹은 시든 손가락 끝에서 흘러내리는 검은 피를 물끄러미 바라보았다. 그 순간 검정색은 붉은 색으로 변하고, 횃불이 비치고, 귀를 멍하게 하는 음악이 나뭇잎을 뒤흔들었다. 일단의 사람들이 부상당한 사내를 실은 들것을 어깨에 메거나, 현악기를 연주하면서 음악에 맞춰, 치명상을 입힌 짐승에 대하여 노래했다.

노래에 맞춰 이동하던 위풍당당한 여성들은 머리를 풀어헤치고, 이마에는 수심이 가득했다. 십오 세기 어떤 거장의 작품에 나오는 인물들과도 같이, 만테냐의 생각을 표상하는 무념의 이미지 — 왜 그들은 영원한 젊음을 꿈꾸는 걸까? 그러다 갑자기 나는 슬픔에 전염되어, 피가 뚝뚝 떨어지는 그의 가슴을 보게 되었고, 다른 이들과 함께 나의 적개심을 노래했다.

피투성이인데다 진흙투성이인 그것은, 짐승에게 갈기갈기 찢긴 그것은, 반쯤 고개 돌려 이글거리는 그 눈을 내게 고정시켰다. 그때 사랑의 쓰디쓴 달콤함이 한꺼번에 몰려왔지만, 그림이나 동전에 나옴직한 그 무리들은 내 몸이 넘어지는 것을 보지도, 비명 치는 소리를 듣지도 못했다. 더욱이, 그들이 술에 취한 듯 노래에 취해 거기에 가져다 놓은 것은 전설적인 상징이 아니라, 내 심장의 희생 제물이자 고문자임을 그들은 알지 못했다.

119. 이별

그이: 내 사랑,
밤이 염탐꾼들의 눈을 가리는 동안에
이제 가야겠어요.
저 노래가 새벽을 알리네요.

그녀: 안 돼요. 밤새와 사랑새는
진실한 모든 연인들에게 휴식을 취하라 하고,
저 새의 구성진 노랫소리는
낮의 살인적인 잠입을 책망하는 거예요.

그이: 아침햇살이 벌써
봉우리에서 봉우리로 날아다닌다오.

그녀: 저 빛은 달에서 오는 거예요.

그이: 저 새가…

그녀: 노래하게 그냥 내버려 두세요.
　　우리 함께 미끄럼 타고
　　신나게 사랑놀이 해봐요.

120. 마지막 고백

잠자리를 같이 했던 활기찬 사내들 중에
어떤 친구가 가장 즐겁게 해주더냐구요?
나는 내 영혼 다 바쳐
불행도 감수하며 사랑했지요.
하지만 가장 큰 즐거움을 나눈 친구는
몸으로 사랑했던 젊은이예요.

그의 팔에서 잽싸게 몸을 빼면서
나는 깔깔대고 웃었지요,
그의 열정이 그토록 강렬했기에
몸만 접촉해도
내가 영혼을 주었다고 착각하겠지 하는 생각에서.
그리고 그의 가슴 위에서 깔깔댔지요,
짐승도 이만큼의 가슴은 줄 거라 생각하면서.

옷을 벗어던진 여자들이 준 것은 다 주었지요.

그러나 나의 이 영혼이, 육신의 옷을 벗어던지고,
서로가 발가벗은 채로 서로에게 다가갈 때,
내 영혼은 알게 되었지요, 내 영혼 속에서 그는
다른 사내가 알지 못하는 것을 발견하게 될 것임을,

그래서 자기 영혼을 나에게 주고
내 영혼을 자기 것으로 만들어
자기 권리로 내 영혼 지배할 것임을,
비록 내 영혼은 불행을 감수하면서 사랑했지만,
그의 영혼이 내 영혼을 가두고
내 영혼에 찰싹 달라붙을 것이기에,
그 기쁨의 불꽃을 끌 수 있는 낮새란 존재하지 않음을.

121. 〈안티고네〉에서

극복하라 — 소녀의 부드러운 뺨에 깃든
오, 쓰디쓴 달콤함이여 —
뱃사람들이여, 거친 추수꾼들이여,
부유한 인간의 사랑행각을,
살찐 양들과 들판의 비옥함을.
정복하라, 파르나소스의 신들을.

정복하라, 최고천(最高天)에 거하는 존재들을.
하늘과 땅을 내던져 쫓아내라,

같은 재난 속에서,
형제와 형제, 친구와 친구,
가족과 가족, 도시와 도시가,
저 위대한 영광으로 인하여 미치광이가 되어,
골육상잔(骨肉相殘)을 일삼도록.

나는 기도해야겠네, 나는 노래 불러야만 하리.
하지만 슬퍼 우노라 — 오이디푸스의 딸이
사랑이 존재하지 않는 티끌 속으로 내려가기에.

『파넬의 장례식』(1935)

122. 파넬의 장례식

I

'위대한 희극배우'의 무덤 앞에 모인 사람들.
하늘엔 폭풍에 흩날리는 구름덩어리들,
구름 없는 한켠 하늘에는 눈부심이 남아 있고,
그보다 더 눈부신 별 하나가 쏜살같이 아래로 떨어진다.
저 모든 동물들의 피 속에는 어떤 전율이 요동치는 걸까?
이 희생제물의 의미는 무엇인가? 저기 누군가는
별을 쏘아 맞춘 크레타의 화살촉을 기억할 수 있을까?

무성한 나뭇잎 사이로 쏟아지는 별빛,
열광하는 무리들,
뻗어 나온 나뭇가지 위에 앉아 있는 미소년.
신성한 활, 한 여인과 시위 위에 놓인 화살,
관통당한 소년, 낮게 드리운 별의 이미지.
'위대한 어머니'를 상징하는 그 여인은
소년의 심장을 도려낸다. 어느 도안 장인이
소년과 나무를 시칠리아의 동전에 새겨 넣었다.

한 시대는 이전 시대의 반전인 것을.

낯선 이들이 에밋, 핏제럴드, 톤을 살해했을 때,
우리는 색칠한 연극무대를 바라보는 사람들처럼 살았다.
일단 장면이 바뀌면, 앞선 장면이 무슨 상관이랴.
그것은 우리의 삶에 아무런 영향을 주지 않았다.
하지만 대중의 광란, '병적인 발작'은
이 사냥감을 무대 아래로 끌어내렸다.
어느 누구도 죄의식을 느끼지 않았고,
그의 심장을 게걸스레 먹어치울 때 우리는
채색된 무대 위에서 배역을 연출하지도 않았다.

그러니 그 힐난의 눈초리를 내게 고정시켜라,
나는 힐난에 목말라 있으니.
아일랜드에서 노래 불리어지고 말하여진 모든 것들은,
생쥐들이 죽기 전에 듣는 노랫가락을 제외하고는,
오염된 대중에서 번식한 거짓인 것을.
오직 이 발가벗은 영혼에 속한 텅 빈 것들만 남겨두라.
그리고 판단할 수 있는 이들로 하여금 판단케 하라,
그것이 동물인지 사람인지를.

II
나머지는 그냥 내버려두고, 한 마디 말은 철회하련다.
드 발레라가 파넬의 심장을 먹었더라면,
무책임한 선동가들이 승리하는 일도,
시민적 적의가 국토를 찢어발기는 일도 없었으리라.

코스그레이브가 파넬의 심장을 먹었더라면,

이 나라 국민들의 상상력은 충족되었으리라.
행여 그렇지 않더라도, 권력이 그들 손에 있었더라면,
그 정권의 유일한 정치가 오히긴스는 죽지 않았으리라.

심지어는 오뒤피가 — 더 이상 이름을 열거하지 않으련다 —
그들은 대중의 인기에 영합했으나, 파넬의 스승은 고적(孤寂)이었다.
그래서 조나단 스위프트의 어두운 숲을 걸으며 그는
그의 피를 살찌운 쓰디쓴 지혜를 따 모았다.

123. 국가와 교회

시인이여,
여기 참신한 주제가 있다,
노인에게 안성맞춤인 주제가.
국가와 교회의 권력:
한때 그것은 폭도들을 제압했었지.
하지만 아, 심장의 포도주가 순수성을 잃지 않고,
마음의 양식이 달콤한 맛을 유지할 수만 있다면.

겁쟁이들이나 그런 노랠 부르겠지.
그러니 허황된 꿈속을 헤매지 말라.
더욱이 국가와 교회가
대문 앞에서 으르렁대는 승냥이마냥
폭도로 전락한다면?

포도주는 완전히 제 맛을 잃고
빵 또한 쉬어버리겠지.

124. 립이 볼리야와 올린의 무덤에서

칠흑 같은 어두운 밤에,
펼쳐진 책 들고 있는 날 보고,
내가 무얼 하고 있는지,
그대는 묻고 있군요.
내 이야기를 잘 듣고 소화한 다음,
그것을 가지고 저 멀리
이 삭발머리를 본 적도,
구십 년이란 세월이 바수어놓은,
이 목소리를 들어본 적도 없는
그런 사람들에게 가서 전하시오.
볼리아와 올린에 대해 말할 필요는 없소,
모두가 그들의 사연을,
어떤 나뭇잎과 가지가,
사과나무와 주목의 어느 접합부가,
그들의 뼈 위를 기어오르는지
너무나도 잘 알고 있기에.
그러니 어느 누구도 들어보지 못한
그걸 전하시오.

그들이 죽은 뒤에 기적이 일어나
한때는 뼈와 힘줄이던 것이
순수한 본질로 변화되었지요.
그런 몸들이 결합할 때면,
여기를 만지고, 저기를 만지는 일도,
팽팽하게 긴장할 때의 황홀도 없고,
대신에 전체와 전체가 결합한다오.
천사들의 교접은 한줄기 빛으로,
그 순간 둘은 하나 되어,
불 타 없어진다오.

사과나무와 주목의 떨림 위로,
여기 칠흑 같은 어둠 속에서,
그들의 죽음을 기념하는 오늘 여기서,
그들이 처음 포옹했던 기일(忌日)에,
비극으로 정화된 그 연인들은
서로의 품속으로 뛰어든다오.
물과 약초와 혼자만의 기도로
독수리의 눈처럼 예리해진 이 눈은
그 빛을 향해 열려 있다오.
나뭇잎들로 다소 부서지긴 했지만,
그 빛은 풀 위에 원을 그린다오.
그래서 나는 그 안에서
성스런 책장을 넘기고 있는 중이라오.

125. 메류 산

문명은 여러 겹 환상(幻想)의 테로 에워싸여,
하나의 잣대 하에 놓여지고, 평화를 가장하지.
그러나 인간은 생각하는 존재인 것을.
그래서 인간은, 두려움에도 불구하고,
수백 년 동안 노략질을 계속한다네.
노략질하고, 광분에 떨고, 뿌리 채 뽑다가,
급기야는 황폐한 현실 속으로 돌아온다네.
이집트여, 그리스여, 안녕히. 잘 가라, 로마여!
메류 산 또는 에베레스트 산 어드메
눈발 흩날리는 밤의 동굴 속,
혹은 진눈깨비가 발가벗은 몸을 때리는 곳,
그곳에 앉아 있는 은자(隱者)들은 알지,
낮이 바뀌어 밤이 되고, 새벽이 오기 전에
인간의 모든 영예와 기념비들은 사라진다는 것을.

『새 시집』(1938)

126. 소용돌이

소용돌이다! 소용돌이다! '큰 바위 얼굴 신령님', 내다보소서.
아름다움에서 아름다움이, 가치에서 가치가 소멸하고,
옛 모습 윤곽들도 흔적도 없이 지워져 버리기에,
너무나 오래 생각했던 일들은
더 이상 생각의 대상이 될 수 없습니다.
혼탁한 피의 조류가 온 대지를 더럽히고 있나이다.
엠페도클레스는 모든 걸 내동댕이쳐 버렸고,
헥토르도 죽고, 트로이엔 한 가닥 불씨만 남아 있습니다.
그 광경 바라보며 우리는 비극적 황홀에 잠겨 껄껄 웃어댈 뿐.

무슨 상관이랴, 소름끼치는 악몽이 머릿속을 휘젓고
피와 시궁창 물이 민감한 몸을 더럽힌들?
한층 더 위대하고 한층 더 우아했던 시대가 사라진들
무슨 상관이랴? 한숨 쉬지도, 눈물 흘리지도 말라.
채색된 형상들, 분장도구 상자들을 아쉬워하며
나는 옛 무덤 가에서 한숨지었지.
하지만 다시는 그런 일 없으리. 무슨 상관이랴?
동굴에서 어떤 목소리 터져 나오네,
그 목소리가 아는 말이라고는 "기뻐하라!" 저 한 마디 외침뿐.

행동도 솜씨도 거칠어지고, 영혼 또한 천박해지네.
무슨 상관이랴?
'큰 바위 얼굴 신령님'께서 소중히 여기시는 이들,
말을 사랑하고 여인들을 사랑하는 이들은
무너진 무덤, 대리석 석실(石室) 어드메서
혹은 족제비 시간과 올빼미 시간 사이 어둠 속에서
혹은 풍요로운 어둠의 세계 어디에선가
장인과 귀족과 성인들을 파내어 햇빛 속으로 드러내리니,
그러면 모든 사물들은 또다시 맴돌기 시작하겠지,
시대에 뒤쳐진 저 소용돌이를 타고.

127. 청금석 부조(浮彫)

신경이 곤두선 여성들은 말하지:
정말 역겹다니까요, 팔레트도, 깽깽이도,
언제나 즐겁기만 한 시인들도 말이어요.
모종의 단호한 조치가 취해지지 않으면
에어로플레인과 제펠린이 날아와서
빌리왕처럼 폭탄을 마구 퍼부어댈 테고,
그러면 도시 전체가 완전히 납작해질 것임을
누구나 이미 다 알고 있거나
아니면 마땅히 알아야 할 일 아닌가요?

모두가 자신들의 비극을 연출하지.

저기 햄릿이 성큼성큼 걸어가고,
저기에선 리어가,
저건 오필리아, 저건 코델리아.
하지만 마지막 장면에 이르러
거대한 막이 내릴 때가 되어도
극중 역할이 막중할 때면
대사를 중단한 채 흐느끼는 법이 없다.
희열이 온갖 두려움 변화시키기에
햄릿도 리어도 즐겁다는 걸 배우들은 안다.
사람들은 누구나 목표를 설정하고,
찾아내고, 또 패배를 감수해 왔다.
칠흑과도 같은 어둠의 순간,
머릿속에서 섬광처럼 작렬하는 천국.
그때 비극은 절정에 이르지.
햄릿은 횡설수설, 리어는 발광하고,
마지막 장면들이 십만의 무대 위로
한꺼번에 와르르 쏟아져 내린다 한들
비극은 한 치도 더해지거나 덜해지는 법이 없다.

그들은 발로 걸어서 왔지,
아니면 배를 타고, 낙타 등에, 말 등에,
나귀 등에, 노새 등에, 몸을 싣고서.
검 끝에 놓인 낡은 문명들.
그러다 그들의 지혜도 파탄이 났지.
대리석을 청동 주무르듯,
바닷바람 마을 어귀 스쳐 지날 때

옷 주름이 바람에 하늘거리듯,
그토록 빼어난 캘리마코스의 작품
어느 것 하나 남아 있지 않네.
날렵한 종려나무 촛을등대도
오직 하루 동안만 서 있었지.
모든 것이 무너지고, 다시 지어지고,
다시 짓는 이들은 희열을 맛보지.

중국인 두 사람,
그 뒤에 또 한 사람,
청금석에 새겨져 있네.
머리 위로는 장수의 상징
장다리새 날아다니고,
시동(侍童)임이 분명한 세 번째 사람
깽깽이 들고 따라가네.

청금석에 묻은 이 모든 얼룩들,
어쩌다 생긴 금이나 패인 자국들,
물줄기인가, 눈사태인가, 아니면
가파른 산비탈에 눈이 내리고 있음인가.
하지만 자두나무 혹은 벚나무 가지가
그들이 쉬어 갈 산중턱 조그만 정자를
향기로 물들이고 있을 것임이 분명하리니,
거기 앉아 있는 그들 모습 머릿속에 그려보네.
저기 하늘과 맞닿은 산 위에서
온갖 비극의 장면들에 눈길을 보내네.

도사 한 분이 애조 띤 가락을 청하자
능숙한 손놀림으로 금(琴)을 타기 시작하네.
그들의 눈과 주름투성이 얼굴, 그들의 눈,
도사들의 빛나는 눈이 희열에 잠기네.

128. 일본 단가(短歌)의 모방

실로 놀라운 일이지,
칠십 년을 살았다는 것이 —

(꽃이 피니 봄 신명이 났구나,
 봄이 다시 왔기에.)

칠십 년을 살았도다,
남루한 거지도 되지 않고
칠십 년을 살았도다,
아이로 어른으로 칠십 년을,
하지만 기쁨에 겨워 춤 춘 적이 없구나.

129. 일 에이커의 풀밭

그림과 책은 남아 있다.

바람도 쐬고 운동도 할 수 있는
일 에이커 정도의 푸른 풀밭도.
이제 육체의 힘이 빠져나간다.
한밤중 이 낡은 집에서
뒤척이는 것이라고는 생쥐뿐.

마음의 유혹도 가라앉았다.
여기 인생의 막바지에
느슨해진 상상력도
넝마와 뼈를 태우는 마음의 대장간도
진리를 드러낼 수는 없다.

나에게 노인의 광기를 허락해다오.
나 자신을 완전히 개조하여
타이몬이 되고, 리어가 되고,
진리가 부름에 응답할 때까지
성벽을 후려치고 또 후려쳤던
저 윌리엄 블레익이 될 수 있도록.

미켈란젤로가 보여주었던
구름 속 꿰뚫어 보는 마음을,
또는 광기에 고무되어,
수의에 감싸인 사자들 깨울 수 있는 마음을.
노인의 독수리 마음이 아닐 바에야
차라리 사람들로부터 까맣게 잊혀지기를.

130. 그 다음엔?

학창시절 동료들 생각으로는
나중에 그는 유명인사가 될 것임이 분명했다.
그 자신도 같은 생각이어서, 규율에 따라 생활했고,
이십 대에는 공부에만 열중했다.
"그 다음엔?" 플라톤의 유령이 노래했다, "그 다음엔?"

사람들은 그가 쓴 글을 모두 읽어보았다.
그래서 몇 년이 흐른 뒤에 그는
필요한 만큼 돈도 벌었고,
진실한 친구도 여럿 얻었다.
"그 다음엔?" 플라톤의 유령이 노래했다, "그 다음엔?"

그의 달콤한 꿈은 모두 실현되었다 —
조그만 고택(古宅), 아내, 딸, 아들,
오얏나무와 양배추가 자라는 텃밭,
시인과 재주꾼들이 주변에 몰려들었다.
"그 다음엔?" 플라톤의 유령이 노래했다, "그 다음엔?"

"어릴 적 계획에 따라 모든 것이 이루어졌어,"
노인이 된 그는 생각했다,
"바보들은 미치광이 짓이나 계속 하라지.
난 샛길로 빠진 적도 없고, 그래서 무언가 완성했다네."
하지만 그 유령은 더 크게 노래했다, "그 다음엔?"

131. 아름답고 품위 있는 모습들

아름답고 품위 있는 모습들. 오리어리의 고매한 두상.
애비극장 무대 위 아버지 모습, 그 앞에는 광란의 무리들.
"이 성인들의 나라는," 그러다 환호성이 잦아들자,
"더할 나위 없이 훌륭한 성인들의 나라는." 그때 그는
장난기 어린 미소 머금은 채 아름다운 머리를 턱 쳐들고 있었지.
탁자 사이로 몸을 가누며 술 취한 관중들을 향해
아무 의미도 없는 장광설 늘어놓는 스탠디쉬 오그레이디.
커다란 도금테이블 앞에 앉아 있는 오거스타 그레고리,
여든 번째 겨울이 다가오는데. "어제 죽음이 내 생명 위협했다오.
밤마다 여섯 시에서 일곱 시 사이에, 블라인드를 열어젖히고,
이 테이블 앞에 앉아 있겠노라고 저승사자에게 말했지요."
호쓰 역에서 기차 기다리는 모드 곤의 모습,
활짝 편 가슴에다 위압적이리만치 머리를 치켜든 아테나여신상.
모두가 다시는 볼 길 없는 올림포스의 제 신들이여!

132. 파넬 지지자들이여

파넬 지지자들이여, 내 주위에 모여,
우리가 선택한 인간을 찬양하라.
잠시 그대들의 다리로 똑바로 서라,
설 수 있을 때 똑바로 서라.
머지않아 우리도

그가 누워 있는 곳에 눕게 될 지니.
술병 돌려 저 잔들을 가득 채워라.

찬양해야 할 이유가 여기에 있고,
이 것 말고도 더 많이 있다.
그는 영국에 맞서 싸웠고,
가난한 아일랜드인들을 구했다.
농부들에게 이로운 것이면 무엇이든
그것을 의회에서 통과시켰다.
그리고 또 다른 이유로는
그가 한 여성을 사랑했다는 점이다.

여기 찬양해야 할 마지막 이유가 있다.
그는 어떤 인간이었던가? 노래하는 사람치고
마음속에 파넬을 간직하지 않은 사람은 없다.
자부심이 강한 사람은 사랑스런 사람,
땅을 밟고 다닌 사람들 중에
그 보다 더 자부심이 강한 사람은 없었다.

그러니 어서 술병을 돌려라.
비극적인 이야기를 꾸며낸 주교와 정당,
아내를 팔아치우고 아내를 배신한 남편.
하지만 가장 오래 살아남는 이야기는
술잔을 앞에 두고 불리어진다네.
파넬은 조국을 사랑하였고,
파넬은 한 여성을 사랑하였네.

『새 시집』(1938)

133. 사납고 사악한 늙은이

“나는 여자들에게 홀딱 빠져 있기에
언덕에도 홀딱 빠져 침 흘린다오.”
하느님이 원하는 곳으로 여행하는
저 사납고 사악한 늙은이가 말했다.
“볏집 깔린 집에서 죽지 않고,
내 눈 감겨줄 저 손들만이, 오 내 사랑,
하늘의 늙은이에게서 바라는 바라오.”
동틀녘 촛동강이.

“오 내 사랑, 당신 말은 친절도 하오.
나머지 말도 아끼지 마오.
늙은이의 피가 차가워질 때를
누군들 짐작이나 할 수 있을까?
젊은이들은 너무나 사랑하는 나머지
내가 가지고 있는 걸 가질 수 없다오.
나에겐 심장을 요동치게 할 말이 있지만,
젊은이는 만지는 것 말고 무얼 할 수 있나요?”
동틀녘 촛동강이.

그러자 그녀가 그 사나운 늙은이에게 말했다,
그는 손에 단단한 지팡이를 들고 있었다.
“사랑을 주거나 유보하는 건
내 맘대로 되는 일이 아니어요.
나는 내 사랑 모두를 더 나이든 분에게,

하늘에 계신 저 나이든 분에게 주었지요.
그분의 염주 헤아리느라 바쁜 손들은
노인의 눈을 감겨줄 수가 없네요."
동틀녘 촛동강이.

"그렇다면 할 수 없지, 당신 길을 가오,
내겐 또 다른 표적이 생겼다오,
저기 저 아래 해안가
어둠을 이해하는 처녀들.
어부들을 위해서는 음담패설을,
젊은 낚시꾼들 위해서는 춤과 노래를.
어둠이 물 위에 머뭇거릴 때
그들은 침대에서 내려온다오."
동틀녘 촛동강이.

어둠 속에서는 젊은 사나이,
햇빛 속에선 사나운 늙은이.
고양이를 웃길 줄도 알고,
타고 난 재주로 만질 수도 있다네,
오랫동안 골수 속에 감춰져 있던,
여자 옆에 누웠던 여드름들이
결코 알아내지 못한 그 모든 것을."
동틀녘 촛동강이.

"모두가 고통 속에서 산다는 걸
다른 사람은 몰라도 나는 안다네.

사람들이 윗길을 걸어가든
아랫길에 머무는 것으로 만족하든,
나룻배의 허리 굽힌 사공이든
배틀 앞에 허리 굽힌 직공이든,
말 잔등에 탄 꼿꼿한 기수이든
자궁 속에 숨겨진 태아이든."
동틀녘 촛동강이.

"하늘의 늙은이가 내던지는 번갯불이
그 고통 태워버릴 수 있음을
제대로 배운 사람이라면 부인 못하리.
하지만 나는 거친 늙은이,
그래서 차선을 선택한다네,
여인의 젖가슴에 파묻혀 있을 때면,
잠시 그 모든 고통 잊을 수 있기에."
동틀녘 촛동강이.

134. 다시 찾은 시립 미술관

전시실 여기저기 지난 삼십 년의 이미지들:
매복해 있는 병사, 물가의 순례자들.
피고석 칸막이에 반쯤 가린 상태로,
삼엄한 경비 하에 심리 중인 케이스먼트.
신경질적인 자긍심 내비치며

누군가 노려보는 아서 그리피스.
케빈 오히긴스의 얼굴표정,
질문하려는 듯 부드러운 시선마저도
휴식도 회한도 모르는 그의 영혼을 숨길 수는 없네.
축성받기 위해 무릎 굽힌 혁명군 병사.

삼색기를 축성하느라
손을 들어 올린 수도원장 혹은 대주교.
"이건 내 젊은 시절의 죽은 아일랜드가 아니라,
시인들이 상상했던,
끔찍하리만치 활기 넘치는 아일랜드다."
어느 여인의 초상화 앞에서 걸음을 멈춘다,
베네치아적인 아름다움과 우아함을 지닌 여성 앞에서.
오십여 년 전 어느 화실에서,
이십 분 동안 그녀를 만났었지.

격한 감정으로 가슴이 미어진 나머지
털썩 주저앉아 마음을 진정시킨다.
어디를 둘러보나 눈에 들어오는 건
영속적인 또는 비영속적인 이미지들이다.
오거스타 그레고리의 아들.
그녀 자매의 아들 휴 레인이야말로
이 모든 것의 "유일한 모태"다.
이건 헤이즐 레버리의 삶과 죽음,
어느 노래꾼이 노래한 내용을 그린 듯하다.

만치니가 그린 오거스타 그레고리 초상화,
존 싱에 의하면, "렘브란트 이래 가장 위대한 걸작"이다.
에너지로 넘쳐나는 위대한 작품인 것만은 분명하다.
하지만 그녀의 그 모든 자부심과 그 모든 겸손 가운데
극히 일부만이라도 보여줄 붓은 어디에 있나?
시간은 여러 인물의 공인된 패턴들만 보여 줄 뿐,
다시는 그들의 탁월한 능력을 볼 수 없다는 사실 앞에서
나는 절망한다.

중세 기사와도 같은 나의 무릎은 약해져서 구부러졌네.
그러나 영예가 그토록 오래 지속된 저 여성의 저택에선
결핍에 시달리던 모든 이들이 건강을 되찾을 수 있었지.
아직 자식이 없었던 시절 나는 생각하였지,
"내 아이들은 여기서
깊이 뿌리내린 것의 실체를 발견하게 되리라."
하지만 이 집의 종말만은 예견할 수 없었다.
이제 종말이 왔다 해서 슬퍼한들 무슨 소용 있으랴.
오소리가 휩쓸고 지나간 굴을 여우가 더럽힐 수는 없으리.

(스펜서와 민중문학에서 빌려온 이미지 하나).
존 싱과 나, 그리고 오거스타 그레고리는 생각하였지,
우리가 하는 모든 일, 우리의 언어와 노래들은
땅과의 접촉으로부터, 안테우스처럼 힘을 얻는
그런 접촉으로부터 모든 것이 비롯되어야 한다고.
현대 사회에서 유독 우리 셋만이
모든 것을 그 기준에, 귀족과 거지의 꿈에다 맞추었네.

그리고 여기 존 싱, "문명인의 언어 따위는 개의치 않는"
저 뿌리내린 사람, 근엄하고 사려 깊은 얼굴이 있네.
그대, 나를 평가하려는 이여,
이 책이나 저 책만으로 평가하려 들지 말라.
내 친구들의 초상화가 걸려있는 이 신성한 곳으로 와서,
그들의 얼굴 바라보며 아일랜드의 역사를 더듬어보라.
인간의 영예는 어디서 시작되고 어디서 끝나는지 생각하며,
그런 친구들이 있었기에 나는 영광스러웠노라고 말하라.

135. 그대 만족하는가?

내가 한 일을 평가하기 위해 나는,
나를 아들, 손자, 증손자라 불렀던 분들을,
삼촌, 숙모, 당숙, 당숙모들을 방문한다.
나는, 속된 말로,
선조들이 뿌린 씨앗을 망가뜨린 건 아닐는지?
죽음으로 영화(靈化)된 조상들은 판단할 수 있겠지.
하지만 나는 판단할 수도, 만족할 수도 없네.

슬라이고 지방의 드럼클립이란 고장에
유서 깊은 돌십자가를 세웠던 그 분.
말 타고 다녔던 저 선량한 인간,
카운티 다운의 붉은 머리 교구목사.
샌디마운트의 코빗 가문 사람들.

저 고귀한 분 노 윌리엄 폴렉스펜.
밀수업자 미들턴.
그 옛날 버틀러 가문 사람들,
절반은 전설적인 인물들이다.

언제나 육체적인 일을 싫어했던 나,
늙고 쇠약해진 지금,
바다를 보고 미소 지으며,
선량한 분들 속에 머물 수만 있다면,
혹은 하느님과 얘기를 주고받은
늙은 사냥꾼 이야기를 통해
브라우닝이 보여주려 했던 것을
살아생전에 증명할 수만 있다면.
하지만 나는 만족할 수가 없다네.

『마지막 시집』(1938-1939)

136. 불벤산 기슭에서

I

맹세하라,
아틀라스의 마녀가 지나다녔던 마레오 호수
그 주변에서 현자들이 말했고,
말해서 수탉을 울게 했던 바로 그것을 두고.

맹세하라, 저 기수(騎手)들을 두고,
얼굴빛과 자태로 판단하건대
초인임이 분명한 저 여성기수들을 두고,
자신들의 열정을 완벽하게 통제하며 불멸을 과시하는
저 파리한 얼굴 갸름한 무리들을 두고.
지금 겨울 새벽녘에 그들은
불벤산을 무대로 말을 달린다.

그들이 의미하는 바를 요약하자면 다음과 같다.

II

인간은 두 개의 영원 사이에서,
종족의 영원과 영혼의 영원 사이에서,

여러 차례 죽었다 다시 살아난다.
옛 아일랜드인들은 그 모두를 잘 알고 있었다.
인간이 자기 침대에서 죽든
아니면 총에 맞아 죽든,
소중한 이들로부터의 짧은 이별은
사람들에게는 가장 큰 두려움이다.
묘지꾼들의 노역은 길고, 삽은 예리하고,
또 그들의 근육은 강인하지만,
그들은 자신들이 매장한 이들을
사람들의 마음속으로 되돌려 놓는다.

III

"오, 주님, 우리 시대에 전쟁을 보내소서!"
미첼의 이 기도를 들은 바 있는 그대는 안다,
사람들이 말을 함부로 하고
미치광이가 되어 싸울 때,
오랜 세월 눈멀었던 사람의 눈에서
피막이 떨어져 나가면서
편협한 마음이 사라지고
가슴에 평화가 깃든 가운데,
잠시 마음 편히 서서
큰 소리로 껄껄 웃어댄다는 것을.
가장 현명한 사람조차도
자신의 운명을 완결 짓기 직전
자기 소명을 깨닫는 순간
또는 배우자를 선택하기 직전에는

모종의 격렬한 감정에 짓눌려
긴장되기 마련인 것이다.

IV
시인이여, 조각가이여, 그대의 과업을 수행하라,
유행을 쫓는 화가들로 하여금
선조들이 이룩한 업적을 회피하지 못하게 하고,
사람들의 영혼을 하느님께로 인도하여,
보금자리로 온전히 돌아오게 하라.

측정으로부터 우리의 힘은 비롯되었다.
엄격한 이집트인들이 생각해낸 경직된 형상들,
한층 더 부드러운 피디아스의 형상들.
미켈란젤로는 시스티나 예배당 천정에다 증거를 남겼다,
반쯤 깨어난 아담이
지구 전역을 쏘다니는 유한마담의 마음을 들쑤셔
창자까지 달아오르게 할 수 있음을,
작업에 몰두하는 비밀스런 마음 앞에는
인간의 세속적 완성이라는 단일한 목표가 놓여 있음을.

십오 세기 회화에서는
하느님 또는 성인 뒤에 배경으로
휴식하는 영혼들의 정원을 그렸다.
그런 그림에서 눈에 들어오는 모든 것들은,
꽃과 풀과 구름 한 점 없는 하늘은,
잠자는 이들이 잠에서 깨어난 뒤에도

여전히 꿈을 꾸고 있는 듯이 여겨지고,
침대와 침대 틀만 남겨두고
꿈이 온데간데없이 사라진 뒤에도
여전히 하늘이 열려 있음을 선언하는,
그런 형상들을 방불케 한다.

소용돌이는 돌고 또 돈다.
한층 더 위대했던 저 꿈이 사라지자
캘벗과 윌슨, 블레익과 클로드는,
파머의 표현을 빌리자면,
하느님의 백성을 위한 휴식을 준비했다.
하지만 그 뒤로
혼란이 우리의 생각을 뒤흔들어 놓았다.

V

아일랜드 시인들이여,
그대들의 과업을 숙지하라.
잘 만들어진 것이면 무엇이든 찬양하고,
요즘 한창 맹위를 떨치는,
머리에서 발끝까지 볼상사나운
저 자들을 경멸하라.
그들의 배은망덕한 가슴과 머리는
싸구려 침대에서 만든
천박한 생산품인 것을.
농민들을 노래하라, 이어서
말 타고 전력 질주하는 시골 신사들을,

수도승의 성스러움과
흑맥주 들이키는 이들의 호탕한 웃음을.
칠백 년 동안의 영웅시대에
흙으로 빚어진 대지의 후손들,
저 귀족과 귀부인들을 노래하라.
그대들의 마음을 지나간 시대의 틀에 맞춰라,
다가오는 시대에도 우리는 여전히
불굴의 아일랜드인으로 남을 수 있도록.

VI
대머리 불벤산 기슭,
드럼클립 교회 묘역에
예이츠가 잠들어 있네.
여러 해 전,
조상 중의 한 분은 이 지방 목사였지.
근처에 교회가 있고,
길가엔 옛 십자가 하나.
대리석도, 진부한 구절도 아닌,
이 근처에서 캔 석회암에다
그의 유언에 따라
아래 글자들이 새겨져 있네.

삶을, 죽음을,
냉정한 눈으로 바라보라.
말 탄 이여, 지나가라!

137. 검은 탑

말하라, 검은 고탑(古塔)의 사람들,
그들은 비록 염소치기처럼 생활하고,
돈도 다 떨어지고, 포도주도 맛이 갔지만,
병사에게 필요한 건 다 갖추었고,
모두가 서약으로 묶인 사람들임을.
저 군기들은 들어오지 못한다.

저기 무덤 속에 사자들이 똑바로 서있고,
바람은 해안에서 불어온다네.
바람이 으르렁댈 때면 그들은 몸을 떨고,
산 위에선 닳아빠진 뼈들이 흔들린다네.

저 군기들은 매수하러 또는 위협하러,
또는 적통의 왕이 잊혀진 뒤에도
그 왕이 선포한 군율을 지키는 사람은
바보 같은 인간이라고 속삭이러 온다네.
하지만 왕이 오래 전에 죽었다면
당신들은 왜 그토록 우리를 두려워하나?

저기 무덤에 희미한 달빛 가물거리고,
바람은 해안에서 불어온다네.
바람이 으르렁댈 때면 그들은 몸을 떨고,
산 위에선 닳아빠진 뼈들이 흔들린다네.

건장한 사람들이 사지 뻗고 자는 새벽녘,
탑의 늙은 요리사는 작은 새들 잡으러
이슬 맺힌 산을 기어오르며 소리친다네,
왕의 커다란 뿔나팔 소리 들려온다고.
하지만 그는 거짓말쟁이 비열한으로 통하고,
서약에 묶인 우리는 선 채로 망을 본다네!

저기 무덤 속에 어둠이 더 짙어지고,
바람은 해안에서 불어온다네.
바람이 으르렁댈 때면 그들은 몸을 떨고,
산 위에선 닳아빠진 뼈들이 흔들린다네.

138. 위로받는 쿨린

여섯 군데나 치명상을 입은 사내, 맹렬하고 유명한 어떤 사내가 주검들 사이를 성큼성큼 걸어갔다. 나뭇가지들 사이로 쏘아보는 눈들이 나타났다 사라졌다.

이어서 머리를 맞대고 소곤대는 수의유령들이 나타났다 사라졌다. 그 사내는 상처와 피에 대하여 사색이라도 하는 양, 나무에 기대었다.

새처럼 생긴 그 유령들 가운데 권위가 있어 보이는 수의유령 하나가 그에게 다가가서 아마포 꾸러미를 내려놓았다. 그 사내가 아무런 기척도 보이지 않자 수의유령들이 둘씩 셋씩 짝지어 엉금엉금 기면서 그에게로 다가갔다.

그리고는 아마포를 가져온 유령이 말했다: "당신이 우리의 옛 규칙에 따라 수의를 만든다면 당신 삶은 훨씬 더 즐겁고 편해질 거요. 우리가 주로 아는 바에 비추어 보자면, 저 무기 부딪치는 소리가 우리를 불안하게 하오.

"우리는 바늘 눈에다 실을 꿴다오. 우리가 하는 모든 일은 우리 모두가 함께 해야 한다오." 그러자 그 사내는 가장 가까이 있는 것을 집어 들어 그것을 깁기 시작했다.

"그럼 이제 우리는 노래하겠소. 최대한 잘 부르려 하오만, 우선 우리의 정체에 관한 얘기를 먼저 들어보시오. 우리 모두가 죄 많은 겁쟁이들이요. 친족에게 살해당했거나 집에서 쫓겨나 두려움 속에서 죽도록 버려진 존재들이라오."

그들은 노래했고, 모든 것이 예나 다름없이 관례대로 진행되었지만, 그들이 부르는 노래는 인간의 노래도 인간의 언어도 아니었다.

그들은 자신들의 목젖을 변화시켜 새의 목청을 가다듬고 있었다.

139. 조각상들

피타고라스가 저걸 구상하였지.
사람들은 왜 쳐다본 걸까?
그의 비율에는,
비록 대리석 또는 청동 매체에 적용되었지만,

원래 성격이라는 것이 존재하지 않았다.
하지만 소년 소녀들은 알고 있었지,
고적한 침대에서의 환상적 사랑으로 창백해진 나머지,
그 비율의 의미를, 열정은 비율에 성격을 부여한다는 사실을.
그래서 그들은 한밤중 어느 공공장소에서
낚싯봉으로 잰 얼굴에다 뜨거운 입술을 비벼댔던 것이다.

아니지!
피타고라스보다 더 위대한 사람들도 있었다.
그들이 망치나 끌을 들고 수학적 계산을
평범한 몸으로 보이는 형체로 바꾸어 놓았을 때,
그들이 제압한 건 아시아적 신비와 광활함이었지
살라미스 파도 속을 헤엄쳐가는
줄지어선 선단이 아니었다.
피디아스가 여성들에게 꿈을 심어주고,
꿈이 거울에 비친 모습으로 이어지자,
유럽은 아시아적 파도를 산산조각 내었다.

어떤 한 이미지가 여러 겹 파도를 가로질러
건너편 해안에 상륙한 뒤,
열사의 그늘에 앉아, 둥글고 완만한 형상이 되었다.
날파리 잡아먹느라 수척해진 햄릿이 아니라
중세의 살찐 몽상가. 텅 빈 동공은 알고 있었다,
지식은 비실재를 증대시키고,
거울에 비친 거울상은 허상임을.
종과 소라나팔이 축복의 시간을 알릴 때

회색 고양이는 붓다의 공허를 향해 기어간다.

피어스가 쿨린을 자기 옆으로 불러들였을 때
우체국 안을 서성인 건 누구였던가?
어떤 지성, 어떤 계산, 수, 측정이 화답하였나?
저 옛날 종족으로 태어났으나
추악한 현대의 조류 속에 처박힌 우리 아일랜드인은
형체도 알아볼 수 없는 알을 까대는
시대의 격랑에 난파당한 채
우리의 터전인 어둠의 세계로 기어오른다,
낚싯봉으로 잰 얼굴 유곽을 더듬기 위하여.

140. 델피의 신탁을 위한 새 소식

I
저기 황금빛 괴짜노인들이 모두 누워 있고,
저기엔 은빛 이슬,
그리고 광활한 바다가 사랑을 갈망하며 한숨짓고,
바람 또한 한숨짓누나.
유혹자 니아브가 어쉰 가까이 풀밭에서
비스듬이 드러누워 한숨짓고,
저기엔 사랑의 합창 울려 퍼지는 가운데
훤출한 피타고라스 걸어가고,
플로티노스가 다가와 휘 둘러보네.

그의 가슴엔 소금방울들,
기지개 켜며 잠시 하품 하고 나서
다른 이들처럼 드러누워 한숨짓누나.

II
저 순진한 이들은,
각기 돌고래 등에 올라타고는
지느러미를 잡고 균형을 유지하며,
상처가 다시 벌어지는 가운데,
죽음을 되산다.
황홀에 잠긴 바다는,
순진한 이들의 외침이
달콤하고 이상야릇하게 들린 나머지,
깔깔대고 웃으며,
전해 내려오는 모형에 따라 춤을 춘다.
그리고 야성의 돌고래들은
사랑의 합창 힘차게 울려 퍼지는 곳
절벽으로 에워싸인 어느 만(灣)에서
신성한 월계관을 바친 뒤
저 멀리 해안에 그들의 짐을 벗어던지고는
물속으로 깊이 자멱질한다.

III
요정이 옷을 벗긴 날씬한 사춘기 소년,
펠레우스가 테티스를 지긋이 바라본다.
그녀의 팔다리는 눈꺼풀 마냥 섬세하고,

사랑은 눈물로 그의 눈을 가린다.
하지만 테티스의 배가 귀 기울인다.
산 절벽 아래 팬의 동굴 속에서
주체하기 어려운 음악이 흘러나온다.
추악한 염소머리,
짐승 다리 같은 팔이 드러나고,
배, 어깨, 엉덩이가
물고기처럼 순간적으로 빛을 발한다.
요정과 사티로스가 물거품 속에서
몸의 끝 부분을 서로 비벼댄다.

141. 긴 다리 소금쟁이

엄청난 전투에서 패배했다 하여
문명마저 추락하는 일은 없도록,
개 짖어대지 못하게 하고
조랑말은 저 멀리 말뚝에다 동여매라.
우리 장군님 시저는
지도가 펼쳐진 막사에 있네.
눈은 허공에 둔 채
손으로 턱을 괴고 있구나.
"시냇물 위 긴 다리 소금쟁이마냥
그녀 마음이 정적 위를 미끄러지네."

깎아지른 탑들이 화염에 휩싸이고
사람들이 그 얼굴 기억하도록,
외로운 이곳 서성여야 한다면
지극히 조심해서 부드럽게 오가라.
여자이기보다는 태반이 아이,
쳐다보는 이 없다는 생각에,
거리에서 주워 모은 집시춤 추네.
"시냇물 위 긴 다리 소금쟁이마냥
그녀 마음이 정적 위를 미끄러지네."

생각에 잠긴 사춘기 소녀들이
자신만의 첫 아담 발견할 수 있도록,
교황님이 거하는 예배당 문 닫아걸고
저 아이들 가까이 오지 못하게 하라.
저기 저 높다란 발받침 위에
미켈란젤로가 드러눕는다.
생쥐마냥 사각사각 소리 내며
그의 손이 이리저리 움직인다.
"시냇물 위 긴 다리 소금쟁이마냥
그녀 마음이 정적 위를 미끄러지네."

142. 청동 두상

여기 출입구 오른편에 놓인 이 청동 두상,
인간 같기도 하고, 초인 같기도 하고,
다른 부분은 모두 미라처럼 말라비틀어지고,
유독 새의 눈 같은 동그란 눈망울만 남아 있네.
무덤을 자주 찾았던 이 위대한 인간이
하늘의 끝자락으로 날아가 발견한 건
(모든 것 다 사라져도 머뭇거리는 건 남아있으리니,)
텅 빈 하늘이 안겨주는 병적인 발작,
두려움 어루만져줄 그 무엇도 남아있지 않았던 걸까?

한때는, 검정 옷차림을 하고 무덤을 자주 찾는
그런 여자가 아니었다. 그녀의 자태는
엄청난 빛으로 넘쳐나는 듯 보이면서도
대단히 부드러운 여성이었지.
그녀의 자태 중 어느 부분이
그녀의 본질을 가장 잘 보여주는 걸까?
어쩌면 본질은, 심오한 맥타가트의 말마따나,
복합적인 것일 수도 있겠지.
한순간의 호흡 속에
삶과 죽음의 극단이 존재하니까.

심지어는 반짝이는 새 출발점에서조차
나는 그녀가 간직한 야성을 보았고,
그래서 그 야성이 겪게 될 엄청난 일들이

그녀의 영혼을 산산조각 낼 것이라 생각하였지.
가까움이 상상력을 그토록 극단까지 밀어 올렸기에
상상력에서 비롯되지 않은 건 모두 내던져 버리고,
마음이 너무나 격해진 나머지
"내 분신이여, 내 분신이여!" 중얼거리며
천지 사방을 떠돌아다녔네.

혹은 그녀가 초자연적인 존재라고 생각하였지.
한층 더 엄정한 눈이, 그녀의 눈을 통해,
무너져가는 이 더러운 세상을 바라보며,
막강해진 홀쭉한 무리들, 바싹 마른 힘 센 무리들,
돼지우리 속에 처 박힌, 조상이 물려준 진주들,
어릿광대와 악당에게 조롱당하는
영웅적인 인간들의 환상을 바라보며,
대량 살육에서 벗어날 방안을 모색하고 있었던 걸까?

143. 곡마단 허풍선이의 일장 연설

높다란 죽마(竹馬)가 없는 서커스 행렬은 사람들의 이목을 끌지 못한다. 증조부께서는 이십 피트짜리를 탔지만 나는 십오 피트짜리밖에는 타지 못한다. 하지만 무슨 상관이랴. 요즘 죽마장이들은 그보다도 못하잖은가. 게다가 어떤 놈팡이는 죽마를 훔쳐다가 담장을 쌓거나 불소시게로 쓰는 판인데.

얼룩빼기 당나귀, 길들인 곰, 우리 안의 사자들, 모두가 시시한 구경거리일 뿐. 아이들은 죽마를 타고 걸어가는 키다리가 보고 싶어 안달이다. 게다가 이층 아낙들은 낡은 양말을 깁다가, 어떤 얼굴이 유리창에 느닷없이 나타나, 비명 지르게 되기를 은근히 기대하지 않은가. 그러기에 나는 끌과 대패를 꺼내 열심히 죽마를 만드는 것이다.

나는 죽마 타는 말라키, 내가 배운 건 모두 무용지물이 되어버렸다. 목걸이에서 목걸이로, 죽마에서 죽마로, 아버지에게서 아들로 전수된 모든 것들이. 말라키도, 죽마도, 이제는 한낱 은유일 뿐. 저 멀리 밤이 기지개를 켜는 곳, 거기에 기러기 한 마리. 밤이 갈라지며 동이 트기 시작한다. 엄청나게 신기한 빛 속을 나는 한 걸음 한 걸음 걸어가고, 저 거대한 해마들은 이빨을 드러내고 새벽을 향해 껄껄 웃어댄다.

144. 사람과 메아리

사　람: 세례명이 올트인 바위틈으로 내려가
부서진 바위 아래
대낮에도 햇빛 드는 일이 없는
깊은 구덩이 밑바닥에서 멈춘 나는
바위에다 나의 비밀을 소리 높여 외친다.
내가 한 모든 말과 행동들이,
늙고 병든 지금 돌이켜 보면,
어느덧 질문으로 둔갑하고,
밤마다 잠 못 이루며 고심해 보지만

올바른 해답 찾을 길이 없구나.
나의 그 연극 때문에 몇몇 사람들이
영국군의 총살형장으로 끌려간 건 아닌지?
나의 언어가 그 여성의 들끓는 머리에다
그토록 엄청난 긴장을 안겨준 건 아닌지?
내가 말을 해 본들
무너지는 집을 무너지지 않게 할 수 있었을까?
모든 것이 악으로 비쳐지기에
뜬 눈으로 누워 있다 죽기를 바라노라.

메아리: 누워 있다 죽기를.

사　람: 그건 영적 지성의 위대한 과업을
회피하는 짓이었을 것이며,
회피해 보아야 소용이 없었으리라.
돛바늘 또는 질병에서 해방되기란 불가능하며,
인간의 더러운 이력을 말끔히 지울 수 있는
위대한 업적이란 존재하지 않는다.
몸을 지탱할 수 있는 동안에
술 또는 사랑은 인간을 마취시켜 잠으로 이끌고,
깨어난 뒤 인간은 하느님께 감사한다,
여전히 몸과 그 몸의 어리석음 간직하고 있음을.
하지만 몸이 소멸하면 인간은 더 이상 잠들지 않고,
지성이 탄탄해지고 모든 게 일목요연하게 정리될 때까지
내가 추구하는 생각을 인간도 추구하다가
마침내 자기 영혼을 심판하기 시작하며,

이제 모든 일이 다 끝났기에,
지성과 시야로부터 모든 것 떨쳐버리고
마침내 밤의 나락 속으로 떨어진다.

메아리: 밤의 나락 속으로.

사　람: 오, 큰 바위 신령님의 목소리시여,
우리는 저 위대한 밤의 나락 속에서
지극한 즐거움 맛볼 수 있을까?
우리가 아는 것이라고는 이곳에서 우리는
서로 얼굴 마주보게 된다는 사실뿐.
하지만 쉿, 화제를 잊어버렸군,
황홀이든 밤이든, 단지 일장춘몽인 듯.
저기 매 혹은 올빼미가, 하늘에서 또는 바위에서,
날개를 세차게 내리치며 급강하 하자,
겁에 질린 토끼가 비명 지르고,
그 비명소리에 나의 생각이 흩어진다.

145. 서커스 동물들의 탈주

I

주제를 찾아 나섰건만 언제나 허탕이었지.
여섯 주 가까이 매일 주제를 찾아다녔다.
늙어빠져 파탄 지경에 이르렀음인가,

어쩌면 결국 내 심장으로 만족해야 할 것 같다.
여름 겨울 가리지 않고 노령이 시작될 때까지
내 서커스 동물들은 총 출연했다.
저 죽마 탄 소년들, 저 번들번들한 금마차,
사자와 여인, 저 모든 것들이.

II

그렇다면 낡은 주제들이나 헤아리는 수밖에.
첫째로, 말 타고 바다 위를 질주하던 어쉰.
그는 허망한 기쁨, 허망한 전투, 허망한 휴식을 꿈꾸며,
마법의 세 섬들을 순례하였지. 그것은,
옛 노래나 궁정의 놀이굿을 장식하는 데는 제격인,
격한 마음 담을 수 있는 주제들로 비쳐졌다네.
그의 요정 신부 가슴을 애타게 그렸던 나,
그래서 그를 말 태워 바다로 내보냈던 걸까?

이어서, 정 반대의 이야기가 나의 주제놀이를 채웠고,
거기다 나는 "캐슬린 백작부인"이란 이름을 부여했지.
그녀는, 연민에 사로잡힌 나머지, 자기 영혼을 내주었지만,
전능하신 하느님이 개입하여 그 영혼을 구해주었네.
내 님도, 열광과 증오에 사로잡혀 있었기에,
자기 영혼을 파괴할 것임이 분명했다.
그런 생각은 나의 마음속에 꿈을 잉태했고,
곧바로 그 꿈 자체가 나의 생각 나의 사랑이 되었다네.

그리고 '바보'와 '맹인'이 빵을 훔치자

쿨린은 길들일 수 없는 바다와 힘겨운 전투를 벌였지.
거기에도 마음의 신비가 존재했고,
이야기 끝자락에서 내 마음을 사로잡은 건 꿈 자체였다.
그는 추억을 제압하기 위해 현재에 열중했던,
그로 인해 고립을 자초한 인물이었다.
내 열정의 대상은 배우들과 채색 무대 그 자체였지
그것들이 표상하는 실체들이 아니었다.

III

저 빼어난 이미지들은 완전했기에
순수한 마음속에서 싹트고 자라났다.
하지만 그것들은 어디서 비롯된 걸까?
쓰레기 더미, 또는 거리에서 쓸어 모은 것들,
헌 주전자, 낡은 병, 찌그러진 깡통,
고철, 마모된 뼈다귀, 헌 누더기,
돈궤를 감싸 안고 발광하는 저 매춘부.
이제 내 사다리가 없어졌으니,
발받침이 시작되는 원점에다 몸을 뉘는 수밖에,
더러운 넝마와 뼈다귀들이 널려있는 마음 창고에.

146. 정치

"우리시대에 인간의 운명은 정치적 맥락에서 개진된다."
— 토마스 만

내 어찌, 저기 저 처녀를 두고,
내 주의력을
로마의 혹은 러시아의
혹은 스페인의 정치에다 고정시킬 수 있겠나?
이 자리엔 자기가 말하는 내용에 정통한
인생경험이 많은 사람도 있고,
독서도 사색도 많이 한 정치가도 있다.
그리고 전쟁과 전쟁의 참상에 대한
그들의 대화 내용은 사실이리라.
하지만 아, 젊음을 되찾아
저 처녀를 품에 안을 수만 있다면!